青年法学前沿文库

丛书主编：李 鑫

法律实施

前沿问题研究

吴红艳 曾耀林 邵 燕 明 晨／著

四川大学出版社
SICHUAN UNIVERSITY PRESS

项目策划：梁　平
责任编辑：陈克坚
责任校对：傅　奕
封面设计：墨创文化
责任印制：王　炜

图书在版编目（CIP）数据

法律实施前沿问题研究 / 吴红艳等著. -- 成都：
四川大学出版社，2021.7（2024.6 重印）
　ISBN 978-7-5690-4767-7

　Ⅰ．①法… Ⅱ．①吴… Ⅲ．①法律－研究 Ⅳ.
① D90

　中国版本图书馆 CIP 数据核字（2021）第 110268 号

书　名　法律实施前沿问题研究
著　者　吴红艳　曾耀林　邵　燕　明　晨
出　版　四川大学出版社
地　址　成都市一环路南一段 24 号（610065）
发　行　四川大学出版社
书　号　ISBN 978-7-5690-4767-7
印前制作　四川胜翔数码印务设计有限公司
印　刷　永清县晔盛亚胶印有限公司
成品尺寸　148mm×210mm
插　页　1
印　张　8.5
字　数　247 千字
版　次　2021 年 7 月第 1 版
印　次　2024 年 6 月第 2 次印刷
定　价　75.00 元

四川大学出版社
微信公众号

"青年法学前沿文库"序

"青年法学前沿文库"（以下简称"文库"）缘起于 2013 年张洪松博士发起，史溢帆博士和我共同参与撰写的《商事法前沿问题研究》一书。在这本书的撰写过程中，我们三位有过多次相聚和讨论，使得我受益颇多，不仅无形中加深了我们的友谊，也让我深刻地认识到在学术研究中主题集中、内容深入、彼此真诚的学术讨论对于学术研究有着巨大的促进作用。

"文库"之所以冠以"前沿"之名，一方面是因为"文库"收入的内容都是时下法学理论界和法律实务界关注的热点问题；另一方面也是希望向学界和读者坦诚书中所关注的问题多是充满争议并无定论的，希望"文库"的出版能够引起学术界平和、真诚的批评和对话。

"文库"的作者大多因四川大学法学院而相聚相识，时至今日他们都已走向全国各地的高校、科研机构或司法机关，"文库"的出版是对作者之间长久以来情谊的纪念和延续。

"文库"能够得以出版，要感谢最初张洪松博士的热心组织和无私奉献，虽然他因工作原因没有继续组织"文库"的撰写和出版工作，但没有他，便不会有这段缘分。

李 鑫

2015 年 7 月于青城山

目　录

立法篇

司法篇

立法 篇

第一章　从罗马－荷兰法到现代合同法：
　　南非混合法传统的制度与实践

一、南非法律体系

（一）概述

法学家哈罗和卡恩所说："今天南非的罗马－荷兰法，像一个胸针上的宝石，它镶嵌在英国制造的底座上闪闪发光。"[①] 从历史发展看，南非本是黑人的家园，一方面，本地原住居民固有的习惯法及酋长法庭长期保留下来；另一方面，17世纪的荷兰殖民者把罗马－荷兰法带到了好望角，19世纪南非又移植了英国普通法的概念、原则和程序。二者相互竞争，相互作用，共同形成了今天南非独具特色的混合型法律及制度。从法的归类成系看，南非以及受南非法影响的国家自成一类，它的法律辐射了一个小小的区域，自成一个独立的法族，值得单独作为一类研究。从经济角度看，南非之于非洲有如美国之于世界，它有着较为完

①　〔德〕茨威格特、海因·克茨：《比较法总论》，潘汉典等译，贵州人民出版社1992年版，第419页。

善的基础设施和健全的国民经济体系。作为非洲的经济巨人，南非以占非洲 5% 多一点的人口，创造了整个非洲大陆 29% 的国民生产总值。南非经济上的辉煌成就，得益于勤劳智慧的南非人民和丰富的自然资源，而南非独特的混合型法律体系亦为经济的腾飞发挥了不可替代的作用。因此，对南非法律体系的混合特性进行研究，有利于全面、深入地认识因本土法与外来法的相互混杂而形成的混合型法律的特质。

南非法律包含非洲本土法成分、西方法成分和普适性规则几种成分。其中本地法成分源自本土非洲法，西方法成分源自罗马－荷兰法和英国法，普适性规则成分源自人权法，人权法作为一个独立的元素存在，是因为人类的基本权利为人类所共有，不分宗教、肤色或性别，符合人权得到全球性认可的大趋势。

（二）南非法律体系

南非的法律主要可分为公法和私法。南非的公法主要包括宪法、刑法、刑事诉讼法、民事诉讼法，私法主要包括婚姻、家庭、继承法、合同法和商法等。

1. 宪法

南非主要是受到普通法系的影响。这其中既有英国的一贯影响，也有美国法的痕迹。首先，《南非宪法》位于整个法律体系的顶端，拥有至高无上的地位，是根本大法。宪法的制定与修改有严格的程序，这就类似于是刚性宪法的《美国宪法》。其次，《南非宪法》将国家权力机构分为立法、行政、司法三个部分。行政系统由总统和内阁构成。国家元首是国家总统，任期 5 年，由议会中占有多数议席的政党选举产生，与英国相同。立法系统由议会两院组成，即立法会议和参议院。司法系统独立行使司法权，只根据《南非宪法》等法律行事。《南非宪法》在政治体系与司法体系的关系上，既不像采用威斯敏斯特模式那样以政治体系作为核心，也不像美国宪政模式以司法体系为核心，而是对两者进行了整合，即主权由一个代表性的立法机构掌握，这个立法机构同时成为国家制度建构和核心。最后，在政体上，《南非宪法》规定南非是统一的主权国家，实行中央集中领导，但同时又赋予地方广泛的权力。这种模式的主体结构是单一制，是对威斯敏斯特模式的继承，然而又带有美国联邦制的色彩。

2. 刑法

从 1652 年到 1806 年，《南非刑法》是纯粹的罗马－荷兰法模式，然而 1806 年之后又受到英国法的重要影响，但从 20 世纪 50 年代以来又逐渐变成一个几乎纯粹的大陆法体系。从形式上看，《南非刑法》没有法典化。因此，目前南非没有系统规定犯罪、刑事责任及追究或承担刑事责任方法的刑法典，只有大量零散规定犯罪、刑事责任及追究或承担刑事责任方法的制定法。

3. 刑事诉讼法

英国普通法对《南非刑事诉讼法》的影响绝大多数是通过大量制定法实现的。早在开普殖民地时，1819 年的《南非刑事诉讼法》就引进了英国许多刑事诉讼原则，虽经两次修改但基本保持了原来的基本制度。南非现行《刑事诉讼法》颁布于 1977 年，其主体内容仍然是英国式的。需注意的是，《南非刑事诉讼法》已逐渐带有大陆法系的特点，例如审判模式中包含了部分纠问式的因素，且南非自 1969 年以来就已没有采用英国的陪审团制了。

4. 民事诉讼法

英殖民者统治时期的《南非民事诉讼法》主要受开普最高法院（Cape Supreme Court）影响，开普最高法院有权在实践中制定规则并在民事事务上进行解释。由于开普最高法院的这些规则通常来源于英国普通法，如实行普通法系的法官制度、辩护制度、诉讼方式、诉讼程序，因而《南非民事诉讼法》更多的具有英美法系的特点。在南非还特别设立了小额索赔法庭。现行《南非民事诉讼法》规定，凡是民事索赔总金额低于 7000 兰特的案件，小额索赔法庭都有司法管辖权。小额索赔法庭的法官被称为专员，他们通常是法律实践者、律师或法学家，他们的工作是免费的。在小额索赔法庭，原告和被告都不允许聘请代理律师，专员的裁决是最终裁定，一般不允许上诉。这些都与英国类似。

5. 婚姻法

在这些领域，南非主要是受罗马－荷兰法和习惯法的影响。在婚姻、家庭法方面，南非的合法婚姻包括民事婚姻和习惯婚姻。民事婚姻由 1961 年的《南非婚姻法》调整而来。根据该法的规定，婚姻的缔结必须在教堂或其他宗教场所、敞开大门的公共场所或私人住宅；除了当事人，还必须有两名以上的证人。结婚时需提交当事人的身份证明，其中外国人需出示护照；再婚的需提供最终的离婚判决；若为丧偶，则要有已亡配偶的死亡证明。此外，结婚当事人、证人和相关政府官员都需在婚姻登记簿上签名，然后由政府官员发结婚证。《南非婚姻法》同时还规定了某些禁止结婚的情形，如近亲属、已婚者等。

习惯婚姻由民间的习惯法调整，1998 年制定的《承认习惯法婚姻法》将这种婚姻形式予以合法化。习惯婚姻也需登记。婚后夫妻互有权利和义务。夫妻都有法定的义务来共同生活、互相支持。这意味着他们必须共同照料家庭和小孩，给家庭成员提供食物、衣服和其他必需品。在民事婚姻中财产为夫妻共同所有，除非双方结婚前定有协议。

6. 继承法

虽然罗马－荷兰法占主导，但英国法在某些方面也有较大的影响。此外，习惯法中调整继承关系的法案主要是《黑人管理法》《已故黑人不动产管理和分配规则》和《无遗嘱继承法》。习惯法规定了长男继承制，但这一制度因被认为违宪而遭到普遍质疑。

7. 合同法、商法

《南非合同法》源于罗马法中的"债",并由此引申出一系列的法律权利与义务。这种权利是对人权而非对物权。虽然南非合同法源于罗马法,但又受到英国法的深刻影响。现代的《南非合同法》,更多的具有英国法的特征。例如,在合同成立的规定上,要约和承诺的概念就是借鉴了英国的判例。其法律规定要约可以在没有被对方接受的任何时间内撤回。但承诺一旦发生,要约就不可撤回。在对合同的解释方面,过去南非遵循大陆法律传统,强调公平解释原则①。现在南非法庭更强调用客观标准来裁决当事方的真实意图。此外,南非的虚假意思表示理论来源于英国法,对任何类型的合同都可以适用撤销的救济方式的做法也主要是受英国法的影响。南非的商法包括《公司法》《破产法》《票据法》《保险法》等。很长一段时期英国法在这一领域占绝对地位。

二、罗马-荷兰法——从法律体系到法律传统的嬗变

(一) 概述

罗马-荷兰法是 1652 年由西蒙·范·莱文所提出的概念,由中世纪荷兰法与日耳曼习惯法相融合发展、演变而成的一种独特法律体系。随着荷兰的殖民扩张,这种法律被推广适用到南非等地。

虽然在 1795 年尼德兰联省共和国被法国占领以及 1809 年

---

① 路晓霞:《混合法传统下的南非合同法》,湘潭大学 2004 年硕士学位论文,第 19 页。

《拿破仑法典》推行于尼德兰地区后，罗马－荷兰法在其诞生地已经遭到了废除，并且再也没有恢复过，但在南非、斯里兰卡等前荷属殖民地，罗马－荷兰法依然作为一种重要的法律渊源影响着当地的法律活动，并在与当地的习惯法以及其他殖民国家的法律（如英国法）进行二次混合后，形成了当地现存的极具特色的混合法。尤其是在南非，罗马－荷兰法迄今为止依然是其国家法律体系的重要组成部分。了解罗马－荷兰法的发展历程，不仅可以加深对南非这一非洲最为发达的经济体的法律体系的理解，也必然会对理解以南非为典型的混合法国家的混合法的形成过程和方式大有裨益。

国内学术界对于罗马－荷兰法本身的研究几乎是空白的，仅有部分提及，也更多的是将罗马－荷兰法作为一个既定的概念来使用：它常常被作为混合法系国家法律的法律渊源的构成部分来加以提及[1]，而不被作为一个单独的研究对象加以研究。

（二）罗马－荷兰法体系的发展脉络与生命历程

1. 罗马－荷兰法体系的发展脉络

第一个阶段是在法兰克王国建立之前的时期。这一时期的尼德兰地区只分布着尚处于信史时代之前的日耳曼部落，因此相应地，关于其法律形态的记载也是缺失的。第二个阶段是公元481—843年的法兰克王国时期。这一时期肇始于克洛维一世的统治，他与后来的法兰克诸王成功地建立了集权统治，并着手在其治下的不同部落之间构建统一的法律体系。这一时期随着东法兰克王国解体、法兰克王权崩溃而结束。国王法院的法官逐渐不

---

① 夏新华、刘星：《论南非法律体系的混合特性》，《时代法学》2010 年第 8 卷第 4 期，第 80～81 页；夏新华、刘星：《南部非洲混合法域的形成与发展》，《环球法律评论》2010 年第 6 期，第 152～160 页。

再以王室的名义而是以自己的名义行使司法权力。此时尼德兰地区的法院同时适用日耳曼普通法和罗马法，虽然在这一时期罗马法只是补充性质的，只有出现了普通法所无法解决的情况时才适用，但在实践中促进了罗马法与地方习俗的融合。

第三个时期是低地国家（尼德兰）法院独立发展的时期。在神圣罗马帝国统治时期，尼德兰地区原本的统一王国崩解为大大小小的公爵领和伯爵领。这些独立的封建采邑拥有着同样的法律渊源，但又基于地方不同的风俗习惯而发展出了风格迥异的法律制度。在这一时期，还出现了专门解决特定争端或者管辖特定阶层的专门法院。除却那些对农民和市民进行一般性管理的法院以外，其他的庄园法院、封建法院以及贵族特权法院均可以被认为是专门法院的实例。

虽然罗马-荷兰法真正意义上作为一个独立的法律体系出现是在17世纪，但它在尼德兰地区的历史根系却可以追溯到古罗马帝国时期。虽然同为日耳曼民族，尼德兰地区与德意志地区存在着千丝万缕的联系，但尼德兰地区又因其独特的地理位置和历史际遇形成了区别于德意志地区的、极富地方特色的法律传统，这也是罗马-荷兰法成为一个区别于大陆法系中的法国法和德国法的一个决定性因素。

2. 南非的罗马-荷兰法发展史

1652年，荷属东印度公司首次在开普敦地区建立了殖民据点，通称开普殖民地，特指开普敦被殖民时期。荷属东印度公司将罗马-荷兰法带到了开普殖民地。随着开普殖民地不断地发展和扩张，罗马-荷兰法的适用范围也逐渐扩大。1806年英国殖民者占领开普殖民地后，并没有立即废除开普殖民地的罗马-荷兰法，依据被征服领土的法律在被其新的主权者变更之前继续有效的原则，继续在开普殖民地适用罗马-荷兰法。但与此同时，英国殖民政府也积极地将英国法引入开普殖民地。这导致了开普殖民地的程序法被深深地英国化了。由于这一时期在开普殖民地只有那些在剑桥大学、牛津大学和都柏林大学毕业的律师才可以执业，因此这种诉讼法上的英国化得以不断地巩固和加深。

英国法对开普殖民地的影响还表现在设计船运、保险、破产、票据、知识产权等领域的法律法规，这些行业在荷属时期并没有在开普殖民地发展起来，是英属时期才新兴的行业，且这一时期开普殖民地的主要贸易伙伴也是英国，因此也理所当然地是由英国殖民者来构建相应的法律体系。与之相反，罗马－荷兰法中的财产法部分以其简单而富有效率的特征而得以抵制住英国法的影响并成为开普殖民地通行的财产法。

在1852年和1854年，不满英国殖民政府统治的荷裔布尔殖民者分别建立了奥兰治自由邦和德兰士瓦共和国，并将罗马－荷兰法适用于他们的新生国家。但随着时间的推移，他们也逐渐受到开普敦法的影响，尤其是在程序法领域，奥兰治自由邦和德兰士瓦共和国逐渐与开普殖民地趋同。这两个布尔人建立的共和国最终在1902年被英国征服，并与开普殖民地和纳塔尔一起组建了南非联邦。

1909年《南非宪法》规定，当南非联邦成立时，各个加盟国的旧法都会继续生效，直到被联邦议会或者被联邦议会授权的省议会所废除。但在这之后，由于南非联邦议会和最高法院积极地进行南非的法律修订和解释工作，使得许多原加盟国旧的法律法规被宣布废弃。

1910年南非联邦从英帝国取得自治权之后，南非境内，尤其是南非大学中的荷裔学者热切地希望排除英国法对南非法的影响，为此他们掀起了纯粹主义运动，与当时南非希望保留甚至扩大英国法影响力的污染主义者展开了长期的论战。1948年，随着南非民族主义党在选战中胜出，荷裔南非人的影响力也大大增强，许多在南非大学接受法学教育的荷裔南非人掌控了南非的司法领域，并使得南非的法律再次向罗马-荷兰法所代表的大陆法系的特征靠拢，不过这种靠拢仅仅局限于私法领域，南非公法领域长期保持着英国模式，没有受到纯粹主义运动的影响。

3. 南非法中的罗马-荷兰法

现代南非国家的制定法是罗马-荷兰法与英国普通法的混合体。南非的宪法和行政法均按照英国普通法的模式在发展，程序法和证据法也几乎是完全英式的。南非是前荷属殖民地国家乃至整个世界当中保存罗马-荷兰法最多、罗马-荷兰法要素占本国法律比重最大的国家，似乎也将是未来罗马-荷兰法发展的希望所在。但在南非，虽然程度不及斯里兰卡等国那么深，但罗马-荷兰法也不可避免地表现出与英国法相混合的态势。换而言之，南非的罗马-荷兰法也是所谓的英荷法的一种，虽然在私法领域得到了较大程度的保留，但在公法领域，罗马-荷兰法的痕迹已经磨灭殆尽。

三、混合法传统下的南非合同法实践

（一）概述

南非是一个有着混合法传统的典型国家，其混合法的特点尤其体现在私法领域。《南非合同法》是罗马-荷兰法有关合同规范的现代范本，更是混合法系的典型实践。研究《南非合同法》，不仅对于混合法的研究有理论价值，而且还有实践意义。南非是非洲经济最发达的国家，近年来，中国同南非的贸易得到了极大的发展。据中国海关统计，1999 年以来，南非已成为中国在非洲的第一大贸易国。中国越来越多的企业和商人到南非投资经商，在中国和南非的民商事交往中，必然会产生大量的纠纷。研究南非的合同法，有利于保护中方的利益，促进两国正常的民商事交往。而且，南非私法对博茨瓦纳、莱索托、斯威士兰等相邻国家的私法，尤其是前殖民地纳米比亚、津巴布韦影响很大。本部分从合同订立的要件、合同的效力和违约后的法律救济等方面分析《南非合同法》的混合法特征和实践。

（二）《南非合同法》实践

历史上，《南非合同法》关于合同订立的理论主要涉及的是协议如何达成以及何时达成的问题。现在，合同订立的问题已发展成了一系列的要约和承诺理论。可以说，《南非合同法》的要约和承诺理论成了英国法版本的大陆法原则。

合同的效力包括四种形式：有效合同、效力待定的合同、无效合同和可以撤销的合同。其中，效力待定的合同包括限制行为能力所订立的合同，无权代理人所订立的合同，法定代表人、代理人超越权限所订立的合同。无效合同因其违法性，不具有合同的效力，在南非合同制定违法判断的法律依据包括制定法和普通法。可撤销的合同包括虚假意思表示、强暴胁迫和不当影响三种情况。

违约属于履行瑕疵的问题，指一方当事人不按时履行合同义务的所有情况。一方违约，另一方可以申请法庭救济。南非合同中的法律救济理论主要由法院发展而来，立法对此理论的贡献较少。与罗马－荷兰法一样，英国法也认为违反合同会导致三种救济方式：实际履行、撤销合同和损害赔偿。损害赔偿可以在诉讼中单独提出，也可以与实际履行或撤销合同救济方式并用。

在南非，实际履行已经发展成了一种常规的救济方式。撤销合同也成为无过错方的一项基本权利。而无效合同不涉及法律救济问题。效力未定合同受害方有选择权，可以继续执行合同，也可以申请恢复原状。合同一方一旦违约，法庭可以通过颁布实际履行令的形式要求其履行义务。实际履行的替代救济方式是损害赔偿。一般情况下，受害方只能在这两种救济方式中选择一种；特殊情况下，实际履行和损害赔偿也可以并用，但受害方须证明是相对方的不履行使其遭受了损失。大陆法和英美法对实际履行的规定有较大差异：大陆法将实际履行作为合同救济的主要方式，英美法只有在损害赔偿不足以补偿受害方时才适用。在南非，什么情况下适用实际履行，南非法律还没用形成系统的原则，它由法庭根据具体案例自由裁量而定。

第二章　法治视野下基层党内规范性文件研究

一、党内规范性文件研究概述

在全面深化改革向纵深推进的时代背景下，党和国家从中国立足于中国国情和社会实际情况，提出坚定不移地走法治道路，大力推行法治，不断加强制度意识和规章意识，推进各项事业规范化、制度化建设，实现以"良法促善治"。法治也是中国共产党治理国家和领导政治经济文化事业的基本方式。在全面深化改革时代背景下，改革发展向纵深推进，党和国家坚持从中国实际情况出发，坚定不移地走法治道路。作为执政党，中国共产党总揽全局、协调各方，大力推行法治，推行规则之治、制度之治，用法治凝心聚力，为各项事业保驾护航。近年来，党和国家在各类文件中提出要求，着重强调了要坚持依法执政、依规治党，明确了将党内法规体系建设纳入法治化轨道。作为党内法规体系建设中的重要内容，党内规范性文件在基层治理和法治实践中都发挥着重要作用。基层党委通过制定和颁布的各类党内规范性文件，实现了对基层经济社会发展各项事业的领导、决策和部署。

党内规范性文件在基层实践中发挥着重要作用的同时，仍部分存在着不同程度地"不协调""不合规""违反法律和政策"等问题。通过法学的视野对基层党内规范性文件进行分析和研究，推进制度建设规范化、科学化，形成系统全面的基层党内规范性文件体系，提升制度和法治的公信力和权威性，有着重要的理论意义和实践意义。

（一）选题背景及研究意义

1. 选题背景

法治是什么？为什么要实行法治？法治与党内法规体系建设存在什么样的关系？诸多学者对此进行了全面的讨论。① 无论是从时代的命题、理论和实践的诉求，还是国家的长治久安，抑或是制度的体系源流来看，法治都是社会发展必然的结果。法治的追求在于形成系统全面的法律制度结构和法律机制，将经济、政治、文化、社会等各方面事业纳入法治体系，充分保障法律发挥其指引、评价、预测、强制等应有的功能和作用，实现全社会民众和组织都有法可循、有法必循、严格依法办事的社会格局，在全社会树立法治威严和社会公信力，保障公众规矩、有序地安排各自的生产生活，保障公众参与经济社会发展的合法利益和期待可能性，保障民众的法治信仰和社会的法治追求。

---

① 李军从中国社会的时代命题、理论与实践的诉求、党内法规的法治逻辑三个方面展开了法治与党内法规体系的相关讨论，参见李军：《中国共产党党内法规研究》，天津人民出版社 2016 年版，第 204～215 页。王振民等以依法治国为切入点，从国家长治久安与依法治国、依法治国必须依规治党的递进关系等对依法治国与党内法规进行了讨论，参见王振民、施新州等：《中国共产党党内法规研究》，人民出版社 2016 年版，第 83～89 页。付子堂从党内法规的话语源流、制度定位、体系架构、与国家法律的关系等方面对法治与党内法规体系进行了探讨，参见付子堂：《法治体系内的党内法规探析》，《中共中央党校学报》2015 年第 19 卷第 3 期，第 17～22 页。冯浩从中国共产党自身权威类型从卡理斯玛权威类型向制度性法理权威类型的转变的视角对法治与党内法规体系进行了分析，参见冯浩：《中国共产党党内法规的功能与作用》，《河北法学》2017 年第 5 期，第 117～121 页。

　　法治是影响着国家事业发展的根本、全局性和长期的制度，是实现社会有效治理和人民安居乐业的关键所在，法治也是中国共产党治理国家和领导政治经济文化事业的基本方式。在全面深化改革时代背景下，改革发展向纵深推进，党和国家坚持从中国实际情况出发，坚定不移地走法治道路。大力推行法治，推行规则之治、制度之治，用法治凝心聚力，为各项事业保驾护航，法治成了中国共产党先进性的重要时代内涵，也是中国共产党获得社会广泛拥戴的重要前提和原因。① 作为执政党，中国共产党总揽全局、协调各方，在党和国家各项事业中长期发挥着重要的作用，中央和各级党委通过制定和下发一系列的党内法规和党内规范性文件，运用法治思维和法治方式治国理政，领导全国各族人民进行经济建设、政治建设、文化建设、社会建设和生态文明建设。特别是各级党委各级党组织在履行职责过程中形成的决议、决定、意见、通知等规范性文件，因为这类文件往往具有较强的普遍约束力和反复适用性，体现出较强的规范性、外部性和反复适用性的法律特征，具备法律规范所包含的规范性和强制约束性。作为党内法规制度体系的重要组成部分，在实践中，这类党内法规和党内规范性文件不仅在国家政治文化和活动中发挥着重要作用，而且对经济社会发展以及民众的生产生活也都产生了极其重要的影响。②

　　2013 年 5 月，为了将党内法规体系建设纳入法治化轨道，党中央相继公开发布《中国共产党党内法规制定条例》和《中国共产党党内法规和规范性文件备案规定》等③，对加强党内法规

---

　　① 顾培东：《中国法治的自主进路》，《法学研究》2010 年第 1 期，第 3~17 页。

　　② 孟从帅：《地方党委规范性文件备案审查制度研究》，西南政法大学 2014 年硕士学位论文，第 6 页。

　　③ 《中国共产党党内法规制定条例》和《中国共产党党内法规和规范性文件备案规定》，《人民日报》2013 年 5 月 28 日第 6 版。

和规范性文件的制度化和规范化建设，提出了一系列要求，旨在加强用制度和规范进行管党治党，致力于推进党内法规和规范性文件制度化、规范化和法治化，通过法治手段和法治措施，加强对党内法规和党内规范性文件的约束和规范，树立法律权威和法治公信力。

2014年10月，中国共产党召开了十八届四中全会，会议提出国家全面推进依法治国战略，将"形成完善的党内体系"纳入建设中国特色社会主义法治体系、建设社会主义法治国家的总目标中，提出了"加强党内法规制度建设，完善党内法规制定体制机制"，要求"形成配套完善的党内法规制度体系，注重党内法规同国家法律的衔接和协调"。① 2017年10月，中国共产党在十九大报告中进一步提出"依法治国和依规治党有机统一"②，明确"增强依法执政本领，加快形成覆盖党的领导和党的建设各方面的党内法规制度体系"③。

党内规范性文件是党内法规体系中的重要一环，在基层治理和法治实践中发挥着重要作用。随着党和国家对党内法规、党内规范性文件和党内法规体系建设重视程度的不断加大，从中央到地方的各级党委开展专项行动，对党内规范和党内规范性文件展开了逐级清理和分批次的排查工作。实践中，大量的党内规范性文件集中在省以下市、县、区等各基层单位，这些党内规范性文

---

① 《中共十八届四中全会在京举行》，《人民日报》2014年10月24日第1版。
② 习近平：《决胜全面建成小康社会　夺取新时代中国特色社会主义伟大胜利——在中国共产党第十九次全国代表大会上的报告》，人民出版社2017年版，第22页。
③ 习近平：《决胜全面建成小康社会　夺取新时代中国特色社会主义伟大胜利——在中国共产党第十九次全国代表大会上的报告》，人民出版社2017年版，第68页。

件的一部分缺乏统一的制度依据和制度规范①，结合中国基层政治体制实践以及笔者对成都市 A 区的实证调研情况，笔者集中讨论基层党内规范性文件的相关问题，其中"基层党内规范性文件"中的"基层"，指县区一级党政单位。在初步调研中了解到，基层党内规范性文件实践中仍存在不同程度不协调、不合规、违反法律和政策等问题。以成都市 A 区为例，2017 年，按照中央和省市部署和要求，成都市 A 区对 2012 年 6 月 30 日以前，以区委、区委办名义单独或联合制发的 319 件党内规范性文件进行了全面清理。清理工作完成后，仍有大量的党内规范性文件在成都市 A 区存在，对于某一规范性文件是否属于党内规范性文件，某一党内规范性文件是否属于备案审查的范围，如何完善党内规范性文件的起草和制定工作，如何建立健全党内规范性文件的颁布、生效机制，如何完善党内规范性文件的修订和废除等退出工作机制，如何完善党内规范性文件的备案审查工作机制，从哪些方面进一步规范党内规范性文件等问题，实践中仍有大量的问题困扰着基层党组织工作者。

2. 研究意义

通过制定和颁布党内规范性文件，基层党委以此实现其对基层经济社会发展的领导和部署，使政令得以上传下达，保障中央和省市决策部署得以贯彻落实和落地生根。基层党内规范性文件作为党内法规体系建设中的重要内容，是基层地方党委政府贯彻党的决定、领导基层治理、团结动员群众、推动改革发展的关键所在。在社会实践中，基层党内规范性文件对区域内的经济社会发展和民众生产生活等都产生着重要影响。在全面依法治国战略

---

① 胡菁：《加强基层党组织党内规范性文件的备案审查工作》，《中共南昌市委党校学报》2018 年 16 卷第 4 期，第 23～25 页。作者认为《中国共产党党内法规和规范性文件备案规定》把省级以下的规范性文件排斥在了备案审查的范畴之外。

向纵深发展视野下，笔者从成都市 A 区基层党内规范性文件制度建设和发展的实践出发，基于实证调查研究获得的数据进行综合系统分析，探究和分析基层党内规范性文件系列问题，具有以下几个方面的意义：

开展基层党内规范性文件研究，有助于规范基层党内规范性文件的各项制定程序。近年来一些地方党委出台的一些所谓"红头文件"的党内规范性文件，不同程度地存在着违法违纪、权责不明及与上位党内法规相冲突、相抵触等问题，破坏了法律的权威性和法治公信力。在大力推行法治的时代背景下，推进党内法规体系制度化、规范化，需要规范党内规范性文件，减少"制度浪费"①，维护好法律的权威和法治公信力。笔者从基层法治实践的现实情况出发，通过对基层党内规范性文件的剖析和研究，梳理评估基层党内规范性文件建设与发展中的问题所在，提出完善建议和制度构想，从而使基层党内规范性文件与法律法规、党内法规等在价值目标上保持统一性，保持关系上的协调性，保持作用上的互促与互补，保持权利义务上的对等性，保持激励约束上的均衡性。开展基层党内规范性文件研究，有助于约束基层党内规范性文件的制定和出台，确保基层党内规范性文件与宪法和法律保持一致，与党章、上位党内法规和党的理论、路线、方针、政策不相抵触，与其他同位党内法规对同一事项的规定不相冲突。

开展基层党内规范性文件研究，有助于以全局的视角回应基层社会实践的发展需求。区县一级基层党委领导地方开展党的自身建设和经济社会发展活动，往往直接面对基层实践中最真实、

---

① 宋功德：《党规之治》，法律出版社 2015 年版，第 6 页。作者认为制定一项制度，需要耗费大量人力、物力、财力，如果出台之后"束之高阁"，未产生与其相应的效益，那就造成制度浪费。党规制度属于治党执政公器，党规不行势必为"潜规则"大行其道提供可乘之机。

最需要、最多元、最迫切的问题。基层党内规范性文件涵盖了多方面的事务，不仅包括党的思想建设、组织建设、作风建设、反腐倡廉等方面的事务，还包括基层社会、经济、文化、生活等多方面的事务。基层党内规范性文件是否合法、合规，是否符合政策要求，牵涉到基层党员和人民群众现实需求和根本利益。随着全面深化改革的推进，基层社会在诸多方面都发生了日新月异的变化，基层党委开展基层治理面临的是一个多方利益交织、翻天覆地、综合复杂的社会，基层党委制定和出台基层党内规范性文件，需要运用"良法促善治"的法治思维和法治方式，运用全局化、多领域的视角，审时度势、综合的全盘考虑。

开展基层党内规范性文件研究，有助于实现基层党内规范性文件建设的制度探索。笔者以成都市 A 区 2012—2018 年现有的基层党内规范性文件为研究对象，通过梳理、评估该区现有基层党内规范性文件，进一步探究基层党内规范的内涵和外延，挖掘基层党内规范性文件在地方法治与治理实践中遇到的问题，提出基层党内规范制度完善的思路和方法，推进基层党内规范性文件建设规范化和体系化，形成系统完备的制度，实现管党治党的民主化和法治化，致力于构建完整而严谨的基层党内法治体系，为推进法治国家、法治政府、法治社会一体化建设贡献基层党内规范性文件的法治力量。

（二）研究状况和文献综述

伴随着党内法规建设法治理论与实践的推进，党内法规研究受到广泛的关注，日益成为跨学科研究的一个重点和热点问题。然而，作为党内法规体系建设中的重要内容，学界对基层党内规范性文件的相关研究关注较少，能够查阅到的已有的学术成果极少。① 从现有已发表的论文和专著成果来看，相关研究主要是在探讨"党内法规"相关问题，对"党内规范性文件"的研究和关注只是顺带提及，研究成果集中于探讨相关概念与内涵辨析、党内规范性文件清理与备案审查制度探究、与国家法的关系和衔接、党内法规体系化建设等问题，大多属于宏观上的规范研究、文献研究，缺乏对党内规范性文件的实地调研、实证研究和案例研究，研究广度和深度不足，缺少理论支撑和系统全面的研究。关于党内规范性文件、党内法规相关的研究，大致可以分为以下几个方面：

一是集中于探究党内规范性文件和党内法规的概念、性质及其特征。

姜明安认为，作为党内规范性文件，即使是名称谓之"条例"的规范性文件，并非都姓"法"，党内规范性文件姓"法"是有条件而不是无条件的。党内规范性文件制定主体是决定其是否姓"法"的首要条件，但却并非唯一和最重要的条件。"法"的最重要条件应是反映相应共同体全体成员或最大多数成员的意志和利益。②

付子堂通过对党内法规定义的制定主体、规范对象和表现形式等三要素进行分析，明确了"党内法规"和"党内规范性文件"的定义，他认为党内规范性文件又可以分为两类：一类是党

---

① 利用"中国知网全文数据库"中文献检索获得结果："主题"为"党内规范性文件"的有82篇，"篇名"含"党内规范性文件"的有35篇，"关键词"含"党内规范性文件"的有5篇。同时，本篇以"行政规范性文件"为检索对象，获得文献检索结果是："主题"为"行政规范性文件"的有1139篇，"篇名"含"行政规范性文件"的有464篇，"关键词"含"行政规范性文件"的有417篇。对比之下，足见学界对行政规范性文件的关注和研究较多，缺乏对党内规范性文件的关注和研究。

② 姜明安：《论中国共产党党内法规的性质与作用》，《北京大学学报（哲学社会科学版）》，2012年第49卷第3期，第109～120页。

的各级组织在履行职责过程中形成的具有普遍约束力、可以反复适用的文件；另一类是党的各级组织在履行职责过程中形成的不具有普遍约束力、不可以反复适用的文件。[①]

王伟国认为，党内规范性文件可分为"党的主张类文件"和"备案类文件"两类，党内法规制度主要由党内法规和党内规范性文件构成，党内法规重在创设职权职责、设定权利义务、明确处分方式、规定处理程序等；党内规范性文件侧重于提出政策主张、做出工作部署等。同时，在制定党内法规条件不成熟时，可先通过规范性文件发挥制度作用。[②]

李林认为，党内法规具有法的某些特征和属性，是中国特色社会主义法治体系的重要组成部分，故而它不仅有"政理"，而且还有"法理"。党内法规的"法理"，主要是根据中国特色社会主义法治理论，运用马克思主义法理学的基本立场、观点、范畴和方法，运用法治思维和法治方式，对党内法规价值、性质、特征、体系、结构、功能、规范、程序、运行等做出法学理论阐释，对党内法规涉及的党法关系、党政关系，党内法规概念的内涵与外延，党内法规与国家法律、依规治党与依法治国的区别与联系，执政党依宪执政、依法执政，纪严于法、纪在法前等概念或问题，做出法理解释。[③]

李忠认为，党内法规和党内规范性文件都是党组织制定，用以规范党组织的工作、活动和党员行为的文件，二者在制定主体、表述形式、审批程序和效力等方面存在差异，应从特定性、

---

① 付子堂：《法治体系内的党内法规探析》，《中共中央党校学报》2015年第19卷第3期，第17~23页。

② 王伟国：《国家治理体系视角下党内法规研究的基础概念辨析》，《中国法学》2018年第2期，第269~285页。

③ 李林：《论"党内法规"的概念》，《法治现代化研究》2017年第6期，第1~23页。

普遍性、规范性这三个方面来把握"党内法规"的概念和特征。党内法规本质上是一种行为规范和活动准则，具有制裁性。党内法规作为执政党的行为规则，具有制定主体的特定性、适用范围的普遍性、基本功能的规范性等基本特征。[①]

二是关注党内规范性文件的备案审查制度研究。[②]

商佩琰以浙江省 H 市党内规范性文件备案审查制度为研究对象，从管理学的视角，采用案例研究的方法，利用图表统计分析，系统全面地介绍了浙江省 H 市党内规范性文件制定、类型和分布情况，他认为党内规范性文件规范的对象，不局限于党内的组织和人员，有些还涉及其他社会组织或人员，党内规范性文件调整的事务，不局限于党内事务，有些还涉及其他经济社会事务，基层党内规范性文件存在着备案工作不平衡、报备文件质量参差不齐、检查力度不到位等问题，应当以完善严格文件制发为基础，编制党内规范性文件规划，完善备案审查考核和审查机制。[③]

孟从帅从政治学的视角出发，认为党内规范性文件既涉及党的各级组织和广大党员，还涉及其他社会组织和广大公民，既要调整和处理党内事务，又要调整其他经济社会事务，认为党内规范性文件不仅仅只适用于党内。为了便于叙述并与行政规范性文件相区别，其将"党内规范性文件"称为"党委规范性文件"。

---

① 李忠：《党内法规建设研究》，中国社会科学出版社 2015 年版，第 24 页。

② 关于"党内规范性文件"的研究成果，以学位论文居多，如孟从帅：《地方党委规范性文件备案审查制度研究》，西南政法大学 2014 年硕士学位论文；商佩琰：《基层党内规范性文件备案审查制度研究——以浙江省 H 市为例》，华东师范大学 2018 年硕士学位论文；林苑儒：《地方党内规范性文件备案审查制度研究》，东华大学 2017 年硕士学位论文；苏畅：《党内法规和党内规范性文件清理工作研究》，山东大学 2015 年硕士学位论文。

③ 商佩琰：《基层党内规范性文件备案审查制度研究——以浙江省 H 市为例》，华东师范大学 2018 年硕士学位论文。

分析概括了党内规范性文件的特征，并将党内规范性文件与党内法规、行政规范性文件做了比较，概括介绍了党内规范性文件备案审查制度的起源与发展现状，将其分为地方自觉探索、中央层面立法推动、从中央到地方依次全面推开三个阶段，缺乏对党内规范性文件的实质性考察。[①]

林苑儒关注地方党内规范性文件备案审查制度运行的实践，概括了地方备案审查实践中的范围界定、机构设置、工作内容和原则、工作流程等。他认为实践中，地方发文往往根据上级的指示和需要，响应上级的政策号召，但如果对相关法律法规规定不熟悉不了解的话，往往会出现越权制定的现象。要通过加强党内监督和问责、强化规范性文件的制定要求、开展文件发布后续跟踪、加强党组织法治建设等完善地方党内规范性文件备案审查制度。[②]

三是探讨党内法规与国家法律的协调和衔接。

陈柳裕从党内法规的内涵、外延及与法律之关系着手进行分析，他认为党内法规虽然不是法律，但具有法律的相应特征，与法律之间具有互补性。要实现党内法规与国家法律完美地统一于中国特色社会主义法治体系，需要借助于确保党内法规与国家法律充分协调的"制度装置"和在需要把党内法规转化为国家法律时能够用于保障该种转化的"制度装置"的建设和完善。[③]

宋功德认为应当区分党的主张与国法规定、党的文件与国家法律、遵守宪法和法律与提出法律立改废释的意见建议、党内贯

---

① 孟从帅：《地方党委规范性文件备案审查制度研究》，西南政法大学 2014 年硕士学位论文。

② 林苑儒：《地方党内规范性文件备案审查制度研究》，东华大学 2017 年硕士学位论文。

③ 陈柳裕：《党内法规：内涵、外延及与法律之关系——学习贯彻党的十八届六中全会精神的思考》，《浙江学刊》2017 年第 1 期，第 5~12 页。

彻与党外执行、国家强制力与党的纪律要求等若干范畴，不能将其混为一谈，然后再依法依规把党的主张按照程序转化为国法规定并由国家政权机关依靠国家强制力保证公民、法人和其他组织用法守法，实现党的主张同国法规定的紧密衔接、协调一致。①

秦前红等认为党内法规和国家法律虽然在多方面存在显著区别，但都是党的主张和人民意志的统一，都是治国理政的规范依据。党内法规与国家法律的衔接和协调是依法执政的现实要求，应当以体系共存的相容性、价值追求的同向性、具体规范的无矛盾性和行为指引的连贯性为基准，立足法治一般规律和我国政治现实，多方面积极地探索衔接和协调的实现路径，建构以备案审查衔接联动机制为核心的保障机制，从而达到两个规范体系"内在统一"于中国特色社会主义法治体系的状态，形成相辅相成、相互促进、相互保障的良性格局，推进国家治理体系和治理能力现代化。②

四是从基层实践角度探讨党内规范性文件的制定和完善。

胡菁认为大量党内规范性文件出自基层，直接对社会经济事务进行调整，直接与人民群众利益息息相关，对基层党内规范性文件的备案审查工作存在制度依据不统一、审查内容不明确、审查制度不完善等问题，应当从制度建设入手，从制度依据上完善党内规范性文件的范畴，把大量省级以下党组织制定的规范性文件纳入概念范围内，从制度上明确党政联合制定的规范性文件，出台具有可操作性、具体流程明确、制度落实到位的党内规范性

---

① 宋功德：《党规之治》，法律出版社 2015 年版，第 9～25 页。

② 秦前红、苏绍龙：《党内法规与国家法律衔接和协调的基准与路径——兼论备案审查衔接联动机制》，《法律科学》（西北政法大学学报）2016 年第 5 期，第 21～30 页。

文件制定和审查机制，各方联动完善备案审查制度。①

　　吉振宇认为上位法规的宣传解释与贯彻落实、党内规范性文件制定、党委法律顾问联络服务等工作是党内法规工作"四梁八柱"体系的基础，党内规范性文件天然带有更接地气的基层特色和更具针对性的问题导向，从起草到执行，从审核到备案，各级党内法规机构应当全程参与。坚持抓重点、抓关键，有计划地安排重要党内规范性文件制定任务，做到选项科学、数量适当、务实管用、落实到位。严格按照党内规范性文件制定程序，建立由党委办公室统筹协调，党内法规工作机构主体负责，有关部门齐抓共建、共同参与的党内规范性文件制定机制。②

　　林群丰认为实践中市厅级以下党组织制定的规范性文件大量存在，且效力并不弱于"党内法规"，市厅级以下党组织制定的规范性文件大多都是为了统筹协调某些重大经济社会事务，通过强制、禁止、指导示范等方式来指引下级党组织及其内部成员从事或者不从事某种行为，旨在落实上级党组织指示的文件，也存在一些游离在法律和党内法规制度边缘的内容，有些已经严重违反了宪法法律和党章的规定，亟须通过备案审查等方式来查找问题并进行整改。③

　　综合以上研究成果可以看出，关于党内规范性文件的研究，大多仍停留在规范分析和文献研究阶段，缺乏对党内规范性文件的现实考察分析和实证调查研究；相关理论研究落后于实践发展的需要，同时，党内规范性文件在实践中仍有诸多的现实问题需

---

①　胡菁：《加强基层党组织党内规范性文件的备案审查工作》，《中共南昌市委党校学报》2018 年第 16 卷第 4 期，第 23~25 页。

②　吉振宇：《关于区县一级党内法规工作的思考》，《秘书之友》2018 年第 12 期，第 13~15 页。

③　林群丰：《党内规范性文件审查问题及其解决思路》，《理论探索》2018 年第 1 期（总第 229 期），第 32~37 页。

要理论界予以关注和回应，提出合理化的完善意见和建议。党的长期领导执政地位决定了事实上的党政合一的政府，客观上党内法规在某种程度上具有国家法律的效力，但这并不意味着党内法规可以取代法律。[①] 党内规范性文件是党内法规体系中的重要一环，党内规范性文件涵盖了党的思想建设、组织建设、作风建设、反腐倡廉和基层社会、经济、文化、生活等多方面的事务，对国家基层民主发挥了积极的影响和促进作用。需要运用多学科的视角进行分析研究，运用系统性的思维，综合全面地开展深入研究。笔者试以成都市 A 区党内规范性文件研究为突破口，旨在尝试推进基层党内规范性文件研究路径和研究视角方面的创新，推动党规研究理论体系建设。

（三）研究思路、研究方法和创新之处

1. 研究思路

有学者认为，党规制度处于政治与法治、政策与制度、政党与国家、执政与治国等多对范畴和复杂关系的交汇点，这使得党规制度现象异常复杂，需要广阔的视野和跨学科的知识予以解读。[②] 笔者综合运用法学、政治学、社会学和管理学等多个学科的研究视角展开交叉学科研究，通过有目的、有计划地严格遵循"文献整理—文献分析—实证调研—文章论证—制订方案—交流总结—修改定稿"的研究顺序，搜集整理基层党内规范性文件与法治相关文献资料、法律法规和党内规范，结合成都市 A 区党内规范性文件实际情况展开文献分析，系统探究基层党内规范性文件的内涵、外延及制度实践，深度调研成都市 A 区现有基层

① 王振民、施新州等：《中国共产党党内法规研究》，人民出版社 2016 年版，第 67~68 页。

② 宋功德：《党规之治》，法律出版社 2015 年版，第 428 页。

党内规范性文件的发展和建设情况，通过图表统计和对比分析，系统解读获取的基层党内规范性文件一手数据资料，进一步探究解读，形成具有针对性和指向性的研究论文，服务地方法治的发展和建设。

笔者立足全面依法治国战略布局的法治视角，从基层社会发展的法治实践出发，开展基层党内规范性文件研究，符合社会发展需求。结合依法治国和依规治党相统一的法治原则，分析地方治理对基层党内规范性文件的现实需求，总结基层党内规范性文件在党内法规体系和地方法治建设与发展中的作用，关注基层党内规范性文件的现实问题，提出完善基层党内规范性文件的意见和建议，明确基层党内规范性文件建设与发展的方向。

2. 研究方法

（1）资料分析法。笔者通过收集、整理、分析"法治"、"基层党内规范性文件"的相关研究文献资料和材料，对"党内规范性文件"的概念进行语义分析，对比分析党内规范性文件与党内法规、行政规范性文件的概念与内涵，解读党内规范性文件的特征和作用，梳理评估基层党内规范性文件中存在的突出问题并分析其原因，并进一步为解决基层党内规范性文件实践问题、完善制度提出构想。

（2）交叉学科法。考虑到基层党内规范性文件不仅规范调整的内容较为综合多元，而且还涉及政治学、法学、管理学等多学科的知识，笔者试从现实的地方法治需求出发，结合全面依法治国理论和国家治理体系治理能力现代化理论，综合运用法学、政治学、社会学和管理学等多个学科的研究视角，对基层党内规范性文件进行跨学科的研究，系统探究基层党内规范性文件的内涵、外延及制度实践，探索基层党内规范性文件制度化、规范化、体系化建设。

（3）实证研究法。笔者运用实证研究方法，通过实地走访、深度访谈、网络调查等手段，系统全面掌握成都市 A 区基层党内规范性文件的现状，搜集整理成都市 A 区基层党内规范性文件相关数据资料，并利用图表统计、对比分析、分类整理等手段和方法，对成都市 A 区党内规范性文件进行梳理评估，系统考察该区基层党内规范性文件的发展方向和地方治理需求，通过对调研资料数据化分析处理，做出系统科学地实证研究。

3. 创新之处

基层党内规范性文件作为党内法规的重要内容，是地方政府贯彻党的决定、领导基层治理、团结动员群众、推动改革发展的关键所在。在全面依法治国战略向纵深发展视野下，笔者以基层党内规范性文件制度的建设和发展状况为研究对象，运用法治思维和法治方式，采用交叉学科与实证研究的方法，通过分类分析研究，梳理评估成都市 A 区基层党内规范性文件，探究基层党内规范性文件的现实法治路径，具有较强的研究特色。笔者的创新之处在于：

（1）选题创新。近年来，法学、党建、政治学等学科领域对党内法规和党内规范性文件的相关研究日益增多，党内法规和党内规范性文件研究日益成为理论研究热点。综合多领域的研究情况可以看出，理论与实务界对党内法规和党内规范性文件的概念辨析、党内法规与国家法律的协调与衔接、完善党内法规体系等问题的研究关注较多，对基层党内规范性文件建设与发展相关研究关注较少，笔者以基层党内规范性文件研究为选题，关注基层党内规范性文件实践情况，关注基层党内规范性文件制度发展与完善对推进党内法规体系建设，对回应地方法治与治理的现实需求，均具有重要的创新意义。

（2）视角创新。区县一级基层党委领导地方开展党的自身建设和经济社会发展活动，往往直接面对基层实践中最真实、最需要的问题。笔者运用法治思维和法治方式，在全面依法治国视野下，从基层实践出发，开展基层党内规范性文件的实证研究，分析基层党内规范性文件回应地方法治与治理的现实问题，对成都市 A 区基层党内规范性文件进行系统分类、对比分析、梳理评估，提出基层党内规范性文件建设与发展的意见和建议，为研究党内法规开创新的研究思路，具有视角创新意义。

二、法治与基层党内规范性文件研究

（一）法治与基层党内规范性文件

法是一个社会内在运动规律的体现，这一规律是由中国社会内在社会经济关系、历史、文化等因素所决定的。① 在中国社会革命和建设进程中，尤其是新中国成立以来，经济、社会、国内外局势都发生了翻天覆地的变化，中国共产党与时俱进，适时调整战略决策和制度安排，顺应了经济社会发展趋势。党内形成的一系列政治、制度，逐渐成熟稳定，构成了各个时期的党内法规制度，在国家社会和政治生活中，过去、现在及将来都发挥着巨大的规范和导向作用。② 法治是规则之治、制度之治，是在法治的理念基础之上，运用法律规范、法律原则、法律精神和法律逻辑对所遇到或所要处理的问题进行分析、综合、判断、推理和形成结论、决定。③ 在全面深化改革时代背景下，改革发展向纵深推进，党和国家坚持从中国实际情况出发，坚定不移地走法治道

---

① 李军：《中国共产党党内法规研究》，天津人民出版社 2016 年版，第 65～68页。

② 李军：《中国共产党党内法规研究》，天津人民出版社 2016 年版，第 68～69页。

③ 王振民、施新州等：《中国共产党党内法规研究》，人民出版社 2016 年版，第 88 页。

路，大力推行法治，推行规则之治、制度之治，用法治凝心聚力，为各项事业保驾护航。

法治，也不同于一般的法律制度，它不仅具有法律的至上性、最高权威性，具有连续性、程序化的特征，而且更重要的是这种法律本身必须符合一种价值追求。法治的尺度不仅在于是否"依法治国"，而且在于法律本身所追求的价值以及这种法律形成的权威程序化的机制。① 在法治的理念基础之上，中国共产党通过制定和执行法律、法规、规章，运用法律创制的制度、机制、设施、程序处理各种经济和社会问题，解决各种社会矛盾、争议，促进经济、社会发展的措施、方式、方法。②

党内法规是党的各项活动的基本依据，有着巨大的规范和导引作用，党内规范性文件是党内法规体系中的重要一环，在基层治理和法治实践中，基层党内规范性文件发挥着不可替代的作用。作为执政党，中国共产党总揽全局、协调各方，在党和国家各项事业中长期发挥着重要作用，中央和各级党委通过制定和下发一系列的党内法规和党内规范性文件，运用法治思维和法治方式治国理政，领导全国各族人民进行经济建设、政治建设、文化建设、社会建设和生态文明建设。特别是各级党委、各级党组织在履行职责过程中形成的决议、决定、意见、通知等规范性文件，因为这类文件往往具有较强的普遍约束力和反复适用性，体现出较强的规范性、外部性和反复适用性的法律特征，具备法律规范所包含的规范性和强制约束性。作为党内法规制度体系的重要组成部分，在实践中，基层党内规范性文件不仅在国家政治文化和活动中发挥着重要作用，而且对经济社会发展以及民众的生

① 王人博、程燎原：《法治论》，广西师范大学出版社 2014 年版，第 87 页。
② 王振民、施新州等：《中国共产党党内法规研究》，人民出版社 2016 年版，第 88 页。

产生活也都产生了极其重要的影响。①

在党和国家大力推行规则之治、制度之治的法治时代背景下，将党内法规体系建设纳入法治体系当中。基层党内规范性文件作为党内法规体系建设中的重要内容，是基层地方党委政府贯彻党的决定、领导基层治理、团结动员群众、推动改革发展的关键所在。实践中，基层党内规范性文件涵盖了多方面的事务，不仅包括党的思想建设、组织建设、作风建设、反腐倡廉等方面的事务，还包括基层社会、经济、文化、生活等多方面的事务，基层党内规范性文件对区域内的经济社会发展和民众生产生活等都产生着重要影响。通过制定和颁布党内规范性文件，基层党委实现对基层经济社会发展的领导和部署，使政令得以上传下达，保障中央和省市决策部署得以贯彻落实和落地生根。

（二）基层党内规范性文件相关概念辨析

1. 基层党内规范性文件的概念

明确党内规范性文件的概念是开展相关研究的基础。关于党内规范性文件的定义，《中国共产党党内法规和规范性文件备案规定》（以下简称《备案规定》）从规范性文件备案审查的角度对党内规范性文件做出定义，即"规范性文件，是指中央纪律检查委员会、中央各部门和省、自治区、直辖市党委在履行职责过程中形成的具有普遍约束力、可以反复适用的决议、决定、意见、通知等文件，包括贯彻执行中央决策部署、指导推动经济社会发展、涉及人民群众切身利益、加强和改进党的建设等方面的重要

---

① 孟从帅：《地方党委规范性文件备案审查制度研究》，西南政法大学 2014 年硕士学位论文。

文件"①。

　　王伟国认为《备案规定》所称的规范性文件主要是侧重于中央纪律检查委员会、中央各部门和省、自治区、直辖市党委形成的需要备案的重要文件，但并不能得出规范性文件仅限于这些主体所作的结论。② 林群丰认为实践中市厅级以下党组织制定的规范性文件大量存在，且效力并不弱于"党内法规"，《备案规定》关于党内规范性文件的定义外延过小。③ 胡菁认为《备案规定》把省级以下的规范性文件排斥在备案审查的范畴之外，凡是由党的各级组织依程序制定的，具有普遍适用性，可以反复适用的规范性文件，除符合《备案规定》第二条规定的排斥条件外，均应当纳入党内规范性文件范畴。④ 孟从帅对《备案规定》和省级党委、地市级党委对规范性文件的定义方式做了比较，各地同中央一样，均适用"党内规范性文件"称谓。作者认为在现行体制下，党内规范性文件不仅仅只适用于党内，为了便于叙述和与行政规范性文件相区别，采用"党委规范性文件"这一名称。⑤ 吉振宇对"党内法规"和"党内规范性文件"的概念未做区分，

　　① 《中国共产党党内法规和规范性文件备案规定》，《人民日报》2013年5月28日第6版。
　　② 王伟国：《国家治理体系视角下党内法规研究的基础概念辨析》，《中国法学》2018年第2期，第281页。
　　③ 林群丰：《党内规范性文件审查问题及其解决思路》，《理论探索》2018年第1期（总第229期），第35页。作者认为是否属于党内规范性文件，可以从五个方面进行。第一，制定机关是否属于党组织。第二，是否具有普遍适用性。第三，是否能够反复适用。第四，是否符合制定程序。第五，不属于党内法规。凡是满足这五项要求的，都应当被纳入党内规范性文件范畴。
　　④ 胡菁：《加强基层党组织党内规范性文件的备案审查工作》，《中共南昌市委党校学报》2018年第16卷第4期，第25页。
　　⑤ 孟从帅：《地方党委规范性文件备案审查制度研究》，西南政法大学2014年硕士学位论文，第4页。

笼统地将区县一级党组织制定的党内规范性文件称为"党内法规"。①

在中央党内法规对省级以下的党内规范性文件的定义和称谓虽未统一明确规定的情况下，实践中，党内规范性文件的实务工作者普遍将党委在履行职责过程中形成的具有普遍约束力、可以反复适用的决议、决定、意见、通知等文件统称为"党内规范性文件"。②

根据各级党委关于党内规范性文件的规定，结合关于党内规范性文件定义的理论观点，并结合成都市 A 区的实践情况，笔者认为，《备案规定》第二条关于党内规范性文件定义的文义解

---

① 吉振宇：《关于区县一级党内法规工作的思考》，《秘书之友》2018 年第 12 期，第 13~15 页。

② 党内规范性文件实务界对省级以下"党内规范性文件"的定义和表述，往往未做区分与界定，仍使用"党内规范性文件"这一说法，参见：周强、王应选：《抓好党内规范性文件工作制度建设》，《秘书工作》2018 年第 10 期，第 34~35 页；赵睿：《党内规范性文件备案"四诊法"》，《秘书工作》2018 年第 9 期，第 39 页；张念：《党内规范性文件与党内法规相比有什么特性》，《秘书工作》2018 年第 6 期，第 40 页；浙江温州市委办公室：《切实抓好党内规范性文件制定工作》，《秘书工作》2017 年第 8 期，第 42~43 页；熊海清：《提升党内规范性文件工作水平》，《秘书》2017 年第 8 期，第 26~29 页；章汉进：《强化"五个意识"提升党内规范性文件备案水平》，《秘书工作》2016 年第 11 期，第 53~54 页。规范性文件中关于"党内规范性文件"的定义，参见：《广西壮族自治区党内规范性文件制定办法》第二条规定：党内规范性文件，是指自治区、市、县（市、区）党委及纪委、党委各部门在履行职责过程中形成的具有普遍约束力、可以反复适用的文件，包括贯彻执行上级和本级党委决策部署、指导推动经济社会发展、涉及人民群众切身利益、加强和改进党的建设等方面的重要文件。参见《广西日报》2015 年 1 月 20 日第 6 版；《中共香格里拉市市委办公室党内规范性文件下备一级备案审查工作规程》第二条规定：本规程所称规范性文件是指市委和市委各部委、各乡（镇）在履行职责过程中形成的具有普遍约束力、可反复适用的决议、决定、意见、通知等文件，包括贯彻执行中央、省委、州委和市委决策部署，指导推动经济社会发展，涉及人民群众切身利益，加强和改进党的建设等方面的重要文件。参见中共香格里拉市委官网，http://dw.xgll.gov.cn/html/2016/xw_xwgz_cwhjc_0422/9412.html，访问时间：2019 年 2 月 19 日。

释，并未将省级以下党内规范性文件包含在内，在中央尚未对实践中大量存在的省级以下党内规范性文件做出规定前，仍使用"党内规范性文件"这一称谓并无不妥。把握党内规范性文件的定义，应重点从《备案规定》的定义中解读出党内规范性文件应当具有的普遍约束性、反复适用性和规范性等特性，党内规范性文件所规范的内容不仅涉及党内事务，还会涉及其他经济社会事务，不能因《备案规定》的定义限制了党内规范性文件的内涵和外延。

综合理论界的观点和实务界的习惯性表达，笔者认为，可将党内规范性文件定义为：各级党组织在履行职责过程中形成的具有普遍约束力、可以反复适用的决议、决定、意见、通知等文件，包括贯彻执行中央决策部署、指导推动经济社会发展、涉及人民群众切身利益、加强和改进党的建设等方面的文件。

2. 基层党内法规和党内规范性文件

《中国共产党党内法规制定条例》（以下简称《制定条例》）第二条规定：党内法规是党的中央组织以及中央纪律检查委员会、中央各部门和省、自治区、直辖市党委制定的规范党组织的工作、活动和党员行为的党内规章制度的总称。[①] 与前文中党内规范性文件的定义相比，可以看出党内法规和党内规范性文件不仅都涉及党的各级组织和广大党员，还涉及其他社会组织和广大公民，既要调整和处理党内事务，又要调整其他经济社会事务。党内法规应当是党内规范性文件的上位概念，党内法规制定程序更严谨，其效力层级更高，具有更为广泛的适用领域和空间；党内规范性文件在实践中数量最多，因其制定程序较为简便而在实践中被广泛使用。党内法规和党内规范性文件作为行为规范，二者均由一般的、概括的规则组成，可以反复适用，其逻辑结构中

---

① 《中国共产党党内法规制定条例》，《人民日报》2013年5月28日第6版。

包括行为模式、假定条件和法规后果。[①] 党内法规和党内规范性文件均应当遵循权威性、合法性、程序性和稳定性的实施原则。[②] 党内法规和党内规范性文件共同构建起了党内法规制度体系。加强党内法规制度建设，势必要确保基层党内规范性文件符合党内法规的相关要求，确保基层党内规范性文件同党章、上位党内法规和党的理论、路线、方针、政策不相抵触，同宪法和法律保持一致，与其他同位党内法规对同一事项的规定不相冲突。

关于党内法规与党内规范性文件的效力，有学者认为同一主体制定的党内法规与规范性文件，前者效力高于后者。[③] 不同主体制定的党内法规与规范性文件发生冲突时，其效力位阶学界还没有得出统一结论。笔者认为，借鉴行政规章的效力冲突原则，应当请求二者共同的上级党委予以裁断。关于二者的区别，通过分析二者的概念和内涵，可以看出党内法规与党内规范性文件在制定主体、规定名称和规范内容等方面存在差异，多位学者也对

---

① 李军：《中国共产党党内法规研究》，天津人民出版社 2016 年版，第 59 页。
② 殷啸虎：《中国共产党党内法规通论》，北京大学出版社 2016 年版，第 218～220 页。
③ 李忠：《党内法规建设研究》，中国社会科学出版社 2015 年版，第 83～86 页。李忠认为，不同位阶的党内法规发生冲突时，应当选择适用位阶更高的党内法规，即"上位法规优于下位法规"是党内法规效力等级的一般规则和首要规则。

此做了全面阐述。①

3. 基层党内规范性文件和行政规范性文件

党内规范性文件与行政规范性文件都属于规范性文件的范畴，都是由某一机关单位在履职期间制定的具有较强针对性和区域性的具有普遍约束力、规范性和反复适用性的规范性文件，都具有一定的强制约束力，实践中都因便于管理经济社会事务而被广泛使用，具有较强的实践性和灵活性；从二者规范的内容来看都会涉及公共事务、经济文化事务和社会秩序；制定程序方面，二者都没有严格、规范的法定程序规定；表述方式方面，二者一般都呈现出多样性的特点，没有统一的章、节、条、款和结构要求；效力方面，党内规范性文件与行政规范性文件都不能与党章、党内法规及宪法、法律法规相抵触，不能与上级党规、规章及规范性文件相抵触；党内规范性文件与行政规范性文件的主要

①　殷啸虎认为，党内法规与党内规范性文件都是党的机关实施领导、处理公务的具有特定效力和规范格式的文书。两者的区别在于：（1）制定主体不同。党内法规的制定主体是党的中央组织以及中央纪委、中央各部门和省区市党委，而党内规范性文件的制定主体更为广泛，既包括党内法规的制定主体，还包括党的其他组织。（2）名称不同。党内法规的名称是特定的，分别是党章、准则、条例、规则、规定、办法、细则，而党内规范性文件的名称一般为决议、决定、意见、通知等。（3）表述形式不同。党内法规以条款形式表述，而党内规范性文件一般不用条款形式表述。（4）审批方式不同。党内法规一般采取审议批准的方式，党内规范性文件则无此要求。（5）发布形式不同。党内法规经批准后一般应当公开发布，而党内规范性文件则无此要求。参见殷啸虎：《中国共产党党内法规通论》，北京大学出版社 2016 年版，第 218~220 页。张念认为，党内规范性文件与党内法规相比：党内规范性文件的制定主体范围更广，党内规范性文件形式有不同，党内规范性文件所涉政务更加丰富，党内规范性文件可转化为党内法规。参见张念：《党内规范性文件与党内法规相比有什么特性》，《秘书工作》2018 年第 6 期，第 40 页。

区别在于：①

（1）制定主体不同：党内规范性文件的主体包括党的中央组织以及中央纪委、中央各部门和省区市县乡等各级党委及其所属部门，还包括党的其他组织；有权制定行政规范性文件的主体为国家机关和法律授权的组织，这不仅包括国务院、国务院各部委，各部委所属司、局、办，省、自治区、直辖市人民政府及其所属厅局办，还包括省会市和较大的市的人民政府及其所属部门、其他设区的市和不设区的市、县人民政府的工作部门及其派出机关、乡镇人民政府等，都有可能成为制定主体。②

（2）规范的具体内容不同：党内规范性文件既涉及经济社会事务，还涉及党的组织和党员权利、义务等方面，涵盖了党的思想建设、组织建设、作风建设、反腐倡廉和社会、经济、文化、生活等多方面的事务；行政规范性文件的内容主要涉及国家事务和社会公共事务，涉及政府行政管理的方方面面，既包括制定主体所做出的外部抽象行政行为，也包括制定主体做出的内部抽象行政行为。

（3）适用对象不同：党内规范性文件不仅涉及党的建设，还会涉及经济文化事务，其适用对象包括党员干部、党组织、群团组织、人民群众、法人和其他社会组织等；行政规范文件因行政机关履职的相关性，其适用对象多涉及公民、法人和其他组织等。

（4）公开程度不同：党内规范性文件在公开方面尚未作统一

---

① 关于党内规范性文件与行政规范性文件的区别，可综合参见：郑全新、于莉：《论行政法规、规章以外的行政规范性文件》，《行政法学研究》2003 年第 2 期，第 16～17 页；王方东、邱扬成：《论行政规范性文件的性质与效力》，《重庆科技学院学报》（社会科学版）2013 年第 3 期，第 25～26 页；孟从帅：《地方党委规范性文件备案审查制度研究》，西南政法大学 2014 年硕士学位论文，第 6 页。

② 陈洲：《制定其他规范性文件存在的问题与建议》，《行政与法》2003 年第 10 期，第 23～25 页。

要求，但随着党的制度建设规范化、公开化，全国范围内多地逐渐向社会公开了党内规范性文件内容；行政规范性文件因涉及公民的权利和义务，原则上要求公开。

（5）文件名称不同：党内规范性文件的名称多为决议、决定、意见、通知等，行政规范性文件的名称多为决定、命令等。

（三）基层党内规范性文件的特征与作用

1. 基层党内规范性文件的特征

法治即规则之治、制度之治，是中国共产党治理国家和领导政治经济文化事业的基本方式。党内法规和规范性文件是党的各项活动的基本依据，是推行规则之治、制度之治的基础。[①] 党内规范性文件是各级党组织在履行职责过程中形成的具有普遍约束力、可以反复适用的决议、决定、意见、通知等文件，包括贯彻执行中央决策部署、指导推动经济社会发展、涉及人民群众切身利益、加强和改进党的建设等方面的文件。综合文献研究结果和调研情况，笔者认为党内规范性文件具有以下特征：

（1）普遍约束性：党内规范性文件一经特定程序颁布施行，对制定主体履职特定区域范围内的党员干部、党组织、群团组织、人民群众、法人和其他组织等具有普遍约束力。党内规范性文件以权利、义务、职责为内容，针对不特定对象、不特定事项制定，包含明确规范的可行性行为和禁止性行为，规范和明确指引党组织和党员干部等的活动和行为，在其效力范围内具有普遍约束力。

（2）反复适用性：一段时间内持续有效的才应当认定为党内规范性文件，党内规范性文件一经生效，在生效时间内对于其规

---

① 李军：《中国共产党党内法规研究》，天津人民出版社 2016 年版，第 65～68页。

范的同类事项可以反复适用、具有持续约束力，一般不针对阶段性或一次性的工作或事项，这是党内规范性文件区别于其他具体性工作文件的关键所在。

（3）规范性：党内规范性文件在制定主体、形式、内容、表达形式和制定程序等方面应当符合相关法律法规和党内规范的规定，需要经过特定的审批程序、规范严谨的表达形式、特定的文体形式，内容上要对特定对象和事项提出明确具体的要求，具有较强的规范性。

（4）履职相关性：党内规范性文件是各级党委、党组织及其职能部门在履行党章和宪法赋予的特定职责活动中形成的规范性文件，因执行党组织职责以外的其他事务或单位内部事务、内部工作安排形成的文件，不属于党内规范性文件。

（5）法律与政策的二重性：从党内规范性文件规范的内容上看，一方面，对党员干部和党组织等产生约束力是一种事实上的行为规范，体现了法的特性；另一方面，对经济社会文化事务的领导和管理维护了政权稳定和社会治理，体现了政策的特性，党内规范性文件具有法律和政策的二重属性。[①]

2. 基层党内规范性文件的作用

加强党内法规建设是制度治党的重要表现形式，能够在给人们提供正确的行动理由的前提下，强化党内法规对人们行为的指引性，并在此基础上，让人们的行为具有长期的连续性，产生一种发自内心的服从。[②] 作为党内法规体系建设的重要内容，党内

[①] 屠凯：《党内法规的二重属性：法律与政策》，《中共浙江省委党校学报》2015年第5期，第52~58页。

[②] 冯浩：《中国共产党党内法规的功能与作用》，《河北法学》2017年第5期，第121页。作者认为党内法规的作用主要体现在：保障和规范党的科学执政、调整和规范党组织与国家机关横向和纵向关系、调整与规范党组织与社会组织的关系、调整与规范党组织与各个利益群体的关系。

规范性文件不仅涉及思想建设、组织建设、作风建设、反腐倡廉等方面，还涉及区域内社会、经济、文化、生活等多方面事务，提供一种行为标准，对党组织、党员的行为及社会产生影响，不仅具有指引、预测、评价、教育、强制和激励的规范功能，还体现了社会功能包含的政治功能和社会示范功能。[①] 新形势下社会发展日益市场化、全球化、民主化、法治化，需要加强规范党内规范性文件，充分发挥其领导和规范党内事务和社会经济文化事务的功能和作用。总体而言，党内规范性文件主要有以下几方面的作用：

（1）规范党内活动，加强制度治党。通过规范党内规范性文件，加强党内民主制度、党务公开制度、党内监督制度等，完善各级党委党组织思想、组织和作风等方面的建设，推进党风廉政建设、反腐败斗争和其他专项斗争深入开展，规范各级党委党组织自身行为，全面加强对党的各项事务的制度约束，遏制权力滥用，有效发挥党委领导全局、协调各方的作用，保障各级党委党组织在党章、党内法规和宪法、法律范围内领导各项公共治理和社会管理创新事务，运用法治思维和法治方式治国理政，维护党内法规制度体系的统一性和权威性。

（2）规范公权力行使，保障依法执政。各级党委党组织通过党内规范性文件行使国家公权力，依法依党规，加强党管干部、党管军队、党管意识形态等事务，通过党内规范性文件规范党行使公权力的行为，并通过党内规范性文件对直接行使公权力的党

---

① 殷啸虎：《中国共产党党内法规通论》，北京大学出版社 2016 年版，第 14~23 页。作者认为党内法规的规范功能是指党内法规通过对党员及党组织行为模式的规定，为党员及党组织提供一种行为标准，从而对其行为产生影响。结合法理学上法的相关功能，作者认为党内法规的规范包括指引功能、预测功能、评价功能、教育功能、强制功能和激励功能；党内法规的社会功能是指党内法规通过对党组织及党员的行为进行调整而对社会产生影响，主要体现在政治功能和社会示范功能两个方面。

员公务员和非党员公务员提出要求，如规范党政领导干部问责、改进工作作风、规范出行与接待、精简会议改进文风等，这些规范、规则党内党外干部均一体适用，对公权规范和制约，保障党委依法执政。①

（3）规范社会事务管理，巩固改革创新发展成果。社会实践中各级党委党组织需要灵活处理经济、社会、文化等各方面瞬息万变的事务，党内规范性文件因具有较强的实践性和灵活性，便于管理经济社会事务而在实践中得到广泛应用。各级党委党组织通过下发规范性文件形式，加强公共治理能力，形成制度和规则，有效指引人们的行为，给民众的生产生活一个稳定的预期，提高了党委党组织的公信力，增强民众认同感，产生制度性权威，进一步维护了社会稳定，巩固了社会改革、创新、发展成果。

三、成都市 A 区基层党内规范性文件现状及特点

（一）成都市 A 区基层党内规范性文件概况

笔者以成都市 A 区党内规范性文件为调研对象进行分析研究，主要基于两方面的考虑因素：一是成都市 A 区作为执行党和国家政策、制度的基层单位，在基层治理和法治实践中，需要通过制定下发一系列的党内规范性文件，解决社会实践中党员干部和人民群众生产、生活最现实、最综合多元的问题，实现对基层社会的领导和管理。基层党内规范性文件成了成都市 A 区党委政府贯彻党的决定、领导基层治理、团结动员群众、推动改革

---

① 姜明安：《论党内法规在依法治国中的作用》，《中共中央党校学报》2017 年第 21 卷第 2 期，第 79 页。

发展的关键所在。近年来，A区经济蓬勃发展，改革、发展各项事业都走在成都市各区县的前列，具有一定的代表性。二是成都市A区注重党内规范性文件制度化、规范性建设，近来，该区不断加强制度建设，不断完善党内规范性文件草拟、审议、签发、核查等制度，对现有的大量党内规范性文件开展了多次清理、审查和备案工作，形成了较为全面系统的党内规范性文件工作体系，具有一定的典型性。综合以上因素，笔者选取成都市A区为调研对象，综合考察和分析了A区2012—2018年的基层党内规范性文件相关情况。

经调查研究获悉，成都市A区基层党内规范性文件由该区党委办公室文秘科负责管理，2017年为进一步加强党的制度建设，按照中央和省市部署要求，该区对2012年6月30日以前以区委、区委办名义单独或联合制发的319件党内规范性文件进行了全面清理，决定废止135件，宣布失效90件，继续有效76件，需作修改18件。笔者以成都市A区2012—2018年基层党内规范性文件数据为基础，综合借鉴了理论界与调研单位的观点和意见，通过人工逐一地筛查和排除，对成都市A区2012—2018年基层党内规范性文件进行了统计和分类，开展了相关分析整理研究。

1. 成都市A区党委公文制定总体情况

党政机关公文是党政机关实施领导、履行职能、处理公务的具有特定效力和规范体式的文书，是传达贯彻党和国家的方针政策，公布法规和规章，指导、布置和商洽工作，请示和答复问题，报告、通报和交流情况等的重要工具。① 公文不仅是政令上传下达的重要方式，更能在一定程度上反映出社会主要任务、经

———————————

① 《党政机关公文处理工作条例》第二条相关规定，中央纪委国家监委官方网站，http://www.ccdi.gov.cn/fgk/law_display/259，访问时间：2019年2月20日。

济社会发展形态以及政策落实情况等。2012—2018 年，成都市 A区按照《党政机关公文处理工作条例》公文格式相关规定，经由区党委、区党委办公室制定或发布的各类文件约 4050 件①（见表 2-1），包括区党委、区党委办公室单独发文以及区党委、区党委办公室会同区政府、区政府办公室联合发文等情况，涉及办公室会议、工作通报、会议通知、人事任免、请示报告、机构增设、职能分工、往来公函、议事纪要等各项工作内容，涉及诸多领域、多方面的事务。

表 2-1　成都市 A区 2012—2018 年党委公文制定情况统计

文件类型 年份	办公室便笺	工作通报	会通字	A委	A委办	A委办函	A委发	A委函	A区专报	议事纪要	A委报	A委办报
2012 年	36	31	97	115	95	43	16	89	8	32	N	N
2013 年	25	4	76	60	60	60	12	82	1	32	N	14
2014 年	79	6	66	99	49	52	17	5	N	16	62	25
2015 年	101	11	48	135	42	53	11	17	13	11	38	50
2016 年	133	16	45	136	57	89	10	33	17	12	92	46
2017 年	239	25	16	106	37	41	23	11	17	12	123	54
2018 年	225	19	11	105	16	14	25	21	17	27	123	63

注：①"N"表示空值——当年无该类文号的文件统计数据；

②文件类型为不完全统计，仍有个别年份出现少量"常委会通知""常委会纪要""领导批示""A委办发""A法组""办公室主任会议议事纪要"等类型文号的文件，因数据不全、不具有代表性，故未纳入本表统计。

2. 成都市 A区党内规范性文件基本情况

据调研了解，成都市 A区党内规范性文件主要以"A委办"

---

① 少量文件因保管和涉密等原因，调研中未接触，故该数据为约数。

"A委发""A委办发"三类文号制定发布①，但并非以这三类文号制定发布的所有公文都属于党内规范性文件。根据党内规范性文件的定义及其普遍约束性、反复适用性、规范性、履职相关性、法律与政策的二重性等特征，并综合成都市A区党内规范性文件工作人员的意见和建议，在认定某一文件是否属于党内规范性文件过程中，笔者主要排除了以下几类文件：

第一是涉及具体事务性工作类的文件，如会议便笺、工作通报、会议通知、人事任免、请示报告、议事协调机构增减、领导干部职能分工、机关企事业单位往来公函、议事纪要等，因涉及具体事务，不具有普遍性和反复适用性，未认定为党内规范性文件。相应的文件如《关于撤销中共A区委创先争优活动领导小组及其办公室的通知》《关于县委办公室领导班子成员分工的通知》《关于调整2012年总值班及应急值守工作安排的通知》。

第二是具有年度性、阶段性、一次性的工作性质类的文件。该类文件因调整的内容大多为年度性和阶段性工作，少数还针对的是一次性的工作，时限较短且事项特定，不具有普遍适用性和反复适用性，未被认定为党内规范性文件。相应的文件，如《关于加快推进2012年生态田园城市示范建设的实施意见》《关于2012年第四季度全区党政系统办公室工作目标考核情况的通报》《关于下达A区2012年实施"五大兴市战略"重点工作任务的通知》《关于做好2013年一季度经济"开门红"工作的通知》《关于做好2013年度区领导接待群众来访工作的通知》等。②

① 以"A委办发"类文号制定发布的公文，仅出现在2017年和2018年（其中2017年共有"A委办发"类文号公文91件，2018年共有"A委办发"类文号公文103件），本文未纳入表2-1的统计中。

② 关于某一产业、某一领域中长期发展规划类的文件，因实施周期较长、影响大，涉及长期政策和制度安排，本文将该类文件认定为党内规范性文件，如《A区大数据产业发展五年行动计划（2016—2020）》《A区都市旅游业发展五年行动计划（2016—2020）》《A区建筑业发展五年行动计划（2016—2020）》等。

第三是针对特定对象、特定事项和个人适用的文件，该类文件因涉及特定的适用对象，针对特定的事项，不具有普遍适用性和反复适用性，未被认定为党内规范性文件。相应的文件，如《关于表彰全区党管武装工作先进单位和先进个人的决定》《关于认真学习宣传贯彻省第十一次党代会精神的通知》《关于区委领导同志分工的通知》《关于调整区委常委联系民主党派和无党派代表人士的通知》《关于调整××河综合整治领导小组组成人员的通知》《关于切实做好困难群众安全温暖过冬工作的通知》《关于同意××镇更名为××镇的意见》等。

第四是学习宣传贯彻中央、省市党代会、全会精神和领导重要讲话精神的通知、工作方案、行动方案、宣讲方案、实施方案等文件，该类文件内容为学习宣传贯彻落实中央省市会议精神和领导讲话精神，未被认定为党内规范性文件。相应的文件，如《关于深入学习宣传贯彻区委××届×次全会精神的通知》《贯彻落实市委市政府主要领导在 A 区现场办公会上的重要讲话精神的工作方案》《关于学习宣传贯彻习近平总书记来川视察重要讲话精神的通知》《关于认真学习宣传贯彻党的十九大精神的通知》《贯彻×××书记在全市领导干部大会上的重要讲话精神和×××书记在市委常委（扩大）会议上的重要讲话精神的任务分解表》《学习贯彻市第十三次党代会精神宣讲方案》《贯彻落实省第十一次党代会重大部署实施方案》。

经过人工逐一排查和层层筛选，并综合了调研单位及理论界的意见和观点，笔者认定成都市 A 区 2012—2018 年的各类文件中，认定属于党内规范性文件的共有 313 件，按照年份统计结果分布如下（见图 2—1）。

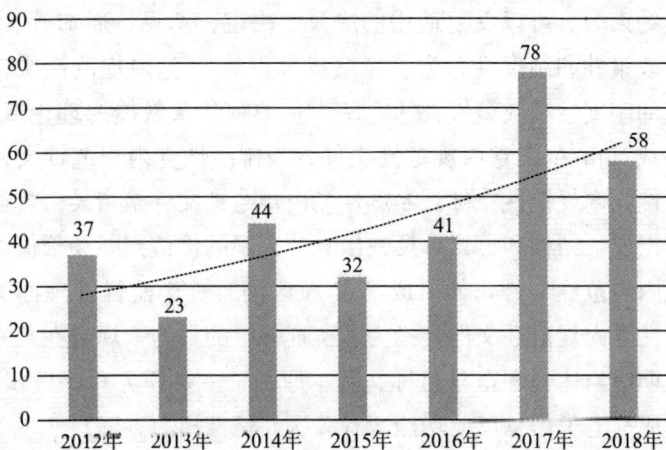

图 2-1　成都市 A 区 2012—2018 年党内规范性文件分布图（单位：件）

（二）成都市 A 区基层党内规范性文件的分类

分类是法学研究的重要内容。对党内规范性文件进行分类，是了解和把握党内规范性文件基本内容及其发展规律的基本需要与重要方式，有助于总结和把握党内规范性文件自身的发展与运行规律，有助于科学、准确地把握党内规范性文件的适用，具有重要的理论和实践意义。① 通过借鉴理论界和实务界观点，笔者试将成都市 A 区现有的 313 件党内规范性文件，按照以下标准进行分类分析：

1. 制度性党内规范性文件与政策性党内规范性文件

党内规范性文件是各级党组织在履行职责过程中形成的具有

---

① 殷啸虎：《中国共产党党内法规通论》，北京大学出版社 2016 年版，第 23～25 页。我们赞同作者的观点：分类是相对的，属认识层面的范畴，而党内法规是现实层面的内容。从认识论的角度来说，人的认识能力是有限的……对党内法规的分类不可能做到绝对准确、绝对科学，不存在任何偏差。为此，在对党内法规进行分类时，必须坚持相对论，不能绝对化。

普遍约束力、可以反复适用的决议、决定、意见、通知等文件，兼有政策性和制度性。为了考察成都市 A 区党内规范性文件所规范的制度性和政策性比重，笔者借鉴柯华庆教授的理论观点，试将成都市 A 区党内规范性文件分为制度性党内规范性文件和政策性党内规范性文件。制度性党内规范性文件是指某一具体方面的组成、结构和方式，反映出党和人民的价值判断和价值取向的党内规范性文件，如《成都市 A 区国有资产监督管理办法》；政策性党内规范性文件是指为了实现一定的目的，规定在某一历史时期应当达到的奋斗目标、基本原则、主要任务和一般步骤，如《成都电子信息产业功能区（A 区）精准招商方案》。①

经过分析整理，成都市 A 区党内规范性文件中，制度性党内规范性文件 90 件，政策性党内规范性文件 223 件，政策性党内规范性文件占比超过 70%，如图 2—2、图 2—3 所示。

---

① 柯华庆：《党规学》，上海三联书店 2018 年版，第 430～431 页。作者指出，为了避免用词混乱和以党代政的危险，以"党规"作为上位概念，以"党内法规"和"党导法规"作为下位概念，将党规中规范党与非党关系的那部分党规定义为"党导法规"。以"党导法规"规范的内容为标准，作者将党导法规分为政策性的党导法规与制度性的党导法规。政策性的党导法规是指中国共产党为了实现一定的目的，规定在某一历史时期应当达到的奋斗目标、基本原则、主要任务和一般步骤的党导法规。政策性的党导法规具有方向性、纲领性、全局性和指导性。制度性的党导法规关系的是某一具体方面的组成、结构和方式，反映党和人民的价值判断和价值取向的党导法规。制度性的党导法规具有具体性、程序性、可操作性。相关理论观点，可参见屠凯：《党内法规的二重属性：法律与政策》，《中共浙江省委党校学报》2015 年第 5 期，第 52～58 页。

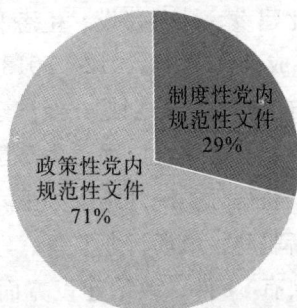

图 2—2　成都市 A 区 2012—2018 年制度性与政策性
党内规范性文件占比分布

图 2—3　成都市 A 区 2012—2018 年制度性与
政策性党内规范性文件年度分布图

2. 经济、政治、文化、社会、生态建设方面的党内规范性
文件

依据中共十八大提出的经济建设、政治建设、文化建设、社
会建设、生态文明建设"五位一体"总体布局的思路，并结合
《中国共产党地方委员会工作条例》规定党的地方委员会在本地
区发挥总揽全局、协调各方的领导核心作用，对本地区经济建

设、政治建设、文化建设、社会建设、生态文明建设实行全面领导。① 据此，笔者将成都市 A 区 2012—2018 年党内规范性文件分为五个方面进行分类考察，分别是：经济建设方面、政治建设方面、文化建设方面、社会建设方面、生态建设方面。

经过整理分析，获得分类统计结果如下：经济建设方面党内规范性文件涉及创新驱动、市场行业监督、经济开放发展、创新创业等方面内容，共有 54 件；政治建设方面党内规范性文件涉及党的建设中思想建设、组织建设、意识形态、反腐倡廉、巡视整改、机构改革、制度规范、行政管理等方面内容，共有 215 件；文化建设方面党内规范性文件涉及文化产业建设、历史文化保护、现代文明传承等方面内容，共有 4 件；社会建设方面党内规范性文件涉及市政管理、公共服务、社会动员、基础设施、社区建设、安全管理等方面内容，共有 32 件；生态建设方面党内规范性文件涉及环境治理、生态保护、绿色发展等方面内容，共有 8 件。五个方面的党内规范性文件详细占比情况如图 2-4、图 2-5 所示。

---

① 《中国共产党地方委员会工作条例》第三条规定：党的地方委员会在本地区发挥总揽全局、协调各方的领导核心作用，按照协调推进"四个全面"战略布局，对本地区经济建设、政治建设、文化建设、社会建设、生态文明建设实行全面领导，对本地区党的建设全面负责。

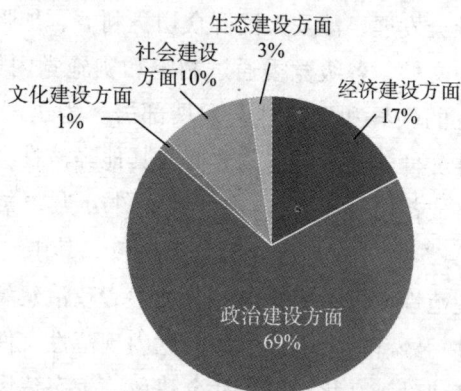

图 2—4　成都市 A 区 2012—2018 年党内规范性文件经济、政治、
文化、社会、生态建设等方面占比分布图

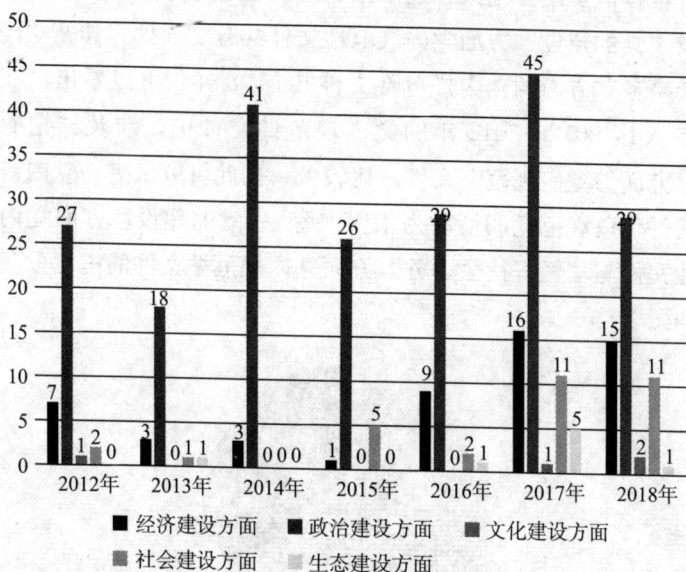

图 2—5　成都市 A 区 2012—2018 年党内规范性文件经济、政治、
文化、社会、生态建设等方面分布图

3. 党的建设与其他经济社会事务方面的党内规范性文件

党内规范性文件涉及的内容包括贯彻执行中央决策部署、指

导推动经济社会发展、涉及人民群众切身利益、加强和改进党的建设等方面的文件，各级党委通过制定和实施党内规范性文件，实现党对地方的领导和经济社会发展部署。为了考察成都市 A 区党内规范性文件涉及党的建设方面与其他经济社会事务方面的情况，笔者将成都市 A 区党内规范性文件分为"党的建设"和"经济社会事务"两方面进行分析分类比较。其中，"党的建设"方面的党内规范性文件主要是前一分类中"政治建设方面"的党内规范性文件；经济社会事务方面的党内规范性文件主要是前一分类中"经济建设、文化建设、社会建设、生态建设"四个方面的党内规范性文件。

　　根据前文统计结果，成都市 A 区 313 件党内规范性文件中，涉及"党的建设"方面党内规范性文件共有 215 件，涉及"经济社会事务"方面的党内规范性文件共有 98 件。可以看出，在成都市 A 区 2012—2018 年的党内规范性文件中，涉及"党的建设"方面的党内规范性文件占比较大，据此可以认为，党内规范性文件仍以规范党的活动为主要内容。"党的建设"方面党内规范性文件与"经济社会事务"方面党内规范性文件的占比分布情况如图 2-6。

图 2-6　成都市 A 区 2012—2018 年党的建设方面与经济社会事务方面党内规范性文件占比分布图

（三）成都市Ａ区基层党内规范性文件的特征

党内规范性文件是党委党组织决策和部署的重要依据和来源，是规范决策程序、防范决策风险的重要保障。党内规范性文件不仅对区域内的党员和党组织具有约束力，还是独立于国家法律体系之外的另一种社会治理规则，是对国家法律的补充，并与国家法共同支撑起我国的法治体系。[①] 从统计和分类情况来看，成都市Ａ区党内规范性文件不仅涉及党员、党组织、领导干部、群众、群团组织和企事业单位等多方面的调整对象，还涵盖了事业发展、产业规划、专项整治、企业监管等方面的内容，体现出较强的规范性、约束性和指引性，因此归纳成都市Ａ区党内规范性文件的特征，明确其调整适用的对象、范围和内容很有必要。综合前文分类分析情况，笔者概括了成都市Ａ区党内规范性文件以下几个方面的特征。

1. 以规范党的建设为主体，注重发挥基层党委的领导和协调作用

观察图３－３和图３－５，政策性党内规范性文件与政治建设方面党内规范性文件所占比重均达到70％左右。可见，成都市Ａ区2012—2018年党内规范性文件以加强党的领导、规范党的建设为主体，体现出较强的政治性与政策性，主要侧重于党的思想建设、组织建设、队伍建设、作风建设、反腐倡廉、党内工作程序、人才工作、意识形态、巡视整改方面，如《关于在全区党员中开展"学党章党规、学系列讲话，做合格党员"学习教育的实施方案》《成都市Ａ区区级政法机关党组织向区委请示报告重大事项制度》《关于在深化国有企业改革中坚持党的领导加强党

---

① 殷啸虎：《中国共产党党内法规通论》，北京大学出版社2016年版，第13页。

的建设的实施意见》《关于 A 区重大决策部署执行不力实施问责暂行办法》《成都市 A 区党风廉政建设"一案双查"暂行办法》《A 区党政系统办公室工作目标考核细则》《关于印发巡察工作实施办法》等。

此外，成都市 A 区党内规范性文件不仅涉及党员、党组织、领导干部、群众、群团组织和企事业单位等多方面的调整对象，还涵盖了事业发展、产业规划、专项整治、企业监管等多领域的内容，体现出党对各项事业的系统全面领导，充分发挥党总揽全局、协调各方的作用。出台了涉及经济、政治、文化、社会、生态等多方面、多领域的党内规范性文件，如《A 区构建和谐劳动关系实施方案》《成都市 A 区推广深化医药卫生体制改革经验实施方案》《成都市 A 区环境保护工作职责分工方案》《关于进一步加强和改进离退休干部工作的实施方案》《关于贯彻落实中共成都市委关于进一步加强人大工作和建设的实施意见》《关于贯彻落实中国共产党统一战线工作条例（试行）》等。

2. 以贯彻落实上级决策部署为主，注重推进地方改革与发展

"党""贯彻""落实""贯彻落实""加快""改革""发展"等都属于各级党政公文中和党内规范性文件中出现频率较高的词汇，主要体现在贯彻中央和省市各级的决策部署类的公文和党内规范性文件中。其中，"贯彻""落实"一般理解为实现上级下达的要求、命令和决策部署等，"加快""改革""发展"普遍与推进事业改革、经济社会事务发展相关。党内规范性文件调整内容体现出多方面、多领域、多元化的特点，为了从综合多元的党内规范性文件中概括出较为普遍的特征，笔者采用关键词检索的分析方法，对成都市 A 区 2012—2018 年党内规范性文件目录进行了相关检索分析，获得相关统计数据（见表 2—2）。

其中，以"党"为关键词进行检索获得检索结果 62 件，以

"贯彻"为关键词进行检索获得检索结果 26 件，以"落实"为关键词进行检索获得检索结果 30 件，以"贯彻落实"为关键词进行检索获得检索结果 18 件，以"加快"为关键词进行检索获得检索结果 27 件，以"改革"为关键词进行检索获得检索结果 34 件，以"发展"为关键词进行检索获得检索结果 44 件，均有较高的出现频率。此外，笔者对成都市 A 区 2012—2018 年党内规范性文件类型进行了检索，文件既包括了通知、意见、规定、政策、制度等类型，也包括实施意见、实施方案、实施办法、实施细则、落实方案、实施纲要、行动方案等，该类体现出较强的执行性和贯彻性，体现出基层党委党组织对中央和省市等上级单位各项政策和决策部署的贯彻落实。经统计，成都市 A 区 2012—2018 年 313 件党内规范性文件中，包括行动方案 1 件、行动计划 6 件、落实方案 4 件、实施办法 8 件、实施方案 49 件、实施纲要 1 件、实施细则 11 件、实施意见 59 件，共计 139 件，约占成都市 A 区 2012—2018 年党内规范性文件的 44.5%。由文件类型可以看出，贯彻落实类党内规范性文件在成都市 A 区党内规范性文件中占有较大的比重。

综合可见，成都市 A 区党内规范性文件侧重贯彻落实上级的决策部署，保障政令通畅，在全面深化改革开放、加快发展步伐的趋势中，A 区坚持贯彻落实中央提出的多项改革和发展决策部署，出台了多项配套性党内规范性文件，紧跟国家步伐加快推进地方改革与发展。

表 2-2　成都市 A 区 2012—2018 年党内规范性文件关键词检索统计表

年份　類別	全年文件数量	关键词						
		党	贯彻	落实	贯彻落实	加快	改革	发展
2012	37	1	0	1	0	3	1	5

类别 年份	全年文件数量	关键词						
		党	贯彻	落实	贯彻落实	加快	改革	发展
2013	23	6	3	1	1	5	1	3
2014	44	15	4	4	2	3	4	3
2015	32	8	2	3	2	2	3	2
2016	41	10	7	7	5	5	5	9
2017	78	15	2	4	2	4	7	13
2018	58	7	8	10	6	5	13	9
合计	313	62	26	30	18	27	34	44

四、成都市 A 区基层党内规范性文件的主要问题和成因分析

(一)成都市 A 区基层党内规范性文件的主要问题

1. 一些党内规范性文件缺乏体系化建设,各领域布局不协调

根据《中国共产党地方委员会工作条例》相关规定,党的地方委员会对本地区经济建设、政治建设、文化建设、社会建设、生态文明建设实行全面领导。① 据此,成都市 A 区党委应当对本

---

① 《中国共产党地方委员会工作条例》第三条规定:党的地方委员会在本地区发挥总揽全局、协调各方的领导核心作用,按照协调推进"四个全面"战略布局,对本地区经济建设、政治建设、文化建设、社会建设、生态文明建设实行全面领导,对本地区党的建设全面负责。

地区实行系统、协调、全面的领导，按照"五位一体"总体布局的要求，在领导地方发展建设中，坚持经济建设、政治建设、文化建设、社会建设、生态文明建设全面协调发展。基层党内规范性文件涵盖了多方面的事务，不仅包括党的思想建设、组织建设、作风建设、反腐倡廉等方面的事务，还包括了基层社会、经济、文化、生活等多方面的事务。基层党内规范性文件是否合法、合规，是否符合政策要求，牵涉到基层党员和人民群众现实需求和根本利益。而实践中，结合前文分类分析可以看出，成都市 A 区党内规范性文件偏重于党的领导和党的建设方面，经济建设、政治建设、文化建设、社会建设、生态文明建设等方面党内规范性文件布局零散、制度设计和规范设置缺乏整体性、系统性、协调性。

根据前文确定的分类标准，对成都市 A 区 2012—2018 年党内规范性文件进行交叉统计分析得出统计数据（见表 2—3）。可以直观地看出，文化建设方面的制度性党内规范性文件数值为 0，政治建设方面的政策性党内规范性文件数值高达 144，文化建设方面的政策性文件、社会建设方面的制度性文件、生态建设方面的制度性文件、生态建设方面的政策性文件的数值均小于 8，多个年份中相关数值为 0。综合可见，成都市 A 区党内规范性文件经济、政治、文化、社会、生态建设等方面的布局极不协调，内容庞杂零散"碎片化"、结构松散，缺乏统一整体长远的规划和逻辑连贯、周密的体系架构。

表 2-3　成都市 A 区 2012—2018 年党内规范性文件交叉统计表[①]

类别 年份	全年文件数量	经济制度	经济政策	政治制度	政治政策	文化制度	文化政策	社会制度	社会政策	生态制度	生态政策
2012	37	3	4	14	13	0	1	0	2	0	0
2013	23	1	2	3	15	0	0	0	1	0	1
2014	44	0	3	10	31	0	0	0	0	0	0
2015	32	1	0	7	19	0	0	0	5	0	0
2016	41	1	8	11	18	0	0	0	2	0	1
2017	78	4	12	16	29	0	1	2	9	1	4
2018	58	4	11	10	19	0	2	2	9	0	1
合计	313	14	40	71	144	0	4	4	28	1	7

2. 以政策性党内规范性文件为主，制度性建设不足

根据表 2-4 可以看出，成都市 A 区 2012—2018 年党内规范性文件中，制度性党内规范性文件数值为 90，政策性党内规范性文件数值高达 223，政治建设方面的党内规范性文件数值高达 215，经济建设、文化建设、社会建设、生态文明建设四个方面的党内规范性文件数值仅为 98。同时，观察前文图表交叉分类分析数据可以看出，经济建设、政治建设、文化建设、社会建设、生态文明建设等方面制度性党内规范性文件的数值，均远远低于政策性党内规范性文件的数值，制度性党内规范性文件数量较少。

---

① 根据前文确定的分类标准，对成都市 A 区 2012—2018 年党内规范性文件进行了交叉统计分析，其中，制度性党内规范性文件简称为"制度"，政策性党内规范性文件简称为"政策"；经济、政治、文化、社会、生态等五个方面的党内规范性文件分别简称为"经济""政治""文化""社会""生态"。

表 2—4　成都市 A 区 2012—2018 年党内规范性文件分类统计表[①]

类别 年份	全年 文件 数量	制度/政策		经济/政治/文化/社会/生态				
		制度	政策	经济	政治	文化	社会	生态
2012	37	17	20	7	27	1	2	0
2013	23	4	19	3	18	0	1	1
2014	44	10	34	3	41	0	0	0
2015	32	8	24	1	26	0	5	0
2016	41	12	29	9	29	0	2	0
2017	78	23	55	16	45	1	11	5
2018	58	16	42	15	42	1	1	1
合计	313	90	223	54	215	4	32	8

同时，笔者通过观察党内规范性文件目录发现，成都市 A 区 2012—2018 年党内规范性文件目录中，频繁出现"工作方案""实施意见""实施方案"等语词，通常该类文件多属于带有较强的方向性、纲领性、指导性的政治性党内规范性文件，体现出较强的政治性。[②] 然而基层党委在开展基层治理和法治实践过程中，面临着诸多综合性、复杂性、多元性的现实问题，带来了诸多现实挑战，需要基层党委制定和颁布一些具有地方自主性、创新性和实用可操作的制度性党内规范性文件，通过加强制度化和

---

① 根据前文分类标准，制度性党内规范性文件简称为"制度"，政策性党内规范性文件简称为"政策"；经济建设、政治建设、文化建设、社会建设、生态建设五个方面的党内规范性文件分别简称为"经济""政治""文化""社会""生态"，具体分类情况详见表格。

② 按照关键词检索的方法，对成都市 A 区 2012—2018 年党内规范性目录进行检索，获得如下结果：以"工作方案"为关键词进行检索获得检索结果 18 件，以"贯彻"为关键词进行检索获得检索结果 49 件，以"实施意见"为关键词进行检索获得检索结果 61 件，均有较高的出现频率。

规范化建设，应对实践中出现的各类困难和挑战，解决复杂多元的现实问题。

综合以上数据可以认为，成都市 A 区党内规范性文件以方向性、纲领性、指导性的政治性规范性文件为主，具体性、程序性、可操作性的制度性党内规范性文件建设不足。

3. 一些党内规范性文件废改立不及时

成都市 A 区党内规范性文件废改立不及时，主要体现在：一些过时、不再适用的党内规范性文件不能及时废止或修订，往往按照中央和省市部署要求对既有的各项党内规范性文件进行集中清理。① 在调查中发现，A 区制定和出台发布过多项文件，对规范性文件的行文规则、发文办理、收文办理、发文计划、发文主体和规格、发文质量等提出要求，如《A 区党内规范性文件备案实施细则》《关于印发区委规范性文件制定办法（试行）》《加强区委发文统筹管理五条措施》等，但均未出台关于废改立的规定。现有的规范性文件退出和监督、制约机制，大多依赖上级部署和要求的集中清理、审查备案制度等。对既有党内规范性文件，A 区缺乏系统全面的梳理。

此外，成都市 A 区 2012—2018 年党内规范性文件中，现有 30 件试行、暂行的党内规范性文件长时间地、持续地存在并产生作用（见表 2-5），如，2012 年出台《A 区国有平台公司政府性投融资管理暂行办法》《A 区选拔任用部局镇领导干部动议暂行办法》《A 区国有企业采购管理办法（试行）通知》《A 区国有企业国有资产经营预算管理试行办法》，2015 年出台的《A 区安全生产"党政同责"暂行规定》《A 区落实党风廉政建设主体

---

① 2017 年为进一步加强党的制度建设，按照中央和省市部署要求，该区党委办公室对 2012 年 6 月 30 日以前以区委、区委办名义单独或联合制发的 319 件党内规范性文件进行了全面清理。

责任检查考核办法（试行）》《A区党风廉政建设责任追究办法（试行）》等。这些"试行""暂行"类党内规范性文件，因其不确定性和适用条件不完善，往往不宜长时间存续，这类党内规范性文件应当进行系统全面的清理核查，在条件成立后应及时予以修改、废除，以免影响制度的权威性和规范性。

表 2-5　成都市 A 区 2012—2018 年"试行""暂行"
党内规范性文件汇总表

类别＼年份	全年文件数量	"试行"党内规范性文件	"暂行"党内规范性文件
2012	37	4	3
2013	23	0	0
2014	44	0	0
2015	32	3	3
2016	41	5	1
2017	78	8	1
2018	58	0	0
合计	313	22	8

4. 一些党内规范性文件公开透明度不高

在调研中了解到，成都市 A 区党内规范性文件并没有完善的对外公开制度、公开渠道或网络平台，一项党内规范性文件定稿印发后，会送往办公室内部传阅以及发文机关收阅、遵照执行、贯彻落实，除部分文件会通过新闻媒体或网络平台对外公布外，公众几乎很难接触和了解到党内规范性文件的制定、出台及规范的详细内容，公开性和透明度不高。对比之下，成都市政府部门及其区县政府、区县政府部门形成了系统全面的信息公开目录和信息公开指南、政府信息公开年报等，公众可以根据个人需求按照相关要求通过网络或前往机关单位查阅所需公开信息，行政法规公文、重大决策、发展规划、计划总结、行政执法、重点项目等各类政府及其职能部门信息，均对外公开、随便查阅。[①]党内规范性文件的法治化、规范化建设，需要形成公开透明的体制机制。一项制度只有公之于众，为调整适用对象所知晓，这项制度才可能得以遵守和执行，才能最大限度地发挥其功能和效力，才能增强这项制度的权威和社会公信力。

（二）成都市 A 区基层党内规范性文件的问题成因分析

基于实证调查研究文献分析研究的相关情况，笔者认为成都市 A 区党内规范性文件实践中出现的体系化建设不足、各领域布局不协调、偏重政策性和政治建设、废改立不及时、公开透明度不足等方面的问题，分析其成因，主要体现在以下几个方面。

1. 基层党内规范性文件面临综合多元现实问题和压力

基层党委面临任务重、责任大与基层社会问题综合多元的现实压力。基层党委一方面要加强党的领导、完善党的思想建设、组织建设、意识形态、反腐倡廉、巡视整改、机构改革、制度规范、群团组织和统一战线等方面的建设，还要领导地方改革与发展，进行产业振兴、乡村振兴、文化振兴、生态保护、综合整治等等，还需要贯彻落实中央和省市的各项决策部署，保障政策落地生根、汇报总结、考核等，涉及多方面的工作任务，基层党委党组织开展基层治理面临着多种多样的综合性、多元性和复杂性问题，面临任务重、责任大与基层社会问题综合多元的现实压力，都需要通过党内规范性文件进行政令的上传下达和相关工作

---

① 成都市政府信息公开网，http://gk. chengdu. gov. cn/govInfoPub/county. action?classId=0719，访问时间：2019 年 2 月 22 日。

的安排部署。基层党委需要发挥总揽全局、协调各方的领导作用，对区域内经济建设、政治建设、社会建设、文化建设、生态建设等进行统筹，需要推进各方面事业和事务全面、协调发展，每年需要出台大量的、涉及多方面的党内规范性文件，开展决策和部署，解决社会实践中党员干部和人民群众生产、生活最现实、最综合多元的问题。面临着基层实践中诸多的现实问题和工作压力，基层党委党组织及其工作机构、工作人员在有限的时间和精力范围内，需要制定和出台大量的文件，势必会影响到文件内容的质量，党内规范性文件的制定和出台难以做到每件都非常细致和精益求精。

2. 基层党内规范性文件工作机构及人员配备薄弱

基层党内规范性文件工作人员配备少、机构设置单一。在调研中了解到，成都市 A 区只设两个专人负责全区内党内规范性文件的对接沟通、制定审议、审查备案等相关的全部工作，人员配备极少，没有系统的工作队伍体系，而且工作人员还要承担会议组织、各类材料和报告撰写工作等，工作压力大、任务重；且区委只下设一个科室统筹管理党内规范性文件，工作力量极其薄弱。党内规范性文件法治化建设，涉及从立项计划、起草说明、征求意见、法律审查、会签审签、审核签发、公布执行、审查备案、修改废除等一整套的制度体系和工作机制，不仅涉及政策广泛全面，而且法律性、专业性强，没有配备专业、充足的人员保障以及科学、系统、全面的机构设置，很难保障党内规范性文件的制度化、规范化、体系化建设。

3. 基层党内规范性文件工作制度和机制不协调

基层党内规范性文件工作制度和机制不协调。虽然成都市 A 区出台了多项制度规范，旨在完善该区公文质量、发文统筹管理、审查备案制度等，如制定党内规范性文件备案实施细则、区委规范性文件制定办法、发文统筹管理等。然而，在 A 区的基层工作实践中，由于缺少系统全面和完善的工作制度和工作机制，没有建立基层党内规范性文件系统执行的监督和责任追究制度，导致相关规范性文件在实践工作中没有得到切实地遵照落实和执行；在制定党内规范性文件时，所管辖区内部门与部门、单位与单位之间缺少沟通衔接机制，导致出现同级部门出台的党内规范性文件重复和交叉等问题；党内规范性文件界定不清晰，审查备案范围不明确，审查备案标准与流程不完备，缺乏综合、全面、专业的人才培养和交流、培训机制，"废改立"制度缺乏，公开性不足等，党内规范性文件相关工作制度和工作机制的不协调，导致了党内规范性文件大量出台、重复制定，执行不到位、不彻底，创新性、可操作性不足等问题，影响了党内规范性文件的制度权威性和制度公信力。

五、加强基层党内规范性文件建设的意见和建议

在全面深化改革时代背景下，改革发展向纵深推进，党和国家坚持从中国实际情况出发，坚定不移地走法治道路。法治，这一影响着国家事业发展根本、全局性和长期的制度，是实现社会有效治理和人民安居乐业的关键所在，法治也是中国共产党治理国家和领导政治经济文化事业的基本方式。作为执政党，中国共产党总揽全局、协调各方，应当在法治理念的基础上，运用法律规范、法律原则、法律精神和法律逻辑对所遇到或所要处理的问题进行分析、综合、判断、推理和形成结论、决定。① 应当制定、运用并执行法律、法规、规章解决经济社会问题，大力推行法治，推行规则之治、制度之治，用法治凝心聚力，为各项事业

---

① 王振民、施新州等：《中国共产党党内法规研究》，人民出版社 2016 年版，第 88 页。

保驾护航。中央和各级党委通过制定和下发一系列的党内法规和党内规范性文件，运用法治思维和法治方式治国理政。党内规范性文件是党内法规体系中的重要一环，在基层治理和法治实践中发挥着重要作用。

要理解法治的内涵，应通过运用法律规范、法律原则、法律精神和法律逻辑对所遇到或所要处理的问题进行分析、综合、判断、推理和形成结论、决定来进行。[①] 基层党委通过制定和实施党内规范性文件，实行规则之治、制度之治，实现对基层经济社会发展的领导和部署。基层党内规范性文件作为党内法规体系建设中的重要内容，是基层地方党委政府贯彻党的决定、领导基层治理、团结动员群众、推动改革发展的关键所在。随着全面深化改革的推进，基层社会发生了翻天覆地的变化，基层治理面临的是一个多方利益交织、日新月异、综合、多元、复杂的社会，需要运用"良法促善治"的法治思维和法治方式，审时度势、综合全盘考虑，通过加大公开力度、加大宣传力度、开展体系化建设和布局、扩充人员配置、完善相关制度安排和工作机制等方面，提高基层党内规范性文件科学化、规范化、制度化建设水平。经过对成都市 A 区党内规范性文件进行充分调研分析，笔者综合调查研究和文献分析的结果，提出以下意见和建议。

（一）加强基层党内规范性文件体系化建设

党内规范性文件是党内法规体系中的重要一环，在党和国家各项事业中长期发挥着重要的作用，中央和各级党委通过制定和下发一系列的党内法规和党内规范性文件，运用法治思维和法治方式治国理政。中央、省市党委应出台相应的制度和规范，加强

---

① 王振民、施新州等：《中国共产党党内法规研究》，人民出版社 2016 年版，第 88 页。

对基层党内规范性文件的制约和规范，明确党内规范性文件的内涵和外延，制定程序、公开机制、执行保障机制等，形成科学规范、系统全面的制度体系。加强基层党内规范性文件体系化建设，使各项制度文件之间形成完整、系统的结构体系，坚持整体性、长远性制度设计，推进经济建设、政治建设、文化建设、社会建设、生态文明建设全面协调发展。

首先，应当加大对各部门的统筹协调力度，组织各部门各单位对分管各领域的党内规范性文件集中清理与研判，提高区域内各单位各部门对制度建设的重视和认识程度，推进党的思想意识形态制度建设、组织制度建设、反腐倡廉制度建设与经济制度建设、文化制度建设、社会制度建设、生态制度建设的协调与平衡，减少体系建设中存在的随意制定、重复制定、缺少创新、内容交叉、互不衔接等问题；其次，加强统筹规划，形成细致而严密的顶层设计，对区域内党内规范性文件进行集中统一梳理，着力解决某一方面的规定散布于不同时间、不同形式规范性文件中的问题，形成系统、整体的体系结构；再次，查漏补缺，着重完善文化建设、生态文明建设等方面制度缺失以及实践中迫切需要、配套制度不完善、群众反应强烈等方面的党内规范性文件，实现各方面、各领域党内规范性文件数量与布局的平衡，形成全面、协调、长远布局的制度体系。

（二）完善基层党内规范性文件工作人员配备与机构设置

法治是规则之治、制度之治，是在法治的理念基础之上，运用法律规范、法律原则、法律精神和法律逻辑对所遇到或所要处理的问题进行分析、综合、判断、推理和形成结论、决定。① 基层党内规范性文件规范的内容和对象不仅涉及面广、数量多，而且具有较高的政策性、法律性和专业性，工作量大、内容繁多，需要充足的工作人员、完善的队伍结构和系统的机构设置予以保障。② 运用法治思维和法治方式，推进基层党内规范性文件制度化、规范化建设，主要包括以下几个方面：

一方面，要加强人员配备，强化人员结构与业务能力建设，通过公开招聘、调动和培养等方式，扩大专职党内规范性文件工作人员规模，同时，注重人员的业务能力与水平的考察与培养，通过制订专门培训计划、学习计划，以及定期与上级主管部门、科研院校等开展交流研讨等，开展法律法规、政策制度、业务技能等各方面的培训与学习，提升专职党内规范性文件工作人员的政治素养、法律素养和专业素养；另一方面，党内规范性文件涉及多领域、多方面的综合性、多元性问题，内容、对象纷繁复杂，需要完善党内规范性文件机构设置，设立专门工作机构专项负责党内规范性文件的相关工作，形成明确的工作任务、工作重心、机构职能与分工，打通工作脉络，形成由上而下的系统工作体系，完善党内规范性文件工作与各部门、各单位之间的沟通、协调和衔接机制，保障在各项工作中对接畅通，增强党内规范性文件工作的独立性、规范性与权威性。

（三）完善基层党内规范性文件工作制度与工作机制

制度之治、规范之治是法治的核心要义，要求运用法治思维

---

① 王振民、施新州等：《中国共产党党内法规研究》，人民出版社 2016 年版，第 88 页。

② 李军：《中国共产党党内法规研究》，天津人民出版社 2016 年版，第 68～69 页。

和法治方式，推进基层党内规范性文件制度化、规范化建设。成都市 A 区已经形成了较为完善的党内规范性文件制度，如《关于印发区委规范性文件制定办法（试行）》《A 区党内规范性文件备案实施细则》《加强区委发文统筹管理五条措施》等。在既有制度基础之上，进一步完善党内规范性文件工作制度和工作机制，应从以下几个方面着手：

一是加强制度整合，出台区域内党内规范性文件相关工作制度与工作机制，统一制度规范，明确党内规范性文件内涵与外延、制定要求与程序、适用时效等，明确党内规范性文件的"废改立"工作机制；二是完善定期清理与"立规评估"工作制度，加强对党内规范性文件实施过程中的监控，明确"试行""暂行"类党内规范性文件的适用时限及转化机制，保障制度的公信力和权威性；三是完善审查备案制度，通过开展细化审查备案标准与流程、完善监督制约与问责机制、完善审查备案培训机制、推进备案反馈机制等方面的工作，进一步推进审查备案制度发挥其对党内规范性文件的制约与监督作用；四是完善党内规范性文件信息公开制度，增强公开透明度和扩大党员群众参与，完善党内规范性文件的宣传和公开相关制度，确保制度和政策为党员群众所知晓，推进制度和政策得以贯彻落实、遵照执行，通过完善党内规范性文件执行的监督、考核与惩戒制度，推进制度和政策有效执行和落实到位。

（四）规范基层党内规范性文件内容与形式

在法治社会实践中，运用法治思维和法治方式，推进成都市 A 区党内规范性文件的制度化、规范化建设，需要进一步规范党内规范性文件的内容和形式。

内容方面，需要规范语句表达，参照法律法规的规范性语句表达，采用准确、无歧义、特定的语句和词汇表达制度规范，避免纲领性、笼统、不确定的政策性语句，需要注意区别政治性党内规范性文件与制度性党内规范性文件的语句表达，通过规范的语句表达，形成明确且具有特定指向性的制度性规范，明确适用时效和适用范围，其适用对象才能准确理解制度的内涵与外延，这项制度才能被准确无误地贯彻落实和遵照执行。

形式方面，在现有党内法规和法律规范没有明确规定的情况下，建议参照《备案规定》的相关要求，采用决议、决定、意见、通知等形式，并严格按照《党政机关公文处理工作条例》规定的形式规范要求，严格区分党内规范性文件与会议纪要、一般性公文、请示报告、工作通报、简报等，提高党内规范性文件质量。此外，还应严格遵照现有宪法法律、法规规章和党章、党内法规等的相关规定，严格遵循中央和省市重大方针、政策、重要部署、会议精神，避免制度冲突不协调、违法违规、内容交叉重复以及"红头文件打架"等问题，提高基层党内规范性文件的创新性、实用性和可操作性。

六、基层党内规范性文件研究展望

法治是影响着国家事业发展根本、全局性和长期的制度，是实现社会有效治理和人民安居乐业的关键所在，法治也是中国共产党治理国家和领导政治经济文化建设事业的基本方式。在全面深化改革的时代背景下，改革发展向纵深推进，党和国家坚持从中国实际情况出发，坚定不移地走法治道路。作为执政党，中国共产党总揽全局、协调各方，大力推行法治，推行规则之治、制度之治，用法治凝心聚力，为各项事业保驾护航。在党和国家各项事业中长期发挥着重要的作用。中央和各级党委通过制定和下发一系列的党内法规和党内规范性文件，运用法治思维和法治方式治国理政。党内规范性文件是党内法规体系中的重要一环，在基层治理和法治实践中发挥着重要作用。

随着法治建设的全面发展，法律法规、行政规范性文件、党内法规、党内规范性文件等势必成为法治国家、法治政府、法治社会建设中的重要内容，在国家法治建设中发挥各自的重要作用。政治学、管理学和法学界关于国家法律法规、行政规范性文件既有的关注和研究，已经较为系统全面。实践中大量存在且对人民生产生活产生巨大影响的党内规范性文件，相应的关注和研究也步入了快速发展的道路，社会知晓度和认同感日益增加，在国家改革发展与现代化建设进程中，推行规则之治、制度之治的法治化呼声日益强烈，党和国家提出全面依法治国战略，将党内法规体系建设纳入法治体系范围内，推进党内法规和党内规范性文件建设的制度化和规范化，顺应了法治时代的发展和社会的需求。

基层党内规范性文件作为党内法规体系建设中的重要内容，是基层地方党委政府贯彻党的决定、领导基层治理、团结动员群众、推动改革发展的关键所在。基于对成都市 A 区 2012—2018 年党内规范性文件的考察可见，实践中基层党委出台大量的党内规范性文件，通过对党内规范性文件的统计分析，可以看出其调整对象和范围非常广泛，涉及经济、政治、文化、社会、生态等各个方面，不仅对民众的住房、就业、教育、医疗等生产生活产生千丝万缕的影响，还牵动着地区改革发展与繁荣稳定，基于其调整的内容和适用的范围来看，党内规范性文件对民众生产生活的影响力甚至不亚于法律法规。

笔者从解读党内规范性文件研究的法治背景出发，明确了开展基层党内规范性文件研究的理论和实践意义，进一步归纳了党内规范性文件的概念、特征、作用以及相关概念的区别，以成都市 A 区区党委 2012—2018 年出台的党内规范性文件为研究对象，通过对 A 区党内规范性文件的梳理与分类整理，概括出成都市 A 区基层党内规范性文件的特征，对现存的问题及其成因进行了分析，认为该区党内规范性文件存在体系化建设缺乏、制度性建设不足、废改立不及时、公开透明度不足等问题，其成因是基层党委面临任务重、责任大与基层社会问题综合多元的现实压力、工作人员配备少、机构设置单一、工作制度和机制不协调等，并提出了加强基层党内规范性文件体系化建设、完善工作人员配备与机构设置、完善工作制度与工作机制、规范内容与形式等建议，进一步推进基层党内规范性文件的科学化、制度化和规范化建设。希望笔者以基层党内规范性文件为实证研究的方法和视角，以及提出制度化、规范化建设的尝试，为 A 区党内规范性文件法治化发展及党内法规体系化研究提供有益参考。

近来，党内法规和基层党内规范性文件逐渐受到日益广泛的关注，笔者立足于基层党内规范性文件的实证调研，从党内规范性文件的基层实践出发，对基层党内规范性文件研究做出了一次尝试和探索。然而，囿于知识和理论的局限，笔者在细节之处仍有诸多不足。由于党内规范性文件所涵盖的内容涉及多领域，包含着政治学、管理学和法学等多学科的知识内容，其制定、公布和施行往往也会涉及多个部门，完善党内规范性文件进而建立健全党内法规体系不可能一蹴而就。理论与实践的过程中，仍存在着一系列的问题困扰着党内规范性文件的理论研究者和实务工作者：从中央到地方未形成一整套完整的工作体系和工作机制，缺乏统一的工作规定和要求供广大基层党内规范性文件的实务工作者遵照执行，当前理论界对党内规范性文件的关注仍然较少，尤其是对党内规范性文件的现实情况接触不多、理论分析不足，党内规范性文件的内涵及其外延的界定等等，这些问题仍有待进一步解决，需要理论界与实务界共同长期的努力、投入和探索。

同时，在全面依法治国的法治时代背景下，从有法可依到有法必依，从执法必严到违法必究，再从依法行政到依法执政、良法促善治，法治化探索在社会实践中已经取得了明显进步和较为突出的成就。将党内法规、党内规范性文件建设纳入法治体系建设中，以基层党内规范性文件研究为切入点，推进党内制度建设的制度化、规范化和科学化探索，推行规则之治和制度之治，树立法治信仰和法律的权威性，必将有益于进一步推动中国法治社会建设与发展。

司法篇

第三章　审判管理的实践与思考

目前在中国的现行体制下，司法管理不仅指审判、审判机关的管理，还包括检察和检察机关的管理。虽然审判、审判机关与检察、检察机关的管理具有一些共性，即行政管理中的一些共性，但二者因其性质不同、任务范围不同、行使权力的形式和要求不同、工作原则不同等等，审判管理和检察管理之间有一定的差异性。因此，本章将审判管理从司法管理中抽出来进行实践总结和理论探讨。审判管理研究，可根据不同的切入点，形成不同的研究课题，比如审判规律管理、刑事审判管理、民商事审判管理、行政审判管理、诉讼活动中的审判管理、审判权力结构管理、审判外环境管理、审判权力运行管理、资本主义审判管理、社会主义审判管理等。本章仅根据笔者自身的实践，试就目前面临的审判权力实现过程的管理问题进行研究探讨，以期将审判管理的系统性研究与实践总结进一步向前推进，为中国审判事业的发展作出贡献。

一、审判权力管理

本章研究的是审判管理，即审判权力实现过程的管理。审判权力实现过程大致可分为审判权力的实现、案件审判工作的实现以及为实现审判权力、审判工作而设置的相关因素几个方面。审判机关的各级、各类管理者，对自己所从事的审判事业，不仅要看到个案判决、执行的作用和质量要求，更重要的是要看到个案背后深藏着的国家权力，即审判权力实现的作用和质量要求。只有这样，我们对审判管理的认识，对审判资源的开发与利用，对刑事、行政、民商事审判质量的评价才会抓住重心、评出优劣，审判管理者也才会将各级党组织、上级法院经常强调的政治意识、大局意识、执政意识、忧患意识、责任意识内化为自身的行为意识，外化为审判的质量追求与最佳审判效益的追求，自觉防止和克服审判中的片面行为。

（一）审判权力的地位和作用

审判权力在国家权力中的存在和表现形成，首先是一种客观存在，是一种社会历史现象。无论是最原始的部落裁判，还是现代社会的司法裁判，无论是封建王朝的帝王裁判，还是现代社会的法官裁判，无论是合议庭、法官裁判，还是陪审团、法官裁判，审判权力在国家权力中都是一种客观的、独立的权力，只是在不同历史时期的具体实现形式不同而已。国家审判权力的个别化实现是以裁决来体现的。就裁决本身而言，只要人类社会存在就有裁决，而通过国家审判形成的裁决是一种体现国家意志的裁决。可见，裁决不是因赋予了国家意志才存在。实际上，国家裁决只是实现社会裁决这种客观存在的一种重要途径、手段或形式。

社会为什么要给国家机器设置这种带有国家暴力性的裁判权力？首先，从国家机器外部讲，这是化解社会矛盾冲突的必然选择。社会矛盾形成的剧烈冲突通过其他非国家强制力的裁判已不能平息，社会的公平正义受到威胁、破坏，最后只有依赖国家裁决来定纷止争，使社会归于有序、正义得以实现。其次，从国家机器内部来看，国家机器运转的实质是国家权力的运用。如果各种国家权力运行结构合理、运转有序，则实现了国家机器的健康运行。国家机器健康运行，能够造福于社会，造福于人民，促进社会的文明与进步。如果国家权力配置不合理，集权于某一集团、某一个人，则不仅会导致权力运行的冲突，更为严重的是形成对人民自由和权利的专制。国家权力最终是靠人来行使的，而人与人之间具有品德、知识、情绪、能力、价值取向、欲望层面的差异，这种客观差异决定着国家权力使用中的差异，加之人行使权力的扩张欲望的驱使，权力使用中的冲突会更加剧烈。这种冲突不仅会导致国家机器的自我毁坏乃至毁灭，而且首先受其害的即是人民。封建社会、资本主义社会乃至社会主义社会的历史进程中不计其数的、以生命为代价的悲惨事件就是充分例证。为了保证国家权力的正确行使，维护国家机器的正常运转，国家政权建设的客观规律要求在组成国家机器的权力因素中设置审判权力。

从以上分析可以清晰地看出审判权力的地位和作用如下：其一，审判权力是人类社会发展到一定阶段的必然产物，是一种客观存在；其二，审判权力是一种统一于国家权力中具有独立性的国家权力；其三，审判权力是为解决社会冲突、实现社会公平与正义、制衡国家权力中其他权力的滥用而诞生；其四，审判权力实现的载体是审判机关作出的裁决；其五，审判权力的载体，即裁判，形成的依据必须真实合法，这种真实是指基于客观真实基础上产生的法律真实。这种合法既指形式合法，又包括实质合法。因此，审判管理说到底是对国家审判权力及其运用的管理。管理的核心是国家审判权力的独立性与公正性。如果我们在审判管理中、在个案的审判工作中看不到这一点，守不住这一底线，审判的地位和作用就会严重受损，结果是危及国家信用、政党信用、政府信用以及法律信用。维护国家审判权力的独立性、公正性，系于全党、全体人民、全体法官，这是人民根本利益的要求，也是重要的历史责任。

（二）个案审判权力管理

国家审判权力由国家通过法律赋予审判委员会、合议庭、独任审判员行使。审判权力的具体运行首先是对个案的审判。个案审判中的审判权力管理是国家审判权力管理的基础。个案审判权力管理的重心在两个方面：一方面，个案审判权力管理涉及对法官自身行使审判权的保障与限制，包括法官在审判活动中依程序法规定享有审判程序权力以及对当事人、其他诉讼参与人诉讼程序权力的保证与剥夺权力。为了防止法官在审判活动中滥用和怠于行使审判权力，国家从程序法、司法解释、法院制定的职业规范上作出明确界定。因此，依据程序法、实体法、司法解释而形成的审判权力管理机制是个案审判权力管理的准则。比如，法官在审判刑事案件中应当向被告人交待诉讼权力而不交待，应当公开宣判而不公开宣判，应当指定辩护人而不指定，应当传唤证人到庭而不传唤，等等，都是对审判权利的滥用和违反。法官们如果对此有深刻认识，审判活动中重实体轻程序的做法就会大为减少，法官心目中的程序价值意义就会大大增强。当事人、社会公众对法官、法院的正面评价就会大大提升。另一方面，个案审判权力管理还包括对案件作出裁决权力的管理。社会常识和国家权力运行原理均告诉我们，只有具有裁判资格的主体（法官、审判组织）才享有代表国家作出裁判的权力，没有裁判资格的组织和个人作出裁判，无论是公开的还是暗中的，无论是直接的还是间接的，都是对宪法和法律的违反，都是对国家统治秩序的破坏，其结果必然给社会、国家、人民、政党本身带来损害。因此，若要实现对个案审判权力的有效管理，必须建立法官行使个案审判权力的中立制度，行使审判权力的激励、惩戒制度和政治、组织保障制度，严格执行二审终审制度，以抵御来自各方面的不当干扰。这里要说明的是裁判结果本身公正与否，不属于审判权力管理的讨论范围，而是案件审判工作讨论的内容。这就好比枪支管理与射击管理一样。因为裁判结果本身包含的是事实因素与法律因素，即对案件作出事实判断和法律适用判断，最后形成处理结论。比如，对案件发生的时间、地点、原因、情节、损害程度、因果关系、适用法律的立法原意、法律含义等理解判断这些对一个案件的事实和适用法律的理解判断，不仅此法官可以作出，彼法官也可作出，不仅法官可以作出，凡有认知能力的人也可作出，既可一次作出，也可反复不停地作出，问题是所得出的结论是否具有法律效力、具备不具备裁判力。本部分研讨的是法官在对案件事实、法律适用作出裁决过程中怎样行使法律赋予的审判权力、使用了哪些权力、是否正当行使这些权力。如果法官滥用审判权力，即使对事实的判断是正确的，对法律的适用也是恰当的，但它的公正性、有效性也要受到质疑。历史上发生的冤案绝大多数都是在不受制约、滥用国家权力的情况下发生的。因此，明确审判管理中对审判权力行使的管理是第一位的，也是当前十分紧迫的任务。我们要建立起审判权力运行的考核制度、备查制度、举报制度、惩戒制度，让每一个法官在行使审判权力过程中慎之又慎、严格操守。

（三）执行权力管理

对裁判的执行既是审判权力实现的最后阶段，也是审判活动的延续。在我国司法体制下，裁判结果的执行权力是审判权力的重要组成部分。这主要体现在三个方面：其一，执行工作中的强制措施历来是国家为审判机关确保审判权力行使、确保诉讼顺利进行而设定的。其二，执行中合议庭行使的执行异议裁决，判决中止、终结执行、减刑、假释、裁决等具有审判裁决性质且均是一裁终结。其三，执行中对错误判决的审查提出再审的权力同样具有审判权力的性质。如果对执行权力的管理弱化,不仅这部分国家权力会被滥用,严重危害社会,而且会对审判权威构成严重威胁。近些年执行工作中出现的大量问题,就是对执行权力缺乏有效管理的结果。怎样有效加强对执行权力的管理,在我们的工作中尚处于探索阶段。当前采取的方式主要有以下几种:其一是严格实行执行环节的分权制衡,将执行分为受理、审查、裁决、执行实施等环节,形成相互配合、相互制约的执行权力运行机制。其二是对执行中的重大裁决采取合议制,给当事人充分的抗辩权力。其三是在对当事人作出变更、中止、终结以及司法拘留等重要决定前,实行听证制,将执行权力的行使置于当事人和社会的监督之下。其四是实行庭长、院长、审判委员会备案审查制,为执行中的重要裁决再设一道关卡。其五是拍卖、评估、公开,多个债权人申请执行的财产分配公开。其六是实行执行纪律公开。

(四)审判权力效能管理

审判权力管理的目的主要有两点,其一是防止审判权力滥用,其二是充分发挥审判权力调控社会、制衡权力、保护人权的功能。其中,后者是国家审判权力设置的实质性目的。因此,在审判权力的管理中,围绕审判权力的功能发挥实施管理是审判管理的出发点和归宿,防止审判权力滥用也是为了充分发挥审判权力的正常功能。个案审判权力的管理重在审判权力的静态管理,审判权力效能的管理则重在对审判权力的动态管理。审判权力效能管理不到位或意识不强,其表现为就案办案,只见树木不见森林,浪费审判资源。审判权力效能最大化发挥的主要渠道体现在如下方面:

一是个案对同类法律关系的调节以及社会导向作用。这要求审判权力管理者、行使者在对案件作出法律赋予的裁决时,要深入地思考它对社会公平正义的价值影响以及近期影响和长远影响。尤其是对新类型案件的审判，不仅要研究审判结果对社会的影响力，还应研究审理执行过程对社会的影响力；不仅要研究庭上的影响，更要研究庭外的影响；不仅要研究对法律解释的影响，还要研究对政策、公序良俗的影响；不仅要研究对现行法的影响，还要研究对创制新法的作用。对良好的审判资源树立多维开发的理念，让审判权力的功能发挥最大化，不允许出现用法律手段去牺牲法律目的的审判结果。

二是类案审判权力效能发挥。一件典型案件的审判带来一项审判规则或法律原则的创立乃至对社会价值观的变革性冲击，这种现象在法官的职业生涯中十分少见。但是，在类案审判权力行使过程中积累点滴，形成理性认识，进行制度、规则创新，甚至促成新的法律法规诞生，改写司法解释和政策规定，这既是审判中的经验性做法，也是永恒的做法。法官的审判经验、艺术胜于逻辑推理。我们要以自然科学家的执着和敏锐，搜集提炼个案审判权力行使中的正反面典型，尤其是与现行法律、政策、司法解释、法学理论、政治体制、诉讼制度、市场经济运行规则产生冲突的典型案例，从中探究引发冲突的深层次原因，进行理论观念创新，形成运用审判权力的新理念。

三是检验审判权力自身设置是否科学。在审判权力行使过程中，审判权力行使者和管理者要认真体会分析已有的审判权力设定适不适应审判、执行规律特点的要求，对社会矛盾的化解、对国家其他权力的制衡和调节能否达到预期效果。就目前审判权力运行的现状看，审判权力的行使以及审判权力自身已经暴露出很多突出的问题，这主要表现在：审判权力的调控面在扩大，但调控的力度在削弱；在审判权力与其他国家权力的相互作用上，藐视审判权力的现象在公职人员中十分突出；审判权力独立性的退化已十分明显，审判权力被侵蚀、被压缩的情况时有发生。这些问题的存在说明审判权力自身变革的内在要求已十分紧迫。虽然审判权力在国家权力中的结构形态创新和完善并不由法官决定，但突破点、创设理由和客观依据却首先来源于法官具体运用审判权力的过程。任何伟大变革的客观起点，绝对不在已知的书本中，而是在实践中。法官不单纯是审判权力的行使者、服从者，还应是新的审判权力事项以及制度的创新者和完善者。

（五）审判权力功能整合管理

因审判权力调整的法律关系不同，国家对审判权力设置的种类不同、实施的形式以及强制力的程度也不同。比如，刑事审判权力有决定取保候审、监视居住、拘留、逮捕以及判处各种刑罚的权力。行政审判、民商事审判权力与其相比相差甚大，在审判权力行使过程中的指导思想、基本原则有很大差别。对社会问题，尤其是重大社会问题的治理，法律手段的适用往往不是单一的，而是系统的、综合的。因此，为了使审判权力在促进经济建设、推进社会全面进步中发挥出理想的效果，对审判权力行使的管理，必须根据社会形势的需要、党和国家大局的需要，将刑事、民商事、行政的审判权力功能综合运用，或将同一类型的审判权力组合运用，收到 $1+1>2$ 的审判权力运用效果。

具体组织运用方式可分为三种形式：一是一类审判权力的一次性大规模集中行使。这就要求审判权力的管理者、执行者平时注重搜集掌握社会矛盾尤其是突出矛盾的情况并预测其趋势。从案件审理、宣判、执行以及舆论营造等方面进行系统设计，形成规模式集中行使审判权力。比如全国性、地区性严打集中行动中的刑事集中宣判、执行活动，全国性执行会战活动均属此类审判权力功能整合的管理形式。二是一类审判权力分几个阶段集中行使，以达到审判权力对社会调控的整合效应。比如曾经开展过的"严打"三个战略中的刑事审判，它以连续几个规模集中的公开审判执行形成审判权力惩治功能的整合效应。再如四川农村合作基金会的清理整顿、金融借贷的清理整顿，也采用了此种方式。三是不同类型的审判权力功能整合，这是根据党和国家工作大局，或某一地区经济建设、社会管理的重大决策而实施的一种审判权力运用管理形式。这种审判权力的组合运用，产生审判调控社会的联动效应，具有很强的社会调控力度。

不同类型审判权力功能的整合运用，在具体操作上可分为两个层面：

第一个层面是在全年或一段时期的工作部署上，从宏观层面把握各类审判权力的功能整合，将审判权力的运用与党和国家工作大局推进融为一体。如最高人民法院对 2020 年全国法院工作的部署围绕中央精神作出这样的安排：坚持党对司法工作的绝对领导，坚持以人民为中心，坚持稳中求进工作总基调，善于化危为机，充分履行职责，依法维护经济发展和社会稳定大局，为统筹推进疫情防控和经济社会发展工作，确保完成决战决胜脱贫攻坚目标任务，全面建成小康社会提供有力司法服务和保障。最高人民法院在实现总体工作任务中进一步提出"六个着力"：着力服务保障常态化疫情防控和全面恢复经济社会秩序、着力服务更高水平的平安中国建设、着力服务经济高质量发展、着力加强民生司法保障、着力推进审判体系和审判能力现代化、着力建设忠诚干净担当的过硬法院队伍。① 这些方面工作不仅涉及刑事审判权力、民商事审判权力的使用，而且还有行政审判权力和执行权力使用。为完成这些任务，要将刑事审判权力与民事审判权力、行政审判权力、执行权力结合在一起，实现审判权力的功能

① 周强：《最高人民法院工作报告——2020 年 5 月 25 日在第十三届全国人民代表大会第三次会议上》[R/OL]. http://www.court.gov.cn/zixun - xiangqing - 232991.html，访问时间：2021 年 1 月 1 日。

整合。

第二个层面就是在省、市、县各级党政根据中央的决策对本地区的经济社会建设作出重要部署后，所在地法院在贯彻上级法院工作中，结合该地区实际情况，创造性地将各类审判权力的功能进行整合运用，以实现良好的审判综合效益。比如在发展非公有制经济的战略行动中，就会遇到侵犯非公有制经济财产的刑事犯罪、妨碍非公有制经济发展的民商事纠纷以及行政执法侵权问题，如果没有一种将各类审判权力的功能进行整合使用的思路，就不会取得对非公有制经济发展有力的司法保护和司法服务效果，审判工作在非公有制经济发展的重大课题面前，就会就案办案、反应迟钝、行动不力，甚至阻碍非公有制经济发展。审判与国家大局、地区发展就会发生脱节或冲突，最后就很可能导致党委、人大、政府、非公有制经济主体及社会不满，审判工作陷入被动。

二、审判工作管理

审判工作管理是指对案件审判、执行实际操作过程的要求和控制。全国法院上下多年力倡的司法改革，绝大多数内容体现在这一层面。对审判工作的管理和改革，法院的自主性强、余地大、见效快。对审判权力的体制性改革，涉及国家权力结构调整，因此对于审判机关来说，改革的自主性较小，即使改革也体现在审判权力运用的方式和管理制度层面。审判工作管理，既可按案件的诉讼阶段，创立管理体系，如立案、一审、二审、审判监督、执行，这就是我们常讲的审判流程式管理；也可按审判工作的性质、原则创制深层次的管理体系，即审判目的管理，如围绕怎样实现审判公正与效率、审判文明与平等透明所实施的管理体系；还可以根据案件审判中的操作环节创立审判工艺操作管理体系，即审判演示式管理，如开庭审判的公告发布要求，对审判长、合议庭成员何时出庭、怎样出庭、法庭调查、质证技巧、法官评说技巧等基本内容进行规范管理。本章讨论的内容是通过管理实现公正、高效的审判工作管理。根据这一切入点审判工作管理应围绕以下内容组织实施。

（一）审判工作指导思想创设

审判工作指导思想自新中国成立以来长期处于不确定状态。存在这种现象的主要原因有三点：其一是对审判工作的性质、规律、本质要求认识模糊，其二是审判工作在人治下所固有的依附性，其三是审判工作管理研究的滞后性。笔者认为，审判工作实质是裁判工作，只不过这种裁判是以国家权力的形式作出。因此，作为裁判本身就应有其固有的指导思想和理念。通过行使国家审判权力而形成的国家裁判区别于其他裁判而构成审判工作的特殊性，确定审判工作指导思想的重要性越来越突出。审判工作指导思想界定不准，为谁掌握审判权力、怎样使用审判权力、怎样展开审判工作、怎样评价审判工作就会失去基本准则。不仅如此，法官的职业化内涵、职业化操守就难以形成。具体来看，创设审判工作指导思想要注意防止以下两点主要认识误区：

一是要防止审判工作指导思想过度任务性。如果将审判工作任务作为审判工作的指导思想，会导致审判工作指导思想的不确定性。审判工作任务可增可减可灭、随时可变，审判工作任务可完成，完成了即归于消灭，但审判工作却不会归于消灭，其指导思想也自然应当长期存在。审判工作要完成的具体任务，是一年或一个时期调整解决的重点，而审判工作指导思想则是审判工作在完成任务时应当遵循的质的保证，也是法官在从事审判工作时的思想、观念和价值判断约束，是审判工作长期以来在调控社会各种法律关系以及解决执政党、国家、社会纷争中抽象出来的价值判断和理性认识。但是，我们长期以来确定审判工作的指导思想是依任务而定，各级法院又依当地党政要求进行添加，更为甚者基层法院还将当年要解决的突出的行政性问题也放入指导思想中。这样的结果是全国各级法院审判工作指导思想，从形式到内容均差异明显，加之又随年度变化而不断变化，由此带来的后果不是审判工作任务受损，而是为谁掌握使用审判权力出了问题，因为忘记了审判工作的本质要求。再说得具体些，每年全国法院、法官队伍中出的问题，不是服不服从中心工作的问题，而是在使用审判权力中出的问题。因此，将审判要完成的任务作为审判工作指导思想，其结果是审判工作指导思想的随意性和不确定性。

二是要防止将法院在完成审判任务过程中出现的一些突出问题作为审判工作指导思想。以审判任务过程中出现的突出问题作为审判工作指导思想，这是一些人长期以来以运动式方法抓工作而形成的思维惯性。有不少法院一时间因一方面的审判任务压力大，或队伍建设问题突出，社会反响强烈，为了解决这些突出问题即轻率地提出将解决这些问题作为审判工作的指导思想。这样做的结果是审判工作会失去指导思想，法官的现代司法理念难以形成。

怎样确立审判工作的指导思想？笔者认为至少应根据以下基本要素去创设：一是审判工作指导思想必须充分揭示审判的本质要求，二是审判工作指导思想必须充分体现社会对裁判的主流价值要求，三是审判工作指导思想必须体现习近平法治思想对司法裁判的宏观价值指导，四是审判工作具体指导思想必须体现法律的基本属性，五是审判工作指导思想必须体现裁判结果的应有之义，六是审判工作指导思想必须具有稳定性。根据这些要点，审判工作指导思想应为独立、中立、平等、公正、高效、公开、统一、权威。用这一指导思想去指导审判工作，指导个案的审判、执行，司法的唯一目的"实现全社会的公平与正义"才可能变为现实，习近平新时代中国特色社会主义思想，尤其是习近平法治思想在审判工作中才会得到有效贯彻。

（二）审判质量管理

审判质量是审判工作管理的重心，但对审判质量的评判却存在层次性和相对性。所谓层次性，就是说审判质量有直接的审判质量，即围绕案件的事实、法律适用、权利义务分配等作出的裁判结果，也有间接的质量，即裁判过程与裁判结果以及执行过程与执行结果给社会、当事人家属、企业生产经营带来的正面和负面影响。审判质量大到裁判过程、裁判结果正当与否，小到裁判文书中的字、词、句、标点符号使用是否正确以及法律文书印制、装订、印章使用是否规范等。所谓审判质量评判的相对性，是指同一案件或基本相同的案件，在不同地区的判决结果有时存在较大差异，就是同一案件在同一地区不同时期作出的判决有时也大相径庭，或同一案件在不同审级所作出的判决也有较大不同。社会的评价亦同样。因此对审判质量的管理，必须确定审判质量的鉴定因素、鉴定主体、鉴定方式、鉴定效力。具体而言有三个方面：

首先是审判质量的鉴定主体。只有各级法院的审判组织才是审判质量最终的鉴定主体。各种监督形式提出的审判质量评价意见，只是启动法定审判质量评判的意见，必须通过法定程序，由具有法定资格的组织和个人才能作出最终具备法律效力的评判，这一原则应成为全社会的法治行为准则，任何组织与个人无一例外。这样的司法制度才是最具效力、最具权威、最符合法治社会要求的制度。

其次是审判质量的构成。其一，案件事实判定真实、依据充分。这里的真实是指法律真实与客观真实的统一，这里的充分是指客观依据与法律依据的统一。其二，责任划分以及权利义务分配达到法、理、情协调统一。其三，社会负面影响减少到应有的程度。其四，充分发挥对社会的正面影响。其五，对业务上级机关、党政决策贡献值得到应有体现。其六，为法律、法规、规章、司法解释、政策完善贡献值得到应有体现。其七，理论完善贡献值得到应有体现。其八，法律文书规范准确、感观良好。其九，庭审驾驭效果良好。其十，涉案证据、物品保管周密。其十一，审判执行职业道德高尚。

最后是审判质量管理措施。审判质量管理措施的设置要体现细化、可操作性强的原则，要体现质量差错与责任相一致的原则，要体现层次清晰、配套严密的原则，要体现奖惩相协调的原则，要体现调整行为与思想导向相统一的原则。根据这些原则具体应制定以下配套制度：第一，建立错案责任追究制。党的十八大以来中央有关司法工作的要求对建立错案责任追究制已有明确要求，最高人民法院也先后制定了此类制度。① 在具体审判、执行活动中为了保证这一制度落到实处，应当从以下几方面进行细化：明确错案追究的原则、错案的评定程序；错案的评定标准、等级、处罚尺度，追究错案的专门机构；被追究者的申辩时效及程序；错案对法官的影响等。第二，建立审判执行工作差错责任追究制。错案追究是对那些已铸成大错的审判、执行行为进行严厉的追究，这是对法官执职的最低要求。审判、执行工作差错责任追究则是对法官业内行为的高标准要求，以培养法官一丝不苟、严谨慎重的审判、执行作风。目前，在审判实践中影响法院、法官形象的不良行为大多属于此类。因此，对审判执行中的

---

① 《最高人民法院关于完善人民法院司法责任制的若干意见》（法发〔2015〕13号）、《最高人民法院司法责任制实施意见（试行）》（法发〔2017〕20号）、《最高人民法院关于落实司法责任制完善审判监督管理机制的意见（试行）》（法发〔2017〕11号）。

工作差错行为也不能小视。审判、执行工作差错责任追究制，包括审判、执行各环节因法官故意或过失造成的不影响案件定性、不造成矛盾激化的错误，如法律文书制作中出现的错、漏字句、法条引用失误，错写当事人姓名、补偿金额以及着装不规范等等，将这些差错按不同性质和不良影响程序实行不同等次的追究。第三，建立案件质量评查制度。强化审判、执行内部监督是保证审判质量的主要措施，也是审判工作管理的基础。案件质量评查是发现、纠正错案以及工作差错的主动行为。要明确评查的机构、评查遵循的原则、评查的程序、被评查的对象、评查问题的性质界定、责任界定标准、评查机构和人员评查失职行为的范围及处理标准、评查机构及人员评查业绩的奖励办法等。使之与错案责任追究、审判执行工作差错责任追究紧密衔接，对审判执行工作形成有力的内部制约氛围。第四，建立审判质量奖励制度。有奖有惩构成完整的机制功能，惩从反面去激励法官不得为不应为的行为，奖则从正面激励法官创造性地为可以为的行为。审判质量奖励制度，应尽可能将构成审判质量的各种要素列出，明确评审机构、评审程序、评审办法、获奖条件以及公示要求。

（三）审判效率管理

审判效率管理是审判工作管理的又一重要内容，直接关系审判权威，关系审判机关的公信度，关系审判效果。低效审判执行，甚至超审限审结案件，会给审判工作、审判权威带来多方面的重大负面效应。官司"打得起、拖不起"，这是人民群众对低效审判的深深忧虑。一件久拖不决的刑事案件，无论对有罪还是无罪、罪重还是罪轻，对被告人都会造成巨大的心理压力和精神压力。如果刑事案件被害人所渴望的正义和权益迟迟不能兑现，其情感就会进一步受到冲击，进而怀疑审判的公正性，怀疑党和政府，个别人甚至可能走向寻求极端的私力救济。不仅如此，刑事审判对其他不良分子的威慑作用也会大大减低，法律的功能、审判权力的功能大大削弱。经济纠纷案件如果久拖不决，轻者权利义务的纷争长期处于不确定状态，当事人间的关系不能正常，生产生活受到影响，重者给债务人逃避责任留下空间，使权利人的权利得不到保护，生产停顿甚至招致破产，甚至酿成社会事端。因此，在审判工作管理中，必须对效率管理采取强有力的措施，持之以恒地逐渐形成高效的审判执行理念和良好的工作作风。

首先，要树立正确的审判效率观念。审判执行高效意识，是在长期的严格管理和实践中形成的。法官在审判执行工作中必须树立以下观念：审判效率也是重要的审判成本的理念、审判效率关系正义的理念、审判效率反映法官法治观念强弱的理念、审判效率决定当事人存亡兴衰的理念、审判效率影响审判权威的理念以及超审限也是严重违法的理念。

其次，要建立审判效率考核制度。《中华人民共和国刑事诉讼法》规定的诉讼时限，是审理该类案件时间要求的底线，原则不能突破，凡未经法定程序审批而超审限即为违法，应当受到严肃查究。审判效率考核制度主要包括：第一，通过审判流程管理，实行审限预警制度。凡受到预警提示的法官，在业绩考评时应受到一定影响。第二，对审判效率实行分档考核。即将法定审限划成三个时段，分别为高效、中效、低效三个档次，对法官的审判业绩评估时，不仅要注意到所办案件是否有违法审判行为，还要看其所审结的案件高效、中效、低效结案比例。第三，实行超审限审判一票否决制。即凡超审限结案的法官，在先进、优秀、选任审判长、独任审判员的评定中实行一票否决。第四，推行法定时间不能审结的原因告知制度。案件因法定事由不能在法定审限内审执结，应向当事人告知原因，允许当事人质疑。

最后，要严堵超审限漏洞，减少隐性超审限。在审判、执行实践中，有个别法官为了逃避超审限的责任追究，利用法律规定的例外情况，将超审限转化为不超审限。这主要表现为以下几种情况：第一，利用程序上的时间差规避超审限。即先以简易程序立案审理，眼看审限临近，即转为普通程序。第二，启动鉴定程序规避超审限。第三，启动请示程序规避超审限。第四，在立案审查上做文章，规避超审限。第五，编造虚假事由规避审限。如虚构当事人下落不明，即以公告送达。第六，执行中违背当事人意愿和解、中止、发放债权凭证、委托鉴定、评估规避超审限。第七，与相关部门串通规避超审限，即所谓侦查起诉、审判期限统一核算。凡在案件质量评查中发现以上弄虚作假，规避超审限的，均应受到查究。

（四）审判成本管理

我国还是发展中国家，尽管脱贫攻坚工作已经完成，但许多群众对很多领域的消费还望而却步。在现实的诉讼中，对司法成本的研究和控制，一直处于算大账不算小账，甚至不算账的状态。在审判、执行中，我们往往对法院自身成本较为关注，对当事人的诉讼成本关心甚少。改变诉讼成本管理观念淡漠的现象，应从以下五个方面入手：

第一，建立各类案件审、执（一审、二审、再审）和各审级审判、执行案件成本统计分析制度，定期检查分析寻求管理规律对策。

第二，建立审判成本考评制度。要从审判内外两个方面提出防止随意增加审判、执行成本的管理措施。在审判执行中，因工作不负责，导致审判成本大幅上升的，给予否定性评价；对那些审判质量好、审判效率高、审判成本低的法官给予表彰，形成节约诉讼成本光荣、增大诉讼成本有过的氛围。

第三，对可能增加审判成本的重要环节加大控制力度，有效降低审判成本。从近几年的审判实践看，造成审判成本增加的直接原因主要是：其一，反复组织证据交换；其二，反复休庭延期审理；其三，重复鉴定评估；其四，终审不终、反复再审；其五，申请财产保全不当；其六，异地多次往返执行；其七，诉讼请求、反诉不当；其八，一方当事人故意拖延诉讼。针对上述原因区别不同情况，凡属法官过错，造成诉讼成本上升的，应受到查究；属一方当事人的过错造成的，应由过错方承担经济损失。

第四，加大调解力度，从源头上降低审判成本。调解是平息纠纷、化解矛盾的有效途径，同时也是降低审判成本的主要渠道。通常来说，审判次数越多、审判级别越高，直接和间接的审判成本就越大。因此，如果一审调解有力、纷争化解及时，审判成本自然下降。

第五，严肃审判纪律，防止审判执行中的腐败行为。经济领域里的腐败，造成经济建设成本攀升。审判、执行中如果有腐败或不廉洁行为，审判成本也会剧增。因腐败而增加的审判成本，不仅是经济的，而且还有政治的，不仅是物质的，还有法官、法院的形象和信誉。

（五）审判风险管理

随着我国改革开放不断深入，利益格局不断打破，深层次的矛盾和利害关系越来越突出。审判权力的行使直接决定着不同利益个体、群体的权利义务及生存，因此各方主体对审判的关注会更加集中和重视，审判风险也随之增大，给法院、法官带来重大的政治影响、经济物质损害，更有甚者，还会直接关涉法官及亲属的生命和健康。对这一点我们必须有充分的警惕，切不可掉以轻心。造成审判风险的原因主要有五点：第一是涉黑涉恶犯罪势力的报复、离间；第二是民商事案件中的少数当事人因对其不利判决和执行不满，嫉恨法官而铤而走险；第三是法官的不当执业行为导致矛盾激化；第四是裁判不公、执行不公引起民愤、官愤；第五是审判权力对行政权力的审查制衡引起的冲突，给法院、法官带来执业风险。针对上述原因，我们应采取有力对策，将审判风险降到最低限度。

具体而言，可以着重从三个方面展开：其一是增强审判风险意识，提高防范的主动性。无论是审判工作的领导者，还是执业法官，在思想上对审判风险的现实危害性都要保持清醒的头脑，增强忧患意识和责任意识，防止和克服就案办案、只知法条、不问利害、盲目乐观的工作态度，提高防范审判风险的警惕性。其二是严格执法、讲究谋略。化解审判风险，从根本上讲只有严格执法，才能治邪扬威，即使发生风险，也会得到人民的拥护和支持，法院、法官的权威也会树立。反之，则会自毁基业。严格执法也应讲究谋略，尤其是在审判和执行群体性诉讼案件、矛盾可能激化的案件、涉黑涉恶案件、党政或社会普遍关注的热点案件中，要从受理、开庭、宣判、执行、舆论控制各环节分析审判风险存在的可能性，坚持政治、经济、法治以及自我安全综合预测的原则，坚持内外适度、相互促进的原则，坚持近期、中期、长期利益相协调的原则，做到预案在胸、从容应对。其三是注重信息，提高预警能力。案件一旦进入诉讼，办公室、审判执行各环节对存在的审判风险信息要有高度的敏锐性，善于捕捉点滴信息展开分析预测，形成防范预案，对重大审判风险信息要坚持做到早报、快报，形成上下共同化解审判风险的合力。

三、审判保障管理

本章在前面第一、二部分中分别就审判之事的管理进行了系统的探讨，但审判目的要达到设计的效果还依赖于它的保障因素和环境因素，因此审判管理是一项系统工程，不是就质量和效率抓质量、效率就可以实现的。审判保障因素,从法院内部讲,主要是人和物两大要素。

(一) 审判人才管理

人是世间最宝贵的财富,只要有了人,什么人间奇迹都可以创造出来。人才也是审判的第一资源,要强审判,得先强人才。审判管理,从根本上讲就是对审判人才的管理。在此方面,有如下要点:

一是清除陈旧观念,树立正确的人才观。审判职业是专业化程度很高的职业。从事审判职业的人才,应是综合素质很强的法律职业人。时至今日,法官职业化建设的人才基础仍不够充分,不少基层法院的法官培养后继无人。因此,在法院的人才观念上必须来一场大变革,为现代司法所需的审判人才工程建设营造良好的氛围。要坚定不移地坚持人才是审判第一资源的观念,坚定不移地坚持不唯学历、不唯职称、不唯资历、不唯身份,只唯品德、知识、能力、业绩的人才观念,坚定不移地坚持人才资源市场化配置的观念,坚定不移地坚持以创造能力、业绩第一为主的人才评价观念,坚定不移地坚持对人才实行效率优先的分配观念,为审判事业培养、留住、吸引大批拔尖创新型人才。

二是创新机制,为优秀审判人才脱颖而出创造良好的发展空间。具体来说,创新机制主要体现为:第一,加大对审判人才的正激励机制创新。正激励机制的建设可分为三个层次:目标激励、政策激励、榜样激励。目标就是旗帜与方向,需要对审判工作的最高目标设定理性化、动静相协调、可评价的目标。这样的目标可依现代司法理念、现代法官的基本素质要求、现代社会的主流价值观而设定。比如,就法院整体建设而言,可设定"三力"同步、"四员"同优的奋斗目标。所谓"三力"同步,即审判业务在同行中有竞争力、队伍建设有活力、物质保障有实力。

所谓"四员"同优，即审判人员、理论调研信息宣传人员、管理人员、法庭科学技术人员均实现优秀的人才格局。就审判工作而言，可设定"三无二高一低一好"的奋斗目标，即无超审限案、无违法审判案、无法官及辅助人员违法违纪，高效审执结、高维持率，低上诉、申诉、抗诉，审判执行的政治、经济、法律综合效果好。就法官队伍建设而言，可设定"五强法官"奋斗目标，即适用法律能力强、调研能力强、断讼决狱能力强、授课能力强、身体素质强。政策激励则是为目标实现不断补充动力源。人才要脱颖而出，离不开好的政策导向。首先要健全分配激励机制，打破分配上的"你好、我好、大家好"的平均主义做法。切实按创新能力、业绩贡献实行分配。其次要健全选任法官的奖励机制，将有限的资金相对集中地倾斜到选任法官身上，让选任法官优于一般公务员和同单位的其他人员的学习、工作保障条件和生活福利、社会荣誉待遇。榜样激励，以创新拔尖人才为榜样，可以看出自身精、气、魂、智、能的反差，以公仆型领导的优秀人格为榜样，可以不令而行。其三，健全保障制度。正激励机制解决的是队伍建设中排头兵的培养，但仅有正激励机制对法官队伍中的多数人、对社会上有意从事审判事业的人才的吸引则远远不够，还必须建立有效的审判人才配套保障制度。首先，在物质生活保障上，要做到住得舒适、行得便捷、用得现代、花得宽裕。其次，在工作条件保障上，办公审判用房宽敞、环境优美、设备现代、保洁良好。再次，在学习保障上，高层培训进修有机会、学习资料充足、学术调研有舞台。最后，在健康安全保障上，医疗保健条件充分、休假疗养成制度、人身安全有措施；政治组织保障上，任免事由法定、秉公断案豁免、为公殉职厚待家人。

三是健全惩戒机制。正激励机制向审判人才开通了成才之路，惩戒机制为审判人才的不良行为设置了警戒。惩戒审判人才不良行为的机制建设历来为各级党委、各级法院重视，各种禁令、处分条例覆盖法官业内外行为的方方面面。现在我们要探讨的是围绕审判管理对法官要求的基本点是什么，约束的重点又是什么，以及怎样有效落实。笔者认为对法官行为要求的基本点应是严谨、博学、廉洁、中立。围绕这一构想，应当健全的是法官知识更新制度，学习能力、审判能力、调研能力、创新能力的测评制度，反映职业道德、社会公德的诚信考评制度。约束法官的重点是什么？重点应当是审判质量、效率、业内行为的诚信与廉洁考核。这些制度一旦制定，就应当实行严格的考核，凡有违背者，轻者取消其行使审判权力的资格，重者追究纪律、法律责任，要彻底改变制度定得多、落实不力的状况。

四是强化学习，保持人才的活力。学习是出人才的必要条件，也是保持人才活力与创造力的必备条件。创新无止境，学习也就无止境。首先，制订好知识能力更新培训计划，尤其对怎样造就拔尖创新型审判人才的培训要做到底数清、措施细、渠道畅、资金到位。其次，要重点突出，培训内容的重点是审判人才适用法律的能力、驾驭庭审的能力、理论调研能力以及法律、审判、规则、法学理论的创新能力。再次，建立学习业绩考核档案，将审判人才的学习培训成绩、理论调研成果、学习心得体会及时归档以作考评依据。最后，丰富学习形式，拓展学习视野，将专业性、知识性、时代性、竞争性、趣味性融为一体。采用开放式、研讨式的学习形式，实行政治理论学习、业务理论学习、专题调研学习、社会考察学习、学术研讨学习、外派交流学习、疑难案件评析学习的有机统一。

五是健全审判人才评价体系。审判人才的评价体系构建，应依据职业要求设定易于操作的评价标准，达到促进审判人才成长、发挥人才资源效益的目的。其一，建立审判人才素质档案，完善日常评价定量分析，突出人才的个性化管理。目前组织部门设立的干部人事档案，通常是"年度一张表、组织一句话"的人事考评办法。这样的人才评价除年龄、性别等基本情况有别外，从内容到形式基本一个样，肯定、批评一个样，不能客观反映一个干部的特点、特长，更不能做到因人施策、量才适用。人才评价的目的是促进人的成长，为用人提供客观依据。因此人才评价应当以个性化评价为主，没有人才的个性化，就体现不出人才的层次性、专业性，人才资源的开发配置就会云里雾里。审判人才素质档案主要应包括以审判人才学习能力科目、理论调研能力科目、审判工作业绩科目与品德操行科目内容。审判人才学习科目能力，将审判人才的学习心得、培训考试成绩、考察学习体会、知识竞赛等学业性成绩归入其中，从量的积累中看出其学习能力状况。理论调研能力科目，将审判人才撰写发表的理论学术文章、调研文章、经验总结、案例分析、新闻报道、简报信息、文学作品归入其中。审判工作业绩科目，将审判人才所主审、参审的案件（含执行）总量，上诉、申诉情况，维护、改判、发回情况，高效、中效、低效情况以及审判资源开发成果裁判文书质量、上级决策贡献成果等归入其中。品德操行科目，将审判人才在学习、工作、生活、公益活动、业务活动中受到奖惩（包括表彰、记功、评优、当事人社会赞颂典型事迹，以及通报批评、警告、记过等）的事件资料归入。以上反映审判人才的素质资料按季度整理归入全年总结，真正成为审判人才自身真实的历史档案。其二，建立审判人才岗位目标业绩评价体系。首先是共同目标。包括政治纪律、职业道德、社会公德、家庭美德、公益服务、廉政勤政、学习等考评内容。其次是职业岗位目标。包括审判案件总量、质量、效率、效果。最后是理论调研宣传目标。审判人才岗位目标应依不同职级不同岗位实行分类考评，改变过去法官助理、法官、庭长不分的传统考评方法。其三，建立廉政监督信息分析制度。这一制度要求将当事人、党委、人大、上级法院、监察对个案的监督意见查清核实后，不管是确有违纪违法之事，或是子虚乌有，都应做到从事查因、由因定责、举一反三。这一制度的实行，对审判人才的廉政管理起到了警钟长鸣、治标与治本相统一的作用。其四，建立审判人才健康素质档案。在人事管理上，长期以来存在重使用轻培训，重奉献轻健康的倾向，由此导致一些优秀审判人才积劳成疾，病倒在审判岗位上，甚至英年早逝。从人本管理角度上讲，这是对人权的蔑视，是对人性的冷漠。因此，建立审判人才心理、身体健康素质档案，及时发现审判人才的疾病，应作为审判人才管理的重要组成部分。各级法院领导在对审判人才进行道德品质、工作业绩、文化业务素质评价时，不能忘记对审判人才的健康状况进行分析，要切实做到提高审判人才的思想政治素质、业务素质与健康素质同步。

（二）审判物质装备管理

审判物质装备的优劣直接关系审判的质量与效率，关系审判的形象和权威，关系法官的培养、使用、吸引与成长。贫穷不是社会主义，贫穷的法院也不是好法院，贫穷的法官也没有法官的荣耀与尊严，审判也不会有真正的独立。因此，审判物质装备是审判队伍建设的前提和基础。目前，在审判物质装备管理中应着重抓好以下几项工作：

其一，转变观念、树立大审判物质装备管理理念。长期以来，审判物质装备管理实行的是划拨报账的管理模式。虽在我们的社会生活中，市场经济的体制和观念早已形成气候，但管理和理财的观念，在法院一部分领导的思想意识中并没有得到体现。因此，在部分法院物质装备管理上长期存在重开源轻节流、重购置轻使用、重报账轻分析、重小额支出审查轻大项支出管理、重眼前轻长远、重专项轻统筹旧习。有的法院在经费收支上存在"三无"现象：无月、季、年度收支计划，无月、季、年度收支分析，无收支公开透明。审判物质装备保障要到位，审判物质装备管理须先到位；管理要到位，管理的观念须先到位。我们应当破除上述种种错误观念，树立挣钱难、用好钱更难的观念，树立成本意识，提高资金使用效益的观念，树立节流也是开源的观念，树立购管并重、保值增值的观念，树立计划、开支公开透明的观念，树立先法官需要、后领导享受的观念，树立业务建设、装备建设、法官和家属福利协调发展的观念，树立法官长期、中期、短期福利协调发展的观念。

其二，配强审判物质装备管理队伍，为管理提供有效组织保障。审判物质装备管理，不同于审判案件管理，也不同于人事管理。从事审判物质装备管理的人才，既要经得住物质诱惑的考验，也要经得住资产经营使用效果的检验。第一，审判物质装备管理人才应具备思想品德高尚、精明的管理与严谨细致的作风。不仅自己不贪、不占、不拿，也要防得住他人，尤其是领导层和关系层不贪、不占、不拿。第二，管理上精明。有能力从管理制度和管理技术上进行资金、资产经营，防止和减少资金资产浪费，实现效益最大化。第三，作风严谨细致。责任心强，能敏锐发现并判断资产、资金所处的安全状态及资金、资产的走向，防患于未然。

其三，强化管理意识，加大审判成本控制力度。审判物质装备管理，根据审判工作和法官及其辅助人员的工作、生活、学习需求，应着重把握以下要素：第一，服务促进。审判物质装备管理的基本指导思想是有效地保障审判执行工作的需要，满足审判执行人员的物质文化需求，提高他们的生活、工作、环境质量，解除他们的后顾之忧。因此，审判物质装备管理不是被动的"你要、我给"的单一消费供给式管理，而要像部队训练作战的后勤保障那样，形成保障系统，细化保障计划，明确效果和保障责任，真正起到"先行官"的作用。第二，监督激励。审判物质装备管理不是单一的消费供给式管理，而是在起到服务保障作用的前提下，让有限的审判财源发挥最优效益。因此，对那些违规开支行为、浪费损坏资产的行为实施严格监督及时惩戒，对那些爱惜财力、节约有功的组织和个人及时予以肯定奖励，培养良好的开源节流惜财护财的风尚。第三，激活控制。审判物质装备管理的最有效目标就是激活资产、控制成本、减少投入、增强资金和资产活力，实现最佳效益，做到用较少的钱、物办较多的事、办大事。要建立审判各环节内部成本测算控制制度，将审判内部成本控制在合理的幅度之内。要从立案审查、审判开庭、法律文书制作送达、执行、裁判文书印制，鉴定、拍卖、查封、车辆使用等所有涉及经费支出的环节进行测算分析，确定合理的审判成本控制幅度，并将控制的责任落实到庭、责任到人，定期分析。要建立固定资产投资民主决策制度。当前反映在部分法院固定资产投资上的突出问题主要有盲目攀比、边建边改不计成本、重复建设重复购置。不切实际超前，导致资金严重浪费。如有的法院审判办公场所建设贪大求奢，人均面积多达二百多平方米；有的领导的办公室集办公、会客、图书阅览、寝室、浴室、卫生间于一体，利用率极低。因此要使有限的审判物质资源运用到审判工作、执行中去，运用到法官及其辅助人员工作、学习、生活中去，必须对法院固定资产的投入实行民主决策、公开透明，形成制度；对法院的各种固定资产，应按照规范的折旧要求，建立台账，制定管理考核办法，对使用人实施监督；对闲置资产要查清闲置的原因、分清责任，及时采取保护性措施或经营性措施，增强资产活力。

其四，增强资金运作能力，提高聚才效果。审判经费虽然有财政预算主渠道，各级党政也年年承诺，但审判管理者在资金运作上不能坐等，也不能频繁直接伸手，对资金运作要有计划、有策略地进行管理，基本思路是扩展主渠道、寻求专项支持、争取发展政策、借助相关力量。扩展主渠道，就是做到财政保障经费年度预算增长，专项资金增加。要达到这一目的，首先是强化审判工作，树立审判权威，为地方经济发展、社会安定作出卓越贡献。有为才有位，有为才有威。投入产出效应在任何领域都是一条规律，但如果审判权力在现实社会生活中的功能不能充分发挥，人民的钱绝不会拿给办不好事的单位白花。其次是强化管理、发挥出资金的最大效益，让出资者信赖。最后是加强工作汇报和情感投入，变被动为主动。学会寻求支持，针对国家和上级法院出台的相关补助项目，做到消息灵、行动快、措施力、不见效果不罢休。争取发展政策，这是目前我国经济发展中运用频率最高的资金运作方法。鉴于我国目前的财政体制是"分灶吃饭"，在建设资金配置时通常采取几个"一点"的办法，这给我们争取政策留下了很大余地，只要思路灵活，就会做到开展一项重大活动或解决一个重大问题并形成一项政策，为审判资金的运作带来长效利益。借助相关力量，在过去的工作中，我们通常以法官协会的名义接受社会捐赠，除此之外，我们要深入学习领会和践行中共中央、国务院关于人才工作决定中对激励人才机制建设的新规定，开阔视野、规范运作，为开辟审判物质装备财源作出有益尝试。

其五，加强机制创新，充分调动审判物质装备管理人员的积极性。长期以来，一些法院的管理存在重审判轻后勤管理的现象。有的领导只管用钱用车，不重物质装备管理，表现在配备人员上缺乏素质论证、对待工作上考核不专业不系统、肯定奖励上缺位留空白，致使物质装备后勤部门留不住人、吸引不来人。要改变这种被动局面，首先应从思想上将审判物质装备管理作为审判管理的有机组成部分，要像军队那样形成司、政、后的有力分类管理结构。同时，要大力进行管理机制创新，建立健全审判物质装备管理的激励、惩戒机制，对那些在管理中作出突出成绩的单位和个人要从社会荣誉、物质利益上给予奖励，对那些管理失职者及时予以法纪、经济制裁。在法院内形成不仅直接从事案件审判、执行工作的队伍出功臣，从事审判物质装备管理的队伍也同样出功臣的评价氛围。

四、审判环境建设

审判工作的顺利开展以及审判人力、财力保障实现，都离不开审判环境建设。审判环境根据其对审判的作用性质和政治组织原则，主要可分为审判的领导环境、监督环境（指法定监督）、舆论环境三大环境。三大环境虽有轻重之分，但对于审判来说都缺一不可。加强审判环境建设有时虽然主动权不完全在审判管理者手中，但从政治原则、法治原则、纪律原则的规定及其对审判工作的重要性看，则是必须积极主动实践、开拓进取的重要工作内容。审判环境建设事关审判成败荣辱，切不可坐视不管、无所作为。

（一）审判领导环境建设

审判领导环境建设，就是保证党对审判工作领导的思想建设、组织建设、工作建设。党对审判工作领导的思想建设，是指审判工作的管理者、法官及其辅助人员无一例外地在思想上行动上必须服从党的思想路线、组织路线、基本路线、行动纲领、方针政策的领导，必须服务党的工作大局，必须服从党的政治纪律，必须保证宪法和法律的统一实施，自觉地服从实践党的宗旨。党对审判工作领导的组织建设，主要是指审判权的掌握者、行使者必须由党组织统管，即党管干部、党管人才的原则。无论是法院院长，还是法官和其他管理者的选拔，均应按组织程序和法律程序进行，否则无效。党对审判工作领导的工作建设，就是党对法院、法官行使审判权力的领导和管理。党对审判工作领导的思想建设、组织建设已基本成型，在实践中也容易理解和执行。因此本章重点探讨怎样保证和实现党对审判工作领导的工作建设。可以将党对审判工作领导工作建设的实现形式分为保障监督式和主导参与式。

一是党对审判工作的保障监督领导。这主要是通过对审判权力行使提供有效的人力保障、财力保障、社会协调保障三个保障系统，并在运行中实施监督管理，以达到审判权力正常行使的目的。审判工作管理者通常都将争取党委领导的注意力集中于此，以致一些人简单地认为我要什么干部、任什么职，党委就给什么干部、任什么职；我要多少经费，党委就给多少经费；案件审理中遇到什么困难，党委就及时排除化解，这就是党对审判工作的有力领导，或是党对审判工作的高度重视。当然，党委和各级政府为保障审判工作的顺利开展，及时给予有力的人力、物力和司法环境协调的保障与监督，是体现党对审判工作领导的重要标志之一，是党对实现国家审判功能尽了领导之责的重要内容，但这种保障监督领导方式仅是执政党为国家审判权力功能的实现所作的辅助工作。如果将这种保障监督式的领导方式作为党对审判权力行使的主要领导形式或唯一形式，就会走入思维误区，即将党对审判权力行使的领导变成供给与接受供给的关系，由此带来的结果是法院的领导们总感保障供给不足、党委领导总认为供给够了或尽了最大努力。尽管中央年年行文要保证审判经费，但不少地方却以种种理由降低标准，法院的领导们为人、财、物和执法环境的协调终日终年花去大部分精力，但结果仍不乐观。要改变这种局面，必须做到两点：首先，观念换位，应明确党是审判权力的最高管理者、使用者、法院的管理者，法官们是为完成党的任务而工作并向党负责；为审判权力行使提供人力、财力、良好的社会环境保障和监督，是党对审判权力行使实施领导应尽的义务而不是权利；法院的管理者和法官尽的是执行之责，并受党的监督。其次，保障监督政策制度化，不因领导人的改变而改变，也不因领导人的注意力改变而改变。这种保障监督既要有审判整体人力、财力保障监督的预、决算政策，还要有重大个案、专项审判、执行活动的保障政策；既要有一般法官及其辅助人员的保障政策，更要有对拔尖创新型优秀法官的保障政策；既要有对在职法官的保障政策，还要有对社会人才有较强吸引力的保障政策；既要有既定的保障政策，还要有创新政策的活动空间。因此，审判领导环境建设中的保障监督式领导，重在以政策建设为主、个别调剂补助为辅，以系统建设为主、地区支持为辅。

二是主导参与式审判领导环境建设。审判领导环境中的主导参与式领导，是保证党对审判权力行使领导的重要形式，也是党自觉履行保障监督式领导责任的根据。中国共产党执政体现在党统一领导各方面国家权力的行使，具体操作由人大、政府、监察、法院、检察院实行。因此，国家审判权力功能发挥的好坏，很大程度取决于各级党委的主导参与意识和决策行为，而各级党委对审判权力行使的主导参与程度又取决于主要领导和分管领导。党委领导主导参与审判权力行使的决策意图和行为的影响因素分为党委领导的自觉意识和法院管理者、法官的影响力，而后者是法院管理者、法官为审判领导环境建设努力的必尽之责和用武之地，即将审判权力行使置于党的正确有效领导之下的思维空间和行为空间。为了保证党对审判权力行使的领导落到实处，审判工作的管理者应从以下几个方面为党委决策起到智囊作用和促进作用：其一，建强法院党组织的战斗力，增强党委领导对审判管理班子的信赖度；其二，高质量、高效率、高艺术性地运用审判权力调控社会矛盾，为经济发展、改革大局、社会稳定、人权保护建一流业绩，赢得社会对审判工作的高信誉，提高党委领导对审判工作的期望值；其三，深刻认识全党大局需要，增强党委对审判权力的社会调控能力的认识，增强党委对审判管理者运用审判权力服务大局能力的认识，提升审判工作在实现党的工作重点中的地位和作用，认真吃透地区工作重点难点，找准审判保障结合点，以法院党组名义提出司法保障意见，促成转化、有效组织实施；其四，主动肩负起法治理论、法学文化、现代司法理念、诉讼理念的传授任务，逐步增强各级党政领导的法律素养和法治观念，提高各级党政对审判权力行使的决策能力和保障水平。

（二）审判监督环境建设

审判权力是国家的重要权力，关系社会公平和正义。这样的重权如不受监督，就会给人民、社会、国家带来灾难。但如果对审判权力行使的监督无序、过滥，则不仅不能很好地造福于人民，相反会为一些人利用诉讼获取不当利益提供空间，同样给人民、社会、国家带来灾难。审判权力行使的管理者和法官，应当自觉地勇敢地负起审判监督环境建设中属于自身那份责任，并为之不懈奋斗。

首先，要深刻认识对审判权力行使监督的正面效应，健全接受监督的制度保障。监督就是为了发现和纠正审判工作中的不足、制裁法官及其辅助人员的不当职务作为，保证审判目的实现，法官队伍纯洁。我们在思想上要自觉接受监督、行动上落实监督，策略上借势发招。同时，应从接受监督的信息、受理、调查、处理、总结、反馈、教育、督查等环节建立制度，确保对审判的监督在法院的各部门、各环节畅通，发挥出应有的作用。

其次，要深刻认识对审判权力行使监督的负面影响，增强危机感、责任感。对审判、执行中的违法、违纪事件调查处理，必然给法院、审判、法官，甚至家庭带来负面影响。要从根本上防止这种影响的发生，只有强大自身，严格执法，提高审判、执行能力和技艺，才能将监督中的否定变为肯定。如果监督中揭露出的违法违纪事实确实存在，要敢于正视并做到举一反三，变被动为主动。同时也要有策略地理直气壮地将监督中的失误或不正当监督情况及时地总结分析通报，帮助监督者提高监督水平、防止偏差、减少负面影响。

再次，实行反弹琵琶，将监督力量变为维护、支持审判工作的力量。对一些重大、热点案件的审判、执行，可向有关监督机关先行报告，个别案件还可邀请监督者旁听庭审、听证，让监督者做到兼听则明，阻断不实之词的传播渠道。

最后，积极主动交流，将认识统一在监督的全过程。形象是信任的基础，要积极地、有计划地将法官的良好形象推向社会、推向监督者。各级法院每年都应推出一批典型进行形象宣传策划、组织系列宣传活动，提高法官的公信力和美誉度。同时采取专项报告、专案指导、学术交流、组织视察、知识竞赛、文体活动等形式，促进交流、加深了解。

（三）审判舆论环境建设

审判舆论环境建设关系到审判荣誉、审判权威、法院、法官形象。努力打造审判良好的舆论环境是审判管理的又一重要内容。

其一，明确审判舆论环境建设目的，增强审判宣传舆论工作的主动性、创造性。审判舆论环境建设，就是为了让社会深刻认识审判的客观真实，自觉捍卫审判的神圣性，信仰审判的公平正义，信服法官的人格，同时也检验、培养、造就法官自身。因此，没有良好的强有力的审判舆论氛围，审判将失去成长的正常条件和空间。

其二，增强审判舆论环境建设工作的计划性，形成有力的审判舆论攻势。在审判的社会舆论阵地中，如果不坚持正确的舆论导向，则消极的舆论就会泛滥。我们要使审判的正确舆论形成气候：第一，明确接受审判宣传对象。按其对审判过程、审判结果的影响程度可以将宣传对象分为：决策层，包括各级党政人大领导及其机关、法院上级领导及其机关；同业层，包括检察、公安、司法、律师组织；裁判结果承受层，即当事人及其利害关系人；学术层，即各政法院校、法学研究所的专家、学者；传播专业层，电视、广播、报刊等媒体；其他社会群体。这些接受审判舆论的对象中，尤以裁判结果承受层、决策层、专业传播层为重，应将他们作为审判宣传的主攻对象。第二，实行审判宣传素材分类，为审判宣传舆论提供高价值的素材。审判宣传素材分类，可根据其接受审判宣传舆论对象的不同作用分为以下类别：判例类，主要指典型的判例及其典型的案件审判、执行活动；立法、司法解释政策决策类，主要指能为立法、司法解释、规章、政策提供决策依据的典型案件、情况反映、经验总结以及类案规则提炼；学术教学参考类，主要指能够丰富法学研究与教学的判例及其审判规则；启迪教育类，主要指对社会各层面具有不同教育意义的判例、优秀法官事迹和法院群体先进事迹。第三，加强设计，形成审判宣传舆论亮点。审判宣传舆论环境建设成功的重要标志就是点面结合、以点为主，形成审判舆论亮点。因此，各级法院应根据接受审判宣传舆论的不同对象进行系统设计，形成既有全国的宣传亮点，又有省、市、州的宣传亮点，还有县、区法庭的宣传亮点；既有决策层的宣传亮点，又有裁判结果承受层的宣传亮点；既有学术教育界的宣传亮点，又有媒体传播层的宣传亮点。

其三，增强审判宣传舆论手段的统筹力度，形成有效的审判舆论网络。审判舆论环境建设，需要整合各种宣传手段。我们应认真地研究各种宣传手段、宣传形式的作用特点，恰当地组合运用。对决策层的宣传舆论工作，重在采用工作意见、专题调研报告、经验总结、典型信息、法治讲座等形式，既为决策层了解、理解审判和执行工作提供素材，又为其提供决策依据。对当事人的宣传舆论工作，重在采用庭内外疏导，辅之以理论上的宣传，促其息诉服判。对社会层面的审判宣传舆论，既要有通常使用的电视、广播、报刊等媒体宣传手段，还要有电视剧、电视纪实片、通讯特写、小说、报告会等式式，实施强有力的舆论导向。对检察、公安、司法行政等同业的宣传舆论工作，则主要通过工作总结、疑案研究、专题调研等形式进行；对专家学者的舆论工作，则主要通过典型案件分析、学术交流、专题报告等措施实施影响。同时，还要注意上下联动，形成合力、相互促进。

其四，建立队伍，开通渠道。审判舆论环境建设要做到稳定持续发展，形成有声势、有特点的审判宣传舆论。首先，要健全一支相对稳定的审判宣传专业队伍，为那些有志于从事理论研究、新闻报道、电视剧、文学创作的人才提供充分的物质、时间保障，激励其多出作品、多出精品。其次，要有计划地组织著名作家开展专题创作活动，形成大部头审判宣传作品，增强审判宣传舆论的质量和分量。再次，要保持与新闻媒体的密切联系，开通审判宣传舆论的主渠道，各级法院都应与相对应和高层次的各种媒体保持经常的联系，与媒体共同策划审判宣传舆论方案，有效利用舆论宣传阵地。最后，动员法官和法院其他干部增强审判舆论环境建设意识，精于观察、勤于笔耕，形成一支实力雄厚的审判宣传业余队伍。

其五，创新机制，保证审判舆论环境建设健康发展。审判宣传舆论工作是一项十分辛劳的脑力与体力劳动相结合的工作，对于法官来说又是审判执行活动的延伸。为了有效调动各类人员的审判宣传积极性，应将审判宣传任务列入岗位目标严格考核、奖惩兑现。在对在审判舆论建设中作出突出贡献的单位和个人给予物质奖励的同时，该表彰的表彰、该记功的记功、该晋职的晋职，使审判舆论环境建设的重要性得到弘扬，为审判事业发展营造良好的社会氛围。

第四章　审判权运行机制改革实证研究

——以 B 市中级人民法院的改革试点为研究样本

完善主审法官、合议庭办案责任制，落实"让审理者裁判，由裁判者负责"，健全"中国特色社会主义审判权力运行体系"，确保人民法院依法独立公正行使审判权，是着力解决影响司法公正和制约司法能力深层次问题，加快建设公正高效权威的社会主义司法制度的基础性、本质性措施，也是近两轮司法改革明确的重点内容之一。① 审判权力运行体系包含的内容较为广泛，其中最为重要也最为基础性的是审判权运行机制。只有理顺机制，才能理清"司法制度的微观基础"②，审判权力运行体系才能真正形成并不断完善。从制度或机制演变进程看，我国司法改革遵循渐进式改革进路，当前改革建立在此前常年累积的实践探索基础之上。因此，探讨当下以及今后的改革实践，也十分有必要对过往的实践加以细致探讨，从中总结有借鉴或启发价值的成熟经

---

① 《最高人民法院关于全面深化人民法院改革的意见——人民法院第四个五年改革纲要（2014—2018）》（简称"四五纲要"）提出："到 2018 年初步建成具有中国特色的社会主义审判权力运行体系。"《最高人民法院关于深化人民法院司法体制综合配套改革的意见——人民法院第五个五年改革纲要（2019—2023）》（简称"五五纲要"）进一步提出："构建以司法责任制为核心的中国特色社会主义审判权力运行体系。"

② 顾培东：《人民法院内部审判运行机制的构建》，《法学研究》2011 年第 4 期，第 3 页。

验。基于此，本章结合笔者曾经深度参与的 B 市中级人民法院（以下简称"B 市中院"）审判权运行机制改革，梳理和总结改革探索的实际成效，为目前正在开展的人民法院第五次五年改革提供必要的经验基础及思路启示。早在 2013 年，最高人民法院曾于全国确定 7 个中级人民法院和 2 个基层法院进行审判权运行机制改革试点，B 市中院承担了此项任务，通过初步实践，构建了以合理配置和界定审判组织（合议庭、审判委员会）的审判职责与审判机构（院、庭长）的审判监督职责为核心，以审判流程全面监控和指标体系评价引导为重点，以强化合议庭整体功能的评价体系、司法为民的诉讼服务体系以及加强外部监督的司法公开体系为配套和辅助的审判权运行机制。本章将对审判权运行机制的构建思路、具体内容及运行情况逐一阐释。

一、构建思路——分析问题，厘清路径

最高人民法院的这次改革试点是为了适应公正司法的要求，优化配置审判资源，加强独任法官、合议庭办案责任制，建立符合司法规律的审判权运行模式，维护独立审判原则，最大限度地满足人民群众对公平、正义的需求，让人民群众在每一个司法案件中都感受到公平正义。改革试点的具体内容包括：一是严格落实相关诉讼法的规定，还权于合议庭，建立符合司法规律的审判权运行机制，实现"让审理者裁判，由裁判者负责"[1]，消除审判权运行中的行政化问题；二是科学设置审判组织，合理界定各类审判组织的职权范围，理顺各类审判组织之间的关系，调动法官积极性；三是优化配置法院内部各主体的审判职责与管理职

---

[1] 在许多研究者看来，此处的"审理者"被明确认定为独任法官或合议庭。参见陈卫东：《司法责任制改革研究》，《法学杂志》2017 年第 8 期，第 32 页。

责，依法强化各种组织之间的制约监督，确保独任法官、合议庭及其成员依法公正、独立行使审判职权；四是严格落实独任法官、合议庭、审判委员会的办案责任和职业保障，做到"权责利统一"；五是规范审判委员会的议事规则，完善运行机制，大幅度限缩讨论范围，推行审判委员会委员组成合议庭办案制度。可见，审判权运行机制改革既包括内部的审判运行，也包括外部的保障与监督。人民法院的改革试点于内部而言，主要是指审判权在人民法院内部运行的方式与规则，涉及人民法院内部各主体的职责界分、相互关联和责任承担，是审判权在人民法院内部运行的主轴。因此，构建审判权运行机制应围绕"发现真问题、找准实路径"进行。只有理性认知人民法院审判工作面临的现实问题，准确把握审判权在人民法院内部运行实际状态的基础上，才能构建符合司法规律与人民法院实际的审判权运行机制。

（一）我国法院审判工作面临的现实问题

我国法院审判工作面临的现实问题主要聚焦在五个矛盾上：

其一是法院裁判名义上的组织化与审判行为实际上的个人化之间的矛盾。审判权是中央事权，按照《中华人民共和国宪法》《中华人民共和国人民法院组织法》的规定，代表国家行使审判权的是人民法院。人民法院作为司法审判的主体，司法裁判是如何在法院这个由多个成员组成、具有明确的层级化设置的拟制人格主体内部生成的？法院内各个主体、各个层级在审判活动过程中居于什么样的地位、处于什么样的关系，对司法产品的最终形成又能产生什么样的作用？法院内部各主体和各层级通过什么样的方式、以何种样态参与审判活动与实施审判行为，才能有效地保证司法产品质量，并且最大限度地提高司法产品的产出能力？所有这些，都是各级人民法院日常面临并直接关系司法功能与审判成效的根本性问题。具体到审判权运行即人民法院定案方式的实践看，虽然各法院的具体实践有很大差异，但都有一个共同特征："多主体、层级化、复合式"①。所谓"多主体"，即审判活动由法院内多个主体参与，从主审法官、合议庭、副庭长、庭长、副院长、院长，乃至审判委员会，各主体都可以参加到审判活动之中，②并对案件的实体裁判产生不同的影响。所谓"层级化"，即法院内合议庭、庭长、院长以及审判委员会之间构成了类似于行政科层的层级化设置，各层级具有明确的从属关系，并且这种从属关系的效应常常体现在案件的实体裁判过程之中。所谓"复合式"，即同一案件在同一审级法院内往往需要经历多个主体和多个层级的复合评价，才能形成最终的裁判意见。这样的运行现状凸显出人民法院的审判权运行以个人行动为主，法院裁判名义上的组织化与实际审判行为个人化之间存在的矛盾。

其二是审判权运行中的行政化倾向与司法规律的矛盾。我国法院内部的组织建构以及法院内部管理机制的发展演进（这一问题在路径选择部分还将深入分析），在审判实践中出现"管—放"循环，虽不同时期"管—放"重点、范围有所不同，但仍然存在审理者请示、院庭长管理案件实体裁判等被广为诟病的"审者不判、判者不审"问题，凸显出审判权运行中的行政化倾向与司法规律的矛盾。

其三是法院裁判面临回应社会对公平正义的需求与法官法条主义简单化思维的矛盾。在目前的中院、基层法院中，多数法官的经历与阅历较为单一，基本轨迹是"从家门到校门到法院门"。以 B 市法院为例，两级法院共有 2548 人（不含聘任制人员），

---

① 顾培东：《人民法院内部审判运行机制的构建》，《法学研究》2011 年第 4 期，第 5 页。

② 这里所说的副庭长、庭长、副院长、院长的参与，都不是指这些主体作为合议庭成员或作为审判委员会委员参与的情况，后面对院长、庭长行为及功能的相关叙述，除文意另有明确表达外，也都限定于这一意义。

具有法官资格的人数为 1607 人，在审判业务部门的法官为 1279 人（包含院长、审判委员会专职委员、庭长以及在研究室、审管办的法官），其余 328 人在行政综合部门（见表 4-1、图 4-1），平均年龄为 42.2 岁。

表 4-1　B 市法院法官人数统计

法院	法院人数	法官人数		法官性别		法官平均年龄
		审判部门	行政部门	男	女	
市中院	478	289	48	173	164	40.8
基层法院	2070	990	280	760	510	43.5
合计	2548	1279	328	933	674	42.2

附注：统计截止时间：2014 年 12 月 9 日

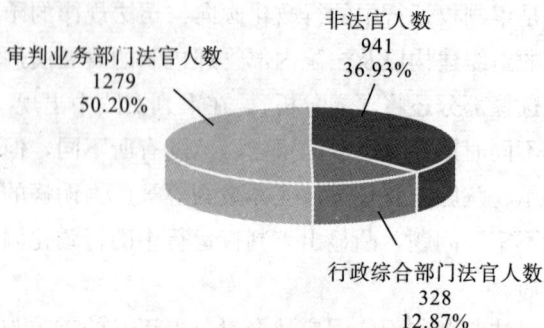

图 4-1　B 市法院法官人数比例

进一步分析 B 市法院法官年龄结构、学历结构、从业经历等情况发现，近 40％的法官年龄在 40 岁以下，近一半法官的年龄在 41～50 岁，本科学历占绝大多数，较大比例法官是从学校毕业后直接到法院工作，无其他工作经历（见表 4-2）。工作经历或工作岗位较为丰富的为 58.68％，如有的具有综合管理、其他司法机关等工作经历，有的在法院内任过书记员、助审员、审判员、不同审判庭的庭领导、辖区法院院长等岗位，学历较高的硕士研究生及以上学历占 20.41%。

表 4-2　B 市法院法官年龄结构、学历结构和从业经历分析

法院	法官人数	法官年龄结构				法官学历结构				法官从业经历	
		30 岁以下	31～40 岁	41～50 岁	51～60 岁	博士	硕士	本科	大专及以下	有经历	无经历
中院	337	40	119	135	43	4	139	177	17	228	109
基层法院	1270	126	337	621	186	1	184	1040	45	715	555
合计	1607	166	456	756	229	5	323	1217	62	943	664
比例		10.33%	28.38%	47.04%	14.25%	0.31%	20.10%	75.73%	3.86%	58.68%	41.32%

　　司法裁判是根据现有的证据推定已经发生未知事实的专门活动，对法官的逻辑推理和生活经验有着严格的要求，系统严格的职业训练和一定期限的司法实践履历是法官最基本的入职条件[1]。当前诉至法院的案件，已不可能如同自动售货机"一边输入事实，一边输出判决"那样简单[2]，审判为了回应社会对公平正义的期盼，需要考量的因素很多，尤其在当前社会条件下，社会矛盾极为复杂，许多法律问题、社会问题、政治问题相互交织、相互转化[3]。目前主要在审判一线审理案件的法官经历、阅

---

　　[1]　贺小荣：《人民法院四五改革纲要的理论基点、逻辑结构和实现路径》，《人民法院报》2014 年 7 月 16 日第 5 版。

　　[2]　这是法条主义对司法运作的程式化想象，突出地表现在对于法律推理的形式主义的理解：尽管没有一个现代法条主义者认为"法律推理，哪怕是'最好的'法律推理，具有像几何学那样的公理演绎结构"，但是，他们却认为，"绝大多数法律问题，哪怕是非常困难、非常有争议的问题，都可以依据权威文本——无论是立法性法令（包括宪法）还是司法决定——通过推理得出明显正确的答案（而且，一定要发现这些答案），而不是有道理或合乎情理的答案；因此，也无须求助于社会科学的理论、数据、洞见或经验研究方法，无须求助于个人的或政治的价值；换言之，无须直面那必定是混乱如麻的事实世界和感觉世界"。[美] 理查德·A. 波斯纳：《超越法律》，苏力译. 中国政法大学出版社 2001 年版，第 24 页。

　　[3]　顾培东：《再论人民法院审判权运行机制的构建》，《中国法学》2014 年第 5 期，第 3 页。

历相对不足，宏观考量能力相对较弱，对社会发展和社会稳定要求的敏锐度不够（这主要是法官招录机制的原因，并非法官自身的问题），一定程度上存在法条主义的简单思维方式，甚至出现背离社会生活实践逻辑、脱离人民群众对公平正义普遍认知的裁判。

其四是案件不断增加，审判工作量日益加大与审判力量严重不足的矛盾。从量上看，案件数量不断增加。全国法院 2014 年前三季度审执结案件 899.7 万件，收案、结案、未结案继续同比提升，全年收案总量或将再创新高即突破 1400 万件，未结案件也将高达 200 万件左右[①]。全国法官人数近 20 万，从事一线审判工作的法官约 14 万人[②]，人均办案近 100 件。从 B 市法院来看，2014 年全市法院受理 175252 件案件、审结 157855 件，同比分别上升 11.34％和 6.64％，法官人均一二个工作日就得审结一件案件，最多的一名基层法院法官全年办理了 549 件案件[③]。从质上看，诉至司法的案件类型越来越广，司法案件对社会治理结构、社会稳定影响日益深刻，社会对审判工作的刚性需求不断增加，案多人少、难案难断的矛盾十分突出。

其五是外部不正当诱惑很大与法院内部激励手段严重匮乏的矛盾。如前述，司法案件对社会治理结构、社会稳定影响日益深刻，司法裁量对社会关系的调整、利益平衡、资源分配的作用越来越大，由此外部社会也会加大对司法资源的争取与影响[④]，外部不正当诱惑很大，而法院内部激励手段严重匮乏，形成较大的矛盾。

---

① 《2014 年 1—9 月全国法院审执结案件 899.7 万件》，《法制日报》2015 年 1 月 14 日版。

② 《我国法官人数近 20 万》，《京华时报》2013 年 7 月 26 日第 4 版。

③ B 市中院 2014 年年报、全年司法统计数据。

④ 顾培东：《当代中国司法生态及其改善》，《法学研究》2016 年第 2 期，第 3 页。

思考这些问题时应当认识到，我国法院与西方国家法院在实际运作上存在着很大差异，我国法院内部运行具有更为复杂的一面。这是因为，我国法院既存在由法官组成的行使审判权的审判组织，又存在由院长、庭长组成的行使审判监督权的管理机构，并且审判权与审判监督权之间既相互区别，又相互联系、相互交叉、彼此依赖、彼此重叠，共同围绕着司法产品的形成而发挥作用。与此相联系，法院内部的审判活动具有流程长、环节多、主体复合多元等特点，任何主体在任一流程以及任一环节中都可能以多种方式对案件的实体处置产生影响。法院所作出的裁判，往往不能都是真实地反映法院这一机构的意志和法院集体的智慧，在"本院认为"的裁判理由以及裁判文书上的法院印章下，往往是各主体的不同作用以及各种不同的司法行为。

同时，还应当看到审判运行中的两个重要因素，即裁判主体的构成情况和社会对审判的刚性需求。从前面分析可以看出，裁判主体呈现出的特点是"金字塔"形，即院长、庭长人数少，法律职业综合素养较高，从业经历较为丰富；一线办案法官相对年轻、从业经验与阅历较为单薄。在审判权运行机制的构建中如果简单将院、庭长配置到审判一线裁判案件，显然不能满足社会对审判工作的刚性需求，也不能较好地解决院长、庭长对审判工作监督指导的问题。

（二）我国法院审判权运行机制构建的路径选择

在 20 世纪 70 年代末恢复司法审判制度后的较长时期中，我国法院主要实行的是行政化的案件审批制度，层层审批以及体现于其中的"民主集中制"成为裁判形成的基本方式。承办法官或合议庭在裁判过程中的话语权和影响力都很小，很多案件甚至是在院领导已经"研究决定"后才履行开庭形式，"先判后审"的现象较为普遍地存在于各级法院。随着司法制度和司法实践的不断完善，在不同的改革发展历史时期，探索审判权运行机制经历了不同的实践路径。

"一五"改革以还权于合议庭为主导思路，对审判管理职责的行使方式未明确规定，在实践中不同程度地出现审判管理边缘化问题。截至 20 世纪 90 年代末，"一五改革纲要"以"审判工作的行政管理模式，不适应审判工作的特点和规律，严重影响人民法院职能作用的发挥"的认识为基础，以发挥法官独立审判作用为潜在理念，以"还权于合议庭"为主导思路，推出了"以强化合议庭和法官职责"为重点的改革方案，明确规定"除合议庭提请院长提交审判委员会讨论决定的重大、疑难案件外，其他案件一律由合议庭审理并作出裁判"。"一五改革纲要"还强调，审判委员会"逐步做到只讨论合议庭提请院长提交的少数重大、疑难、复杂案件的法律适用问题"①。这一改革思路和方案意味着：其一，法院裁判基本由合议庭自行决定；其二，案件是否交由审判委员会讨论，除了取决于案件是否"重大、疑难"外，还取决于合议庭是否主动提请院长提交；其三，院长、庭长除了向审判委员会转交合议庭提请讨论的案件（此职能仅限于院长）以及作为合议庭成员参与案件审理和作为审判委员会委员参与少数案件的讨论（并非所有庭长都是审判委员会成员）外，对审判过程不能有更多的参与；其四，审判委员会讨论的范围，主要集中于少数重大、疑难、复杂案件的法律适用问题，其他影响案件实体裁判的因素，不属于审判委员会讨论的范围。

从明确法院内各主体审判职责的角度看，"一五改革纲要"所确定的这一思路无疑是富有意义的。然而，在当时我国法官队

---

① 最高人民法院印发：《人民法院五年改革纲要》（法发〔1999〕28 号）（简称"一五改革纲要"），https://www.chinacourt.org/article/detail/2013/04/id/941425.shtml，访问时间：2021 年 6 月 30 日。

伍素质尚不够理想、司法审判的外部环境较为复杂、相应配套和约束严重缺失的情况下，这一思路推行后在实践中出现的问题在很大程度上背离了改革的初衷。在"还权于合议庭"的主导下，由于院长、庭长缺少参与审判过程的正当性，审判委员会讨论案件的范围又受制于合议庭的主观愿望与判断，审判管理基本上被"边缘化"，审判活动在很大程度上游离于监督与管理之外，院长、庭长"不愿管"少了责任，"不能管"成了借口，"怎么管"成为普遍的困惑，由此引发出案件审判质量下降、信访率上升、裁判过程不透明、腐败现象滋生等问题。

"二五"改革强调院长、庭长的审判职责和完善司法审判管理，尚存在实际操作不规范和不统一的问题。"二五改革纲要"尽管仍然依循着突出合议庭的作用与功能这一主导思路，但着重强调"强化院长、副院长、庭长、副庭长的审判职责"，其意图在于通过院长、庭长具体参加合议庭审理案件。对此，最高人民法院制定并下发《关于完善院长、副院长、庭长、副庭长参加合议庭审理案件制度的规定》，要求各级法院制定院长、庭长办理案件数量的标准，以促使院长、庭长更多地作为合议庭成员直接参与案件审理。"二五改革纲要"还强调，"建立法官依法独立判案责任制"，"逐步实现合议庭、独任法官负责制"，提升审判质量与水平。与此同时，"二五改革纲要"又把"改革和完善司法审判管理"列入法院建设的重要内容，强调"建立并细化与案件审理、审判权行使直接相关事项的管理办法，改善管理方式"。①"二五改革纲要"显然已经注意到对"一五改革纲要"需要完善的问题。但是，在"二五改革纲要"的落实过程以及在实际操作

---

① 最高人民法院印发：《人民法院第二个五年改革纲要》（法发〔2005〕18号）（简称"二五改革纲要"），http://www.law-lib.com/law/law_view.asp?id=120832，访问时间：2021年6月30日。

中，各级法院并未显现出"逐步实现合议庭、独任法官负责制"的趋势，更明显的偏向是将裁判的决定权从合议庭或独任法官手中部分甚而大部分上收，相应恢复院、庭长审批案件的方式和制度。形成这种状况的原因主要有：

首先，在院长、庭长人数与案件数量严重不相匹配的情况下，通过院长、庭长直接参与合议庭审理案件来提升整体审判质量和水平的意图，并不具有很强的现实性和可操作性，因而，院长、庭长对案件质量的把关不能不通过审批案件的方式实施。其次，在法院内部各种权力关系未完全理顺的情况下，对审判管理的强调，实践中很容易被简单地理解或衍化为院长、庭长对案件的审批。再次，进入21世纪以来，提交法院的案件背后的社会纠纷日益复杂，司法审判对外部社会的影响日趋加大，党政机关对法院审判工作也高度重视，各法院都无法容忍"权力分散在法官、压力体现在法院、责任集中在院长"（见图4-2）这样一种格局或状态，从而促使院长、庭长不得不更多地介入到个案的审判活动之中，关注个案的裁判结果，由此也导致院长、庭长审批案件方式的恢复或部分恢复。

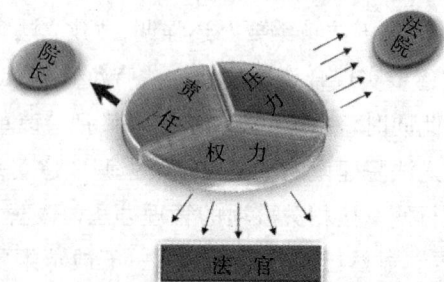

图4-2　权责关系

总之，在"二五改革纲要"实施期间，甚至自"一五改革"后期直至现今，"一五改革纲要"所希望革除的"行政管理模式"再度成为很多法院的选择；"一五改革"初期"从窗户中扔出去"

的行政管理模式，却堂皇地"从正门中走了回来"。不过，由于案多人（院长、庭长）少的矛盾始终存在，在多数法院，院长、庭长事实上不可能审核或审批所有的案件，因而，审判运行的真实状况往往仍然是：要么院长、庭长说了算，要么院长、庭长管不着；审判权运行的紊乱与失序问题并未真正得到解决。

"三五"改革提出优化人民法院职权配置，为审判权运行机制的构建提出了客观要求。"三五改革纲要"所提出的"优化人民法院职权配置"的思路，包含着对法院内部审判活动中的权力关系的重新审视，但改革的具体措施却落脚于"改革和完善审判管理"或者"加强审判管理"。如前所述，权力的配置以及权力关系的调整已然超出了"审判管理"所能涵盖的范畴，无论是加强还是改善"审判管理"，都难以承载法院审判权运行合理化的重任，至少在"裁判究竟应由谁说了算"或"谁可以在裁判过程中说了算"等基本问题尚不清晰的情况下，对加强和改善审判管理的实际成效很抱付以太多的期待。

"四五"改革明确提出健全审判权力运行机制，解决了构建审判权运行机制的路径选择问题。"四五改革纲要"将完善主审法官、合议庭办案责任制作为关键环节，推动建立权责明晰、权责一致、监督有序、配套齐全的审判权力运行机制。在完善审判责任制方面，主要改革措施有：其一，完善主审法官、合议庭办案机制。选拔政治素质好、办案能力强、专业水平高、司法经验丰富的审判人员担任主审法官，作为独任法官或合议庭中的审判长。完善合议庭成员在阅卷、庭审、合议等环节中的共同参与和制约监督机制。其二，改革裁判文书签发机制，主审法官独任审理案件的裁判文书，不再由院长、庭长签发。其三，建立科学合理、客观公正、符合规律的法官业绩评价体系，实现法官评价机制、问责机制、惩戒机制与退出机制的有效衔接。其四，科学界定合议庭成员的责任，既要确保其独立发表意见，也要明确其个人意见、履职行为在案件处理结果中的责任。其五，建立法官惩戒制度，设立法官惩戒委员会，既确保法官的违纪违法行为及时得到应有惩戒，又保障其辩解、举证、申请复议和申诉的权利。

"四五"改革强调主审法官、合议庭审判责任制与院长、庭长的审判监督制约机制并不是对立关系。为了确保司法公正，"四五改革纲要"提出要进一步完善审判监督制约机制，主要措施包括：其一，在加强专业化合议庭建设基础上，实行随机分案为主、指定分案为辅的案件分配制度，建立分案情况内部公示制度。其二，对于变更审判组织或承办法官的，应当说明理由并公示。其三，规范案件审理程序变更、审限变更的审查报批制度。其四，规范院长、庭长对重大、疑难、复杂案件的监督机制，建立院、庭长在监督活动中形成的全部文书入卷存档制度。其五，依托现代信息化手段，建立主审法官、合议庭行使审判权与院长、庭长行使监督权的全程留痕、相互监督、相互制约机制，确保监督不缺位、监督不越位、监督必留痕、失职必担责。①

应当看到，经历四个五年改革的历史发展，构建审判权运行机制的思路愈加清晰，路径更加明确。"四五改革纲要"确定的路径与党的十八届三中全会、四中全会对司法体制改革的精神已然契合，其中不少思路在"五五"改革中也得到延续。

二、具体内容——理顺关系，配置权责

在上述构建思路下，B市中院在改革试点中构建的审判权运行机制内容为：以合理配置和界定审判组织（合议庭、审判委员会）的审判职责与审判机构（院长、庭长）的审判监督指导职责

---

① 《着力解决影响司法公正和制约司法能力的深层次问题——最高人民法院司改办主任贺小荣解读"四五改革纲要"》，《人民法院报》2014年7月10日第1版。

为核心，以审判流程全面监控和指标体系评价引导为重点，以强化合议庭整体功能的评价体系、司法为民的诉讼服务体系以及加强外部监督的司法公开体系为配套和辅助，建立信息化技术全面支撑的审判权运行宏观体系（见图4-3）。由此形成法院内部各主体权责关系明确清晰，审判监督制约到位，司法资源配置优化，审判活动透明顺畅，指标评价导向合理，诉讼服务全面有效，信息技术深度支撑，符合中国司法制度和司法规律的审判权运行机制。

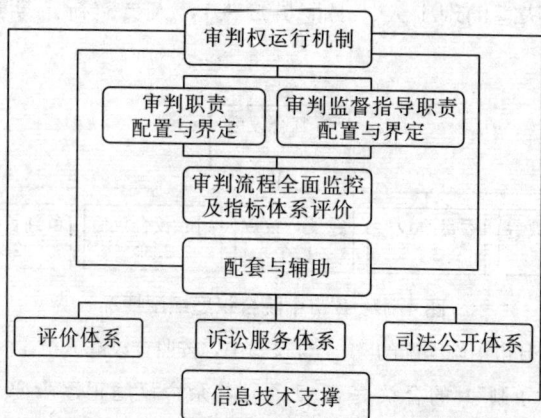

图4-3　B市中院审判权运行机制架构图

（一）合理配置合议庭、审判委员会的审判职责

根据法律规定和审判活动规律，明确合议庭（基层法院包括独任法官）、审判委员会是行使审判权的主体并合理配置其审判职责，这是构建审判权运行机制的核心。

1. 编配合议庭

为确保合议庭能够全面充分行使审判权，明确了"资源倾斜、动态管理、辅助到位"的合议庭编配原则，尽可能将优质审判资源配置到合议庭并配齐审判辅助人员。B市中院在各个审判业务部门内设立多个合议庭，直接将院长、庭长、审判委员会委员编入合议庭办理案件，编配后的合议庭类型包括由优秀资深法官、副庭长、庭长、审判委员会委员和副院长分别担任审判长的合议庭71个（见图4-4）。合议庭原则上按照1∶2∶3的人员比例配置，即审判长1人，合议庭其他法官2人，审判辅助人员3人（其中法官助理1人、书记员2人），人员实行定期选任、动态管理。

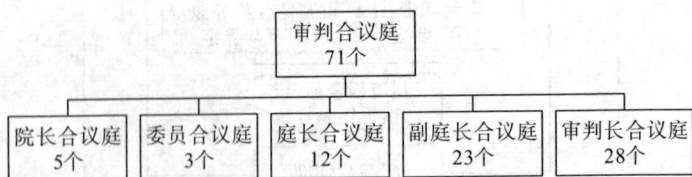

图4-4　B市中院合议庭编配情况

附注：B市中院编配的71个合议庭中，按照合议庭人员1∶2∶3的比例（即"六丁制"）的合议庭有21个，其余合议庭正逐步向"六丁制"完善。

第一是明确合议庭整体职责。合议庭作为法院内部直接行使审判职权的审判组织，只有在权责清晰、履职规范、监督有序的情况下，公正司法才有保障。B市中院通过明确合议庭的整体职责及其组成人员职责的制度设计，塑造以合议庭为基础的审判工作格局。明确合议庭在审判工作中应当履行的职责有：包括合议庭依法确定案件审理方案，共同进行庭审、合议案件并作出裁判；制作裁判文书并由承办法官、合议庭其他法官和审判长共同签署，不得提请未参加案件审理的院长、庭长签发；对需要提请院长、庭长、审判委员会研究指导的案件，必须经合议庭讨论后共同决定；对案件质量负责，全面落实合议庭办案责任制。

第二是明确合议庭组成人员职责。在合议庭整体职责之下，进一步明确了其组成人员如审判长、承办法官、合议庭其他法官的职责，有效解决合议庭组成人员的分工协作，针对不同人员在案件中的作用，详细规定了各自在诉讼各个阶段的职责内容。其中院长、庭长担任审判长审理案件时履行审判职责，与其履行行政职务不关联、不交叉。合议庭审判长除了作为承办法官审理案件外，负有以组织本合议庭审理案件为主的9项职责，包括组织研究案件审理方案、主持庭审活动和合议庭评议，依法决定回避，根据合议庭决定将案件提请审判委员会、案件指导会议组织等研究指导，共同签署裁判文书等。合议庭承办法官主要负有以查明案件事实、确定法律适用为主的12项审判职责，包括负责审理分配给自己的案件并对案件的证据采信和事实认定负主要责任，监督、指导审判辅助人员开展各项审判辅助工作，组织开展庭前准备工作，制作审判材料、裁判文书等。合议庭其他法官负有参加案件审理并共同对合议庭决定负责等7项职责，包括庭前阅卷、参加庭审、按照庭审分工履行职责、参加案件评议并提出对案件的处理意见等。

第三是明确审判辅助人员的职责。审判活动的重要内容是案件的裁判，但还有大量的程序性、事务性工作需要处理。B市中院的审判辅助人员包括法官助理和书记员。法官助理主要开展以程序性事项办理为主的10项职责，主要是收集核对证据、采取财产和证据保全措施、办理委托鉴定评估事项等程序事务，同时具有开展调解、为合议庭裁判案件查询法律、判例等参考资料，有效分担合议庭法官程序性事务。书记员主要以审判事务办理为主，包括记录审判执行活动，负责文书校对、送达和诉讼材料的传递，整理卷宗归档等6项职责。

2. 完善审判委员会制度

审判委员会作为人民法院内部最高审判组织，具有总结审判经验，讨论决定重大、疑难、复杂案件和决定其他重大审判工作三类职能，在审判实践中发挥着不可替代的作用。B 市中院推进审判委员会制度改革，限缩其个案讨论范围，进一步厘清合议庭与审判委员会的关系，促进审判委员会功能全面有效发挥。

第一是实行部分委员选任制。明确除院长、副院长和审判委员会专职委员是审判委员会固定成员外，其他审判委员会委员在具有法律专业高等学历、法学专业水平较高、审判经验丰富、职业操守好的高素质法官中，通过竞争性遴选产生，不断优化审判委员会组成人员的结构。严格限定审判委员会讨论案件范围。B 市中院根据法律、司法解释对审判委员会讨论决定案件范围的规定，以及严格依据"疑难、典型、影响、身份"四大原则[①]，对案件重大、疑难、复杂程度进行划分，详细明确应当由审判委员会讨论的 14 类案件清单，确定审判委员会集中研究决定法律适用疑难、案件典型、社会影响大或主体身份特殊等案件，包括拟判处死刑（含死缓）的案件、拟宣告无罪的一审案件和拟改判无罪的二审案件、检察机关抗诉的案件等类型（见表 4-3）。

表 4-3　B 市中院审判委员会讨论案件类型

案件类型名称
拟判处死刑（含死缓）的案件
拟宣告无罪的一审案件和拟改判无罪的二审案件
检察机关抗诉下级法院判决的案件

[①] 疑难原则是区分案件在事实认定和法律适用上是否存在较大争议及重大不确定原则；典型原则是区分案件是否属于新类型案件或适用新法的首例案件的原则；影响原则是区分案件是否存在较大社会影响，或被上级关注或被媒体报道的原则；身份原则是区分当事人是否存在特殊自然身份或社会身份。

续表4-3

案件类型名称
拟在法定刑以下判处没有法定减轻情节的案件
驰名商标认定的案件
拟确认涉外、涉港澳台仲裁协议无效的案件
拟拒绝承认或认可、不予执行涉外、涉港澳台仲裁裁决的案件
拟决定再审的本院已经发生法律效力的案件
再审后拟处理意见与审判委员会决定再审时已经明确的意见不一致的案件
拟决定本院、同级司法机关、县级以上人民政府赔偿的案件
适用法律、司法解释有冲突或抵触的案件
拟就法律适用问题向上级人民法院请示的案件
拟决定终结移送的信访案件
由合议庭提请，经审判委员会专业会议、审判长联席会和专业法官会议研究后仍需审判委员会讨论决定的其他案件

　　需要说明的是，对于审判委员会讨论案件清单的最后一项，即"经审判委员会专业会议、审判长联席会、专业法官会议研究后仍需审判委员会讨论的案件"，仍通过制度明确了此类案件提请审判委员会的具体条件和类型。主要包括合议庭适用法律疑难或有重大分歧案件、上级部门或领导督办的大案要案、新类型或具有典型意义、当事人身份特殊或社会广泛关注等重大复杂案件，且此类案件必须经过规定的前置会议先行研究，防止其成为无限制的兜底条款，造成实践中审判委员会个案讨论数量难以有效限制缩小。

　　在厘定审判委员会个案清单的同时，B市中院明确规定除合议庭对案件事实认定和证据分析难以认定、明确提出要求审判委员会讨论，或者审判委员会委员根据合议庭提交的书面报告发现事实认定和证据分析明显有问题而提出讨论的外，审判委员会原则上仅讨论案件法律适用问题。B市中院还区分审判委员会与合议庭对案件事实认定和法律适用的责任：审判委员会没有讨论事实认定的案件，案件事实由合议庭负责；审判委员会提出适用法律的指导性意见、合议庭采纳的，该法律问题由合议庭和审判委员会共同负责；审判委员会作出决定的法律适用问题由审判委员会负责。

第二是建立审判委员会案件讨论筛选机制。为了使审判委员会将精力用于真正需要研究讨论的案件中，对合议庭认为需要提请审判委员会研究讨论的案件，B市中院建立了形式过滤和实质筛选机制。在形式筛选方面，由审判委员会办事机构对合议庭提请审判委员会讨论案件的程序、案件审理报告、案卷材料是否齐全等进行审查，对不符合程序规范要求的案件，不列入审判委员会讨论范围。在实质筛选方面，一方面由院长在会前指定相关审判委员会委员，对案件是否属于审判委员会讨论案件范围提出意见，委员根据审查情况作出是否提请审判委员会，或以召开专业法官会议等方式进行研究指导的意见。另一方面在审判委员会下分设刑事、民事（执行）、行政三个审判委员会专业会议，由相关审判业务的审判委员会委员组成，定期召开会议对合议庭提请的案件过滤研究，除法律规定必须由审判委员会决定的外，已由审判委员会专业会议研究达成一致指导意见的，不再提交审判委员会讨论决定。

第三是明确了审判委员会告知、回避等制度的操作规则。为了保障当事人的诉讼权利，B市中院建立审判委员会讨论事项提前告知当事人和审判委员会委员回避制度，充分保障当事人申请回避和提交新的答辩意见的权利；严格规范案件审理报告内容和形式要求，建立合议庭全体成员、检察长常态列席审判委员会制度；明确委员按资历由低到高的顺序表决及会议记录全体署名；规范审判委员会研究成果转化等议事规则；强化审判委员会在总结合全局性审判经验、研究解决审判中的突出问题、讨论决定重大审判工作决策方面的作用。

（二）科学界定院长、庭长审判监督指导职责

院长、庭长兼具法官与审判监督指导者双重身份，除作为法官直接参加合议庭审理案件履行审判职责外，还具有对审判活动监督指导的责任。如何界定院长、庭长"审判监督指导什么，怎么监督指导"，防止院长、庭长履行审判监督指导过程中对合议庭及法官审判权干预、侵蚀，成为审判权运行机制构建中必须明确的重要内容。

B市中院在明确院长、庭长审判监督指导的职责范围和方式上，坚持的总体原则是：建立院长、庭长审判监督指导职责正反面清单即权力清单，正面明确合议庭、审判委员会与院长、庭长之间的职责边界，确立院长、庭长与合议庭在裁判案件中的冲突解决规则，形成审判权运行必要的"差序格局"，既保证审判权运行不行政化，又促进院长、庭长审判监督指导职责履职到位不边缘化。反面清单则严格规定院长、庭长不得超越审判监督指导职责范围，干预合议庭行使审判权，为防止院长、庭长干预和侵蚀审判权建立了一道隔离墙。在完善规范院长、庭长审判监督指导职责的具体做法上，主要有三个方面：

一是列明院长、庭长监督指导个案的类型和范围清单，B市中院按照院长（副院长）、审判委员会专职委员、庭长（副庭长）区分各主体审判监督指导层级和作用，明确各主体履行对案件监督指导职责的不同内容和范围。其中副院长监督指导合议庭提请的16类案件，包括拟提请审判委员会讨论的案件（履行过滤机制所需），免于刑事处罚的案件，当事人为原市级人大代表、政协委员等具有特殊身份的案件，决定再审下级法院生效案件、纠正生效执行裁定、撤销仲裁裁决类案件，重大涉外和涉港澳台地

区、社会媒体或相关部门等广泛关注的案件，审理期限超过法定审限两倍以上的案件等。庭长主要监督指导合议庭提请的 13 类案件，除拟提请审判委员会讨论的案件外，还包括发回重审、二审拟改判类案件，危害国家安全、涉外、涉港澳台刑事案件，裁定不予执行裁决和公证债权文书案件，前一季度重要质效指数最后两名法官承办的案件，审理期限超过法定审限一倍以上的案件等。审判委员会专职委员和副庭长则根据与院长、庭长的职责分工或授权，履行相应的监督指导职责。

二是明确院长、庭长通过"三会"即审判委员会专业会议、审判长联席会、专业法官会议履行监督指导职责的组织化行权方式，B 市中院明确院长、庭长不得以个人名义对个案进行监督指导，院长、庭长履行监督指导职责需通过召集审判指导组织会议的方式进行，对合议庭提请指导的案件，按程序主持召开"三会"。审判委员会专业会议由副院长（或授权审判委员会专职委员）召集，分设刑事、民事（执行）和行政专业会议，由审判委员会相关委员组成，主要对拟提交审判委员会讨论的重大、疑难、复杂案件进行讨论并提出意见。审判长联席会由副院长或庭长召集，由本庭的审判长组成，主要讨论本庭合议庭提交的案件审理中的疑难复杂问题并做出指导，总结具有普遍性的裁判规则等。专业法官会议由副院长或庭长（副庭长）召集，由本庭内从事相同或相近类型审判的法官组成，主要研究讨论、交流案件审理中的一般疑难复杂问题和某一类案件裁判的法律适用，研究分析类案审理中存在的倾向性问题等。

三是明确院长、庭长对个案程序性事项和审判工作宏观层面的监督指导职责。B 市中院明确院长、庭长对案件的程序职责主要在期限性、措施性事项上，对审判工作的综合指导主要在宏观层面上。院长（副院长）负有法定程序事项审批，依法监督生效判决和裁定，定期或不定期听取审判工作汇报开展专项监督指导，主持审判委员会等会议、及时总结具有普遍性的裁判规则和研究分析类案法律适用的职责。审判委员会专职委员、庭长（副庭长）负有审批案件评估鉴定审计、移送管辖、扣除审限、中止及恢复终结诉讼等程序性事项，组织开展案件质量评查会、审判质效分析会、开展案件流程管理等职责，从而使审判流程能够顺畅运行，及时解决面上问题。

（三）加强审判流程全面监控与指标体系评价引导

审判流程不仅关系审判权运行的效率，也直接或间接影响审判的质量，因而，审判流程的建立和控制也是审判权运行机制构建所不可或缺的步骤。法院内部的审判流程与各类诉讼程序既有关联，也有区别；它受制于并体现着诉讼程序，但所反映的却是诉讼程序一般覆盖不到的案件在法院内部流转的情况。审判流程与审判职权的配置和界定也有很大关系。在审判职权不清晰的情况下，由于个案审判所经历的层级和环节亦不确定，细化的审判流程实际上是无法真正建立的。审判职权界定后，则可以依据审判职权的配置和分布，建立起既涵盖审判运行全过程又兼容法院各主体审判活动的十分细密的审判流程，并通过对流程的控制，实现审判权运行的高效和均衡。B市中院的做法是依据诉讼法规定，细化民商事、刑事、行政、执行等八类案件在立案、审理、结案、上诉移送等审判各阶段的若干节点，如民商事案件设置立案、庭前准备、开庭审理、结案、送达、上诉移送及归档等共25个工作节点和16个监控节点，通过固化节点基本位序和时限，实现各主体的全部审判事务、审理进展情况高度透明和资源便捷共享，并以"节点提示、预警显示、督促催办和冻结"的方式由系统自动控制环节，为法官提供便捷服务，并督促和推动审判流程有效运转，保障当事人程序权利和实体利益。

指标体系的评价与引导主要是尊重司法规律，建立反映审判主要目标和要求、覆盖审判全过程的综合指标体系，对审判工作及其效果作出量化的分析和评价，客观展现审判态势，便于发现审判工作的薄弱环节，促进研究解决审判中的突出问题①。B市中院的做法是建立涵盖法院、审判庭、合议庭、审判人员四个层级，立案信访、刑事、民事、行政、审判执行监督、执行六个类别，一审、二审、再审及特别程序的全方位、类型化、差别化的司法过程、结果、效果的评估和分析指标体系（见图4-5），充分尊重司法规律和合理考虑审判工作重点特色，设置指标合理区间值，杜绝简单化的排名排序，充分发挥指标体系对审判工作科学评估、服务决策、法官自律、考核评价的综合功能，发挥指标体系是审判工作"体检表"的作用，对审判活动和行为进行事前导引、事中参照和事后评价。

图4-5　B市中院指标评价体系

---

① 朱景文：《人们如何评价司法？——法治评估中司法指标的分析》，《中国应用法学》2017年第1期，第98～112页；江国华、周海源：《司法体制改革评价指标体系的建构》，《国家检察官学院学报》2015年第2期，第12～19+171页。

（四）配套与辅助内容

在审判权运行机制基本格局形成后，B市中院为保障审判权运行机制运行顺畅、激励法院内部各主体、有效剥离审判事务性工作和强化外部社会监督，构建了三大配套措施。

1. 合议庭整体功能的评价体系

为了促进合议庭发挥整体作用，B市中院建立了合议庭整体评价体系，从审判质效、审判组织管理、案件合议质量、审判辅助工作、审判综合工作五个方面综合评价合议庭工作。其中，审判质效评价指标充分尊重司法工作规律、尊重法官主体地位和调动法官办案积极性，根据各审判业务部门的审判工作形式和特点有所区别和侧重，真实反映合议庭审判运行态势；审判组织管理主要评价审判长对合议庭工作的组织、指导和管理作用，包括主持庭审、组织合议、签署文书和管理流程四项；案件合议质量则评价合议庭在案件评议过程中，合议庭法官对案件事实调查、定性和定量的准确性以及发表裁判意见的情况；审判辅助工作主要对审判辅助人员配合审执工作开展诉讼服务、庭审笔录、合议笔录质量、装订卷宗质量效率及送达规范性、及时性的评价；综合工作是指合议庭在能动司法、综合协调方面的情况，如化解信访包案、指导基层法院审判业务等。整体评价合议庭的同时，注重对合议庭内部不同岗位人员分序列、个性化评价，将合议庭及法官的考评结果与法院内生激励约束对应，引导合议庭及组成人员对审判业绩自我创造，使合议庭整体功能得以最大限度发挥，形成分工协作、配合默契、相互监督制约的审判团队。

2. 诉讼服务体系

法院"案多人少"的矛盾日益突出，法官工作量不断上升，审判工作压力不断加大。法官在案件审理中除了裁判工作外，还要分担精力承担大量审判事务性工作，同时社会对司法便民利民的诉讼服务需求也日益增长。为了既分流法官的事务性工作，又能更好地司法为民，B市中院以诉讼服务为核心，全方位、多元化地建立诉讼服务体系。B市中院着力打造集事务办理、受理、管理和监督于一体的诉讼服务中心，将由合议庭分散办理的材料收转、事务办理、联系法官等70余项程序性事务，统一推向诉讼服务中心集约高效办理，提供"全程透明、集约办理、分流引导、便捷高效"的集约化诉讼服务，并开通网上诉讼服务中心提供在线服务，实现全天候网上立案、信访、阅卷等40项事务办理，满足当事人足不出户办理诉讼事务需求。诉讼服务体系对内分流法官及审判辅助人员近百项审判事务性工作，减轻法官工作负担和压力，确保法官专司裁判职责，促进司法公正；对外提供高效便捷诉讼服务，极大地方便了当事人诉讼，满足新的历史条件下人民群众的司法需求。

3. 司法公开体系

司法行为和结果与外部社会紧密相连，受到社会的广泛关注，只有不断深化司法公开，将审判权置于阳光下运行，实时接受社会外部监督，才能确保审判权良性运行①。B市中院按照"开放、动态、透明、便民"的阳光司法要求，集中打造形成全市法院统一的司法公开网站——B市法院司法公开网，通过统一公开网站平台，全面、实时、动态公开审判流程信息、裁判文书、执行信息，深度公开诉讼证据资料、庭审视频、鉴定评估拍卖信息、减刑假释案件、法院政务信息等各类审执信息，形成"全面公开、集中展现、方便查询、资源共享"的外部监督体系。通过司法公开倒逼形成司法责任机制，促进法院内部规范管理和

---

① 王立民：《司法公开：提高司法公信力的前提》，《探索与争鸣》2013年第7期，第49～52页；王禄生：《英美法系国家"接触型"司法公开改革及其启示》，《法商研究》2015年第6期，第41～49页。

法官规范司法行为，保障社会公众和当事人的知情权、参与权、监督权和表达权。

（五）信息化技术全面支撑审判权运行机制

在现代信息化高度发达和广泛应用的时代，没有信息技术运用作为支撑，改革制度和举措难以付诸实践并取得实效。对此，最高人民法院提出"各级人民法院要适应信息时代要求，善于运用互联网思维，坚持服务人民群众、服务审判执行、服务司法管理，大力加强信息化建设，努力实现人民法院审判体系和审判能力的现代化"的指导方针①。可以说，信息技术的植入和运用是审判权运行机制构建不可或缺的内容。B市中院充分运用现代信息技术，结合审判权运行中审判组织的审判职责和院长、庭长的审判监督指导职责以及流程监控、指标体系、合议庭功能评价、司法公开等所有改革举措和制度，研发出信息软件系统，形成统一的办公办案信息化平台，将分散、个别化的各主体行为纳入法院一体化的审判权运行格局中，强化各项制度的刚性运行，促进各主体职责行为高度透明和全程留痕，提高了司法效率，进一步解放和发展司法生产力。

三、运行实况——雏形初具，态势较好

为了观察B市中院审判权运行机制改革试点情况，下面将2013年12月10日至2014年12月9日试点期间各项改革举措的运行情况和效果作简要分析②。

---

① 周强：《全面加强人民法院信息化建设　努力实现审判体系审判能力现代化》，《人民法院报》2014年8月23日第1版。

② 以下各项分析数据无特别说明的，均从B市中院审判运行系统中提取。

（一）较好落实合议庭办案责任制

审判权运行机制改革充分保障了合议庭及法官依法独立公正行使审判权，法官办案责任感、使命感增强，初步实现"让审理者裁判，由裁判者负责"。改革试点期间，B市中院共审结案件23515件，同比增长16.54％，其中由合议庭自主裁判的案件23337件，占审结案件总数的99.24％，其余0.76％的案件由审判委员会讨论决定（见表4-4）。

表4-4　B市中院审判组织审理案件数量分析

项目 / 主体	审判组织审理案件数量				
	裁判案件总数	审判委员会裁判数	所占比例	合议庭裁判数	所占比例
立案一庭	2212	10	0.45％	2202	99.55％
立案二庭	400	11	2.75％	389	97.25％
刑一庭	482	82	17.01％	400	82.99％
刑二庭	467	58	12.42％	409	87.58％
少年法庭	1017	3	0.29％	1014	99.71％
民一庭	3717	8	0.22％	3709	99.78％
民二庭	3116	1	0.03％	3115	99.97％
民三庭	1197	0	0.00％	1197	100％
民四庭	1916	0	0.00％	1916	100％
行政庭	699	4	0.57％	695	99.43％
执行局	1331	0	0.00％	1331	100％
审执监庭	6961	1	0.01％	6960	99.99％
合计	23515	178	0.76％	23337	99.24％

统计区间：2013.12.10—2014.12.09

（二）院长、庭长作为审判长参加案件审理

B市中院改革试点期间，将院长、庭长编入合议庭担任审判长审理案件，全年庭长、副庭长受理承办案件2316件，占全院受理案件总数的8.94％；审结案件2070件，同比增长45％，占全院审结案件数的8.57％。其中刑二庭、少年法庭、民二庭、民四庭、行政庭的庭长、副庭长受理案件数超过了所在业务庭受理案件数的10％（见表4-5）。副院长、审判委员会委员合议庭于2014年9月编配完成，在3个月办案期间，5位副院长承办审结20件案件，审判委员会委员（非院长、庭长职务）审结6件案件。院长、庭长、审判委员会委员直接审理改判发回类（以下简称"改发"）、信访申诉类等重大、疑难、复杂案件，新类型案件和具有普遍法律示范意义的案件，由过去对个案审核把关转变为直接审理裁判，实现审理与裁判统一。院长、庭长审理重大和疑难案件，为年轻法官提供了驾驭庭审、法律适用、制作文书以及解决纠纷的技术与方式等方面的示范。

表4-5 B市中院庭长、副庭长审理案件数量分析

部门	各业务庭收案数	庭长、副庭长收案数	所占比例
立案一庭	2218	137	6.18％
立案二庭	442	29	6.56％
刑一庭	520	45	8.65％
刑二庭	491	57	11.61％
少年法庭	1009	136	13.48％
民一庭	3824	214	5.60％
民二庭	4594	602	13.08％
民三庭	1234	96	7.78％

部门	各业务庭收案数	庭长、副庭长收案数	所占比例
民四庭	2250	293	13.02%
行政庭	715	88	12.31%
执行局	1834	0	0.00%
审执监庭	6787	620	9.14%
合计	25918	2317	8.94%

统计区间：2013.12.10—2014.12.09

（三）审判委员会讨论案件范围减缩且运行规范有序

B市中院推进审判委员会制度改革一年以来，在限制缩小审判委员会讨论案件范围、完善审判委员会运行规则，保障当事人程序与实体权利等方面取得了初步成效。

一是审判委员会个案讨论数量减少。B市中院全年召开审判委员会42次，讨论案件178件次，占全院审结案件数的0.76%，在2014年全院审结案件数同比大幅增长情况下，审判委员会讨论个案的数量及占全院审结案件数比例同比减少（见表4—6）[①]。在审判委员会讨论决定的案件中，刑事案件142件次，占审判委员会讨论案件总数的79.8%，且刑事案件中拟判处死刑（含死缓）案件125件。此项案件由法律规定必须由审判委员会讨论决定，占审判委员会讨论案件总数的69.7%。自2014年6月B市中院建立审判委员会过滤机制半年以来，刑事、民事

---

① 经过改革，其他地区的法院审委会个案讨论数量也有明显减少。参见方乐：《审委会改革的现实基础、动力机制和程序建构——从"四五改革纲要"切入》，《法学》2016年第3期，第135~149页。

（执行）和行政审判委员会专业会议讨论过滤 30 件案件，有效发挥了审判委员会前置程序的功能，既限制了提请审判委员会讨论案件数量，又保障了部分重大疑难复杂案件及时得到监督指导。

表 4−6　B 市中院审判委员会讨论案件数量分析

件数	2014 年	2013 年
讨论案件总数	178	179
其中：刑事	142	132
民事	23	28
行政	10	16
其他	3	3
占全院审结案比例	0.76％	0.89％

统计区间：2013.12.10—2014.12.09

二是审判委员会讨论的案件确属"重大、疑难、复杂"。对照审判委员会权力清单分析，审判委员会研究决定案件的事由集中在拟判处死刑（含死缓）案件、拟决定再审生效裁判案件、上级部门或领导督办的大案要案等 11 个方面。其中拟判处死刑（含死缓）的案件 125 件、上级部门或领导督办的大要案 10件、拟决定再审的本院已经发生法律效力的案件 15 件等（见表4−7）。

表 4−7　B 市中院审判委员会讨论案件构成情况分析

提请审判委员会讨论案件的理由	件数
拟判处死刑（含死缓）的案件	125
拟决定再审的本院已经发生法律效力的案件	15
上级部门或领导督办的大要案件	10
拟决定终结移送的信访案件	8

提请审判委员会讨论案件的理由	件数
法律适用疑难的案件	6
拟宣告无罪的一审案件和拟改判无罪的二审案件	5
合议庭意见有重大分歧的案件	2
检察机关抗诉的案件	3
刑事被告人是原县、处级以上领导干部的案件	2
上级人民法院指令本院再审，再审后拟改变本院生效裁判的案件	1
新类型和具有典型法律问题的案件	1
合计	178

统计区间：2013.12.10—2014.12.09

在此着重分析非法律和司法解释明确规定由审判委员会讨论的29件案件的情况，以此了解审判委员会对此部分案件研究决定是否规范合理。具体为：其一，上级部门或领导督办的大案要案10件和刑事被告人是原县、处级以上的案件2件。作为上级法院或相关部门督办以及刑事被告人是原领导干部的，一般是疑难复杂或在社会有重大影响的案件，经审判委员会研究慎重裁判处理，关系到裁判法律效果与社会效果、政治效果的统一性，纳入审判委员会讨论决定范围较为合理。其二，拟决定终结移送的信访案件8件。此类案件关系到当事人在司法救济途径上寻求保护的最后权利和机会，属于审判工作中重大事项，由审判委员会研究决定比较恰当。其三，法律适用疑难的案件6件。仔细分析这6件案件，是合议庭在审理案件时，对刑事案件中认定村委会委员是否构成非国家工作人员受贿罪或贪污罪、轻微暴力致人死亡是构成故意伤害罪还是过失致人死亡罪、认定故意伤害罪共同犯罪中的已过追诉时效问题、故意杀人罪已过追诉时效的认定、被告人是构成强奸罪还是嫖宿幼女罪以及在国家赔偿案件中，怎样认识执行错误等方面适用法律疑难，这些确属审判实践中的疑难复杂案件。其四，合议庭有重大分歧的案件2件，包括对是否判处刑事被告人无罪和执行案件中直接追加被执行人配偶为共同被执行人。在这两个问题上，合议庭内部成员产生了重大分歧，不能达成一致裁判意见，提请审判委员会研究指导符合审判工作的实际需要。其五，新类型和具有典型法律问题的案件1件，即当事人诉镇政府乌木权属纠纷行政案件。因法律对乌木属性尚未有明确规定，该案兼具因法律规定不明确，在法律适用方面属疑难案件，同时是审判中属于新类型、具有典型重大意义类案件。由此可见，审判委员会除讨论决定法定案件外，主要是讨论决定审判实践中，真正疑难复杂及重大类的案件，反映出审判委员会较为准确地履行职责。

三是审判委员会宏观指导作用发挥较好。B市中院审判委员会2014年讨论具有典型示范意义的案例11件；研究解决审判执行工作中突出的、倾向性问题8项，如审议《关于近两年来被省法院改发案件情况分析》《关于2012年、2013年涉毒死刑案件改发情况分析》《关于贪贿案件适用缓刑、免处的指导意见》等；审议审判执行重大制度6项，包括《关于明确审判职责与审判监督指导职责的意见（试行）》《审判委员会工作规程》《第二批合议庭办案规则建议》等制度；任命审判长、审判员等决定重大审判工作事项4次。由此可见，审判委员会在审判经验总结、审判规则提炼、法律适用研究、推动审判工作有序开展等宏观层面发挥了较好作用。

（四）院长、庭长规范履行监督指导职责并全程留痕

一是审判监督指导主体规范履职。B市中院明确院长（副院长）、审判委员会专职委员、执行局局长、审判业务庭庭长（副

庭长）履行对案件的审判监督指导职责。院长、庭长全年监督指导的案件共 1683 件，仅占全院受理案件数的 6.5%，其中副院长、庭长分别监督指导案件 357 件和 1276 件（见表 4-8）。

表 4-8　B 市中院院长、庭长监督指导案件数量统计

项目	副院长	专委	局长	庭长	小计
分管房地产建工类案件的副院长	46	7	1	187	241
分管民事、商事、知识产权类案件的副院长	88	25	/	720	833
分管立案、行政工作的副院长	94	/	/	264	358
分管审执监督、执行工作的副院长	54	9	6	25	94
分管刑事案件的副院长	75	2	/	80	157
合计	357	43	7	1276	1683

二是院长、庭长审判监督指导案件类型和事由符合权力清单的要求。以副院长全年监督指导案件的 357 件案件类型来看，其中民事案件 256 件，占总数的 71.51%；刑事案件 83 件，占 23.18%；另有行政、执行等其他案件 19 件，共占 5.31%（见表 4-9）。开展审判监督指导主要集中在民事案件和刑事案件，与民事案件、刑事案件的数量及纠纷特性吻合。

表 4-9　B 市中院副院长监督指导案件类别构成分析

类型　庭室名称	审理案件总数	刑事		民事		行政		执行		其他	
		件数	比例	件数	比例	件数	比例	件数	比例	件数	比例
立案一庭	2404			81	100%						
立案二庭	460			3	60%	2	40%				
刑一庭	565	3	100%								
刑二庭	588	53	100%								
少年法庭	1037			2	66.67%	1	33.33%				

续表4-9

类型 庭室 名称	审理案件总数	刑事		民事		行政		执行		其他	
		件数	比例	件数	比例	件数	比例	件数	比例	件数	比例
民一庭	4043			59	100%						
民二庭	4970			32	100%						
民三庭	1461			29	100%						
民四庭	2549			43	100%						
行政庭	752					10	100%				
执行局	2064							3	60%	2	40%
审执监庭	7075	27	77.14%	7	20%			.		1	2.86%
合计	27968	83	23.18%	256	71.51%	13	3.63%	3	0.84%	3	0.84%

再来进一步分析副院长监督指导案件的事由构成（见表4－
10）。副院长监督指导审理期限超过法定审限两倍以上的案件有
238件，占监督指导案件总数的66.7％。此类案件是合议庭已使
用较长审限但作出未裁判的案件，需要对其监督指导，帮助化解
障碍和保护当事人权益。副院长监督指导拟撤销仲裁裁决案件
58件，主要在于撤销其他机构作出的生效裁决必须慎重严谨。
此外还有监督指导上级部门督办案件以及检察机关抗诉、经审判
长联席会研究后仍需指导的等此类案件。一方面，该类案件大多
属于应提请审判委员会讨论的范围，副院长在此进行审判监督指
导，主要是履行"案件或者议题是否提交审判委员会讨论，由院
长或者主管副院长决定"的法定职责，而非对案件审理实体的不
当干预和影响。另一方面，该类案件在一定程度上确属审判中疑
难复杂重大类案件，在前面审委会讨论案件清单部分已作了分析
说明。可见，院长、庭长行使的监督指导职责，既符合法律规
定，也因应了审判工作的实际需要。

表4-10　B市中院副院长审判监督指导案件理由构成分析

监督指导理由	件数
审理期限超过法定审限两倍以上的案件	238
拟撤销仲裁裁决的案件	58
上级部门或领导督办的大要案件	21
经专业法官会议、审判长联席会研究后仍需监督指导的案件	9
检察机关抗诉类案件	9
案件信访风险评估为一、二级	6
重大涉外和涉港澳台地区案件	4
被告为B市市政府的案件	4
法律适用疑难的案件	3
原为副厅级职级的罪犯减刑假释的案件	2
裁定撤销仲裁裁决的案件	1
媒体和社会广泛关注的案件	1
新类型和具有典型法律问题的案件	1
合计	357

三是院长、庭长从上到下要求监督指导的少。以副院长监督指导案件启动方式为例（见图4-6），分析启动院长、庭长履行监督指导职责的方式：立案时就确认纳入副院长监督指导范围和合议庭提请监督指导的案件分别为298件和32件，共占副院长监督指导案件的92.18%。前者主要是立案时根据案件"疑难、典型、影响、主体"等相关因素和副院长监督指导案件清单，由系统直接将其纳入的；后者是合议庭在办案中根据实际需要主动提请指导的。这两类纳入监督指导的案件，副院长均不能随意更改。副院长全年自上而下将案件纳入审判监督指导的仅有1件，

该案件是副院长在审批案件程序性事项时，发现该案与已裁判案件具有关联性，两者属于类似必要共同诉讼案件，可直接适用已作出的生效判决效力，遂将其纳入监督指导范围，督促合议庭参照既有判决快速化解纠纷、节约司法资源。由此反映出副院长监督指导案件的规范性、全程留痕的特征，既保障了监督指导履职到位，又防止院长、庭长以行政方式从上到下随意启动监督，进而从运行机制上保障去除行政化。

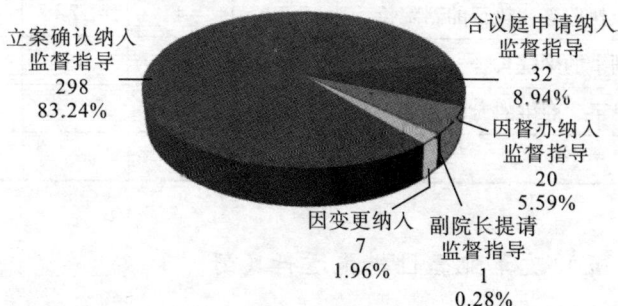

图4-6　B市中院副院长启动监督指导案件方式

四是院长、庭长推进审判顺畅运行与宏观指导作用增强。副院长、审判委员会专职委员全年审批案件期限性、措施性等程序事项205件次（见表4-11），具体包括决定人员回避、采取保全措施、延长审限等法定程序性事项，旨在消除审判权运行不畅、出现瓶颈等问题，推动审判顺畅运行。除此之外，副院长、审判委员会专职委员还多次组织召开审判质效分析会议、案件质量评查会、疑难案件会诊、各类专项审判工作会等，交流总结审判经验，促进裁判尺度统一，对审判工作宏观层面的指导作用愈加突出。

表 4-11　B市中院副院长、审判委员会专职委员审批程序性事项统计

项目 院局级领导	期限性 事项	措施性 事项	其他类审 批事项	小计
分管房地产建工的副院长		10	5	15
分管民事、商事、知识产权的副院长	11	57	25	93
分管立案、行政的副院长		37	6	43
分管审执监督、执行的副院长	5	4	7	16
分管刑事的副院长	3	11	19	33
协管民事、商事的专职委员	2	2	1	5
合计	21	121	63	205

（五）改革配套性措施运行良好

1. 合议庭整体运行平稳有序

B市中院实行从审判质效、组织管理等5方面综合评价合议庭整体功能，有效促进合议庭整体能力的提升。以B市中院民一庭各合议庭评价结果为例[①]，该庭主要负责审理婚姻继承、交通事故、劳动争议等民事案件，下设8个合议庭，是全院合议庭数量最多的审判业务庭，3位副庭长均编入合议庭担任审判长。按照既定评价标准和计分规则，客观评价合议庭5个方面工作，综合形成各合议庭绩效总分（见表4-12）。8个合议庭各板块得分和绩效总分差距不大，得分较高均在85分以上，并主要集中在90分左右，普通审判长合议庭与3个副庭长合议庭绩效得分高低交叉。这表明合议庭整体功能评价机制充分发挥激励作用，

[①]　副院长、审判委员会委员合议庭2014年办案数量较少，对其合议庭绩效不做详细分析。

从事一线审判工作的法官专业能力普遍较强，审判业务庭内部各合议庭均衡有序运行，保证了整体审判工作质量。

表4-12　B市中院民一庭绩效评价得分情况

合议庭名称	审判质效（60分）	组织管理（10分）	合议质量（10分）	辅助工作（10分）	综合工作（10±5分）	总分（100±5分）
第一合议庭（副庭长合议庭）	51.49	9.67	9.58	8.29	8.78	87.81
第二合议庭（副庭长合议庭）	53.74	9.74	9.88	9.17	10.04	92.57
第三合议庭（副庭长合议庭）	51.06	9.54	10	8.46	9.81	88.87
第四合议庭	52.43	9.17	6	9.38	9.5	86.48
第五合议庭	51	9.9	9.7	9.27	9.63	89.5
第六合议庭	51.31	9.33	9.94	9.1	10.03	89.71
第七合议庭	51.07	8.8	9.28	8.53	10.35	88.03
第八合议庭	50.86	9.46	10	9.24	9.88	89.44

2. 审判辅助性、事务性工作有效剥离

改革试点期间，B市中院通过诉讼服务中心与各庭法官分工协作、无缝衔接、密切配合，将近百项辅助性、事务性工作从立案、审理、执行等多个环节剥离出来，整体推向诉讼服务中心前台，成效明显。诉讼服务中心全年共计办理各类事务74232件，其中现场直接办理材料收转、文书领取、事务查询、送达类事项63313件，现场受理后协同各业务庭及法官完成上诉办理、公告办理、保全执行申请类事务10919件（见图4-7），平均每天接待当事人约320人次。让法官从大量的事务性、辅助性工作中解放出来，专注于审判工作，进而提高审判质量、促进司法公正。不仅如此，专业化、类型化、深度化的诉讼服务让群众在最短时间内、最少环节解决问题，减轻当事人诉累，当事人能够切身感受到现代司法的公正文明、廉洁高效。根据统计，诉讼服务中心的群众满意率高达 98%。

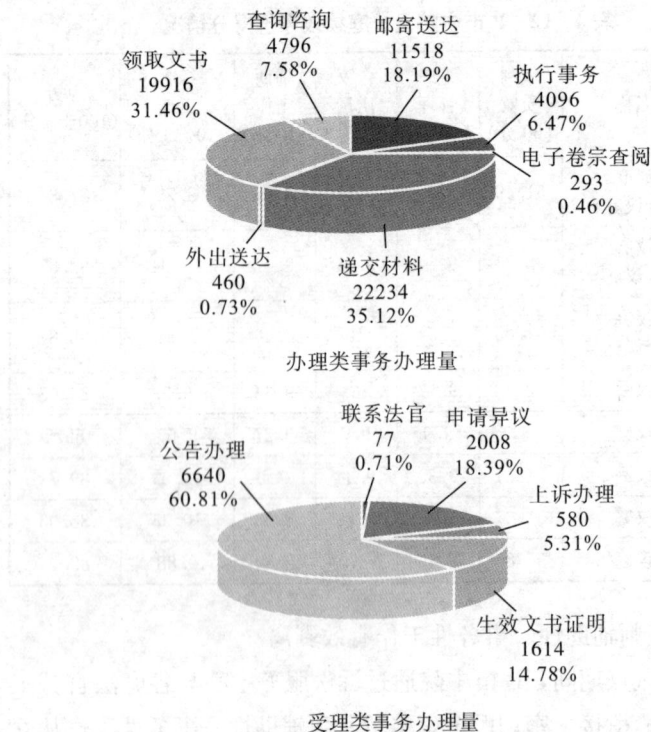

查询咨询
4796
7.58%

邮寄送达
11518
18.19%

领取文书
19916
31.46%

执行事务
4096
6.47%

电子卷宗查阅
293
0.46%

外出送达
460
0.73%

递交材料
22234
35.12%

办理类事务办理量

联系法官
77
0.71%

申请异议
2008
18.39%

公告办理
6640
60.81%

上诉办理
580
5.31%

生效文书证明
1614
14.78%

受理类事务办理量

图 4-7　B 市中院诉讼服务中心运行情况

3. 审判权运行过程和结果透明可视

B 市中院通过集中打造的司法公开网，结合 12368 法院公开电话、手机短信平台、电子公告屏和触摸屏等现代信息技术，高效向社会公众和当事人公开 7 大类 32 件案件审判流程信息，2014 年公开立案信息 20181 条，开庭信息 7713 条，公开比例均达 95% 以上，公开庭审视频 69 件。严格按照"以公开为原则，不公开为例外"要求，实现包含知识产权、国家赔偿等案件的各类生效裁判文书全面公开，在 B 市司法公开网上公开裁判文书

9029 份，在中国裁判文书网公开了 20015 份，连续名列全国中院第二名。通过执行曝光平台、自动推送执行节点信息等方式公开执行信息 727 件，并全方位公开了证据材料、鉴定评估拍卖信息、减刑假释案件信息等内容（见图 4-8）。如此一来，真实地还原了司法过程的全貌，广泛接受社会监督，最大限度地降低暗箱操作的可能性，确保法院依法独立公正行使审判权，做到司法公正并取信于民。

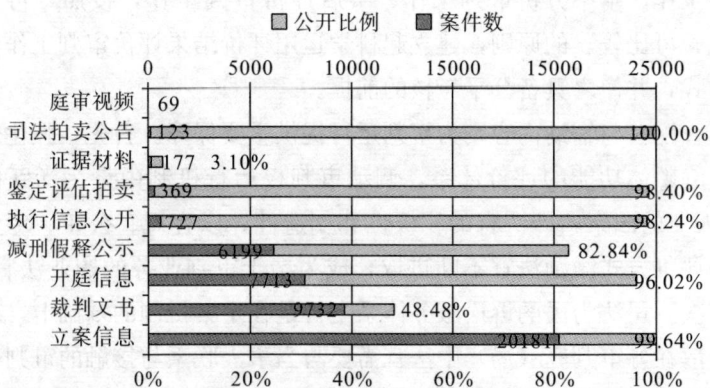

图 4-8　B 市中院司法公开各类信息数量情况

从以上内容可以看出，B 市中院构建的审判权运行机制的核心内容，即配置和界定审判组织主审法官和合议庭的审判职责与审判机构院庭长的审判监督指导职责；重点内容，即审判流程的全面监控和指标体系的评价引导；配套和辅助内容，即强化合议庭整体功能的评价体系、司法为民的诉讼服务体系以及加强外部监督的司法公开体系；支撑技术，即以信息技术全方位支撑。这样的架构使这些内容在审判权运行机制中有机联系。

核心内容明确了审判组织及审判法官的审判职责，审判机构院长、庭长的审判监督指导职责，并据此合理配置和界定法院内各主体对于不同案件处理以及不同审判事务的权力与职责，使各主体都具有既不能缺位，亦不能超越的行为空间，形成审判权运行的基本秩序；与此同时，在审判权与审判监督权的交叉与冲突中建立起恰当的处理规则，形成了审判权在法院内部运行的治理结构，形成兼容法官与院长、庭长合力的定案机制。

重点内容建立起了涵盖审判运行全过程又兼容法院各主体审判活动的审判流程和评价引导审判工作的指标体系，通过对流程的控制，实现审判运行的高效与均衡。通过指标体系事前引导审判工作、事中分析审判工作、事后评价审判工作，按照"可量化、可比较"的原则，建立起科学运用评价结果评价审判工作的方式，并使之具备公平考核的前提。

配套与辅助内容则为审判运行提供重要保障。首先，强化合议庭整体功能的评价体系，调动审判权运行机制中最为活跃的"人"的因素，即法官的积极性和创造性，以客观、公正、专业的评价方式激励法官不断进取，成为精于审判业务的职业法官。其次，司法为民的诉讼服务体系主旨是在定案机制的基础上，对分散在各审判庭（局）中法官需要与当事人联系与接触的审判事务性工作进行梳理和整合，凡是能够在诉讼服务窗口办理的事务，全面推向窗口，方便人民群众和诉讼参与人一站式办理，将法院内部权力配置与外部社会需求对接，实现司法为民的诉讼服务流程再造。再次，加强外部监督的司法公开体系是审判权运行机制的外部监督平台，用于公开法院审判过程相关环节的信息和裁判结果，获取社会公众对法院工作的需求和意见，并做出相应的改进和回应。同时该平台对于审判权运行机制更为重要的作用是：由于审判工作的信息将向社会公开，有助于促进法院内各主体更加审慎地行使权力，更加注重审判工作中的程序和细节，使司法行为和司法过程更加规范；对于外部社会而言，则既是了解法院工作、传递社会需求的平台，也是社会监督法院行使审判权的平台。

　　信息技术的广泛运用是审判权运行机制的重要支撑。尽管构建审判权运行机制的基本逻辑和机理并不依赖于某种技术化的条件而成立，但从刚性实现审判权运行机制的效果看，没有信息技术的全面植入和运用，前面所描述的审判运行的状态实际上是难以形成的，至少实际效果会受到很大影响。因此，应把信息技术的植入和运用理解为审判权运行机制构建的一个基本环节或一项重要内容，通过这一重要支撑将审判权运行机制的各项内容链接起来并最大限度地实现机制的功能。

第五章 从审判工作看影响社会
和谐的原因及对策分析

追求社会和谐是马克思主义的社会理想。马克思、恩格斯在阐述共产主义社会是自由人的联合体时就已指出："在那里，每个人的自由发展是一切人的自由发展的条件。"① 马克思、恩格斯并未直接将这样的社会称为"和谐社会"，但是，其中蕴含着个人利益与社会利益的高度一致性。在探索社会主义建设的过程中，中国共产党人不断深化对社会和谐基本规律的认识，将社会和谐作为中国特色社会主义的本质属性。习近平法治思想中"和谐社会本质上是法治社会"② 的科学论断，强调将社会生活的基本方面纳入法治的调整范围，"发挥法治的引领和保障作用，坚持运用法治思维和法治方式解决矛盾和问题"③。在运用法治思维和法治方式解决矛盾和问题中，法院审判无疑是重要方面。当前，我国正在进入中国特色社会主义发展的新阶段，如何在这样的新时代深入把握审判工作与社会和谐之间的关系，仍然是十分重要的现实问题。笔者曾经在法院实际工作中，专门通过审判

---

① 中共中央马克思恩格斯列宁斯大林著作编译局：《马克思恩格斯文集》（第2卷），人民出版社2009年版，第53页。

② 习近平：《之江新语》，浙江人民出版社2007年版，第204页。

③ 中共中央文献研究室：《习近平关于社会主义社会建设论述摘编》，中央文献出版社2017年版，第150页。

工作考察过影响社会和谐的原因。尽管不同时期的现实问题有所差异，但是从十余年来社会发展的基本面来看，当年开展的这项研究所揭示的原因仍然较为普遍地存在。故此，笔者不揣冒昧，将多年前的思考呈现于此，以期当时的讨论对于探究当下的现实问题能有一定启示。在此意义上，虽然这是一份基于过往材料展开的研究，然而其中讨论的原理却依然有现实价值。

为进一步从审判工作角度分析影响和谐社会的原因，探索审判促进和保障和谐社会建设之路，这里采取实证调研的方法，将研究视角集中在当事人对法院裁判不接受，通过信访和上诉进一步维权的信访案件及二审改判发回重审案件上。以此取样的基本思考是法院应当通过自身的审判工作化解矛盾、促进社会和谐。信访案件和改判发回案件在一定程度上说明，案件虽然经过法院裁判，但当事人并不接受裁判结果，相反进一步加大了维权力度，进一步投入维权成本，也必然产生不利于社会和谐的因素。因此，法院需要反思，从审判工作的现状和运行模式上寻找影响社会和谐的原因，进而提出对策。通过对 B 市法院 2005 年至 2006 年具有代表性的 100 件信访案件和二审改判发回重审案件（其中刑事案件 20 件、民商事案件 70 件、、行政案件 10 件）查阅案件卷宗、填写调查问卷表、收集司法统计数据等方式，从案件、当事人以及法院审判基本情况和当事人集中反映的问题四个方面进行调查分析，围绕加强法院自身建设，推进完善审判组织结构、强化法院审判管理、增强法院保障、促进、服务和谐社会建设等角度提出了对策和建议。

一、样本案件的调查分析

为确保实证调查的代表性与典型性，我们选取审判实践中不同审级法院、不同法官的改判案件、发回一审案件、信访案件，通过对 100 个案件调查表的汇总整理，最终筛选了 96 份信息、数据较全并有一定代表性的调查表进行分析。在抽取的 96 件案件中，改发案件 39 件、信访案件 57 件，其中刑事改发案件 10 件、信访案件 9 件，民商事改发案件 27 件、信访案件 40 件，行政改发案件 2 件、信访案件 8 件。

（一）从样本案件的基本情况分析

一是部分案由较为突出。在样本案件中，刑事案件的案由集中在故意杀人和抢劫两个罪名中，其中故意杀人案件 6 件，抢劫案件 5 件，占到 19 件刑事样本案件的 57.89%；民商事案件的案由集中在借款合同、劳动争议、建筑工程施工合同、土地使用权出让纠纷中，其中借款合同 13 件，劳动争议 7 件，建筑工程施工合同 5 件，土地使用权出让纠纷 3 件，占到民商事案件样本数量的 41.79%；行政案件比较平均，拆迁、房屋登记、行政许可、司法行政各 2 件，劳动和社会保障、规划各 1 件。

二是案件涉及标的或争议内容不一。在样本案件中，刑事案件争议的内容多与案件的量刑和民事赔偿数额计算有关，民事案件涉及的标的从 2000 元到 4000 万元不等，行政案件争议的多为行政行为是否违法、行政复议是否超期、行政行为认定的事实是否正确等。

三是案件事关当事人较大的利益。在样本案件中，案件与当事人利益关系紧密的 47 件，占抽取案件的 48.96%；较紧密的案件 23 件，占抽取案件的 23.96%；与当事人利益关系一般的案件 26 件，占抽取案件的 27.08%。

四是民商事案件占绝大比例。96 件样本案件中，民商事案件 67 件，占到 69.79%；刑事案件 19 件，占 19.79%；行政案件 10 件，占样本数的 10.42%；民商事案件占了绝大比例（见图 5—1）。在 57 件信访案件中，民商事案件占到 70.18%，刑事案件和行政案件分别占 15.79% 和 14.04%。

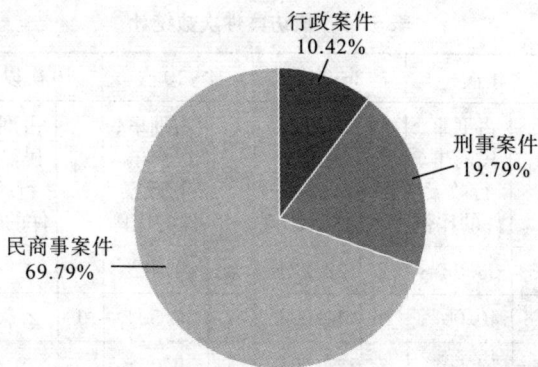

行政案件
10.42%

刑事案件
19.79%

民商事案件
69.79%

图5-1 各种类型案件比重

五是判决结案的案件占绝大比例，96件案件中，除了39件改发案件外，在57件信访案件中，以判决方式结案的有44件，占信访案件的77.19％；调解案件1件，占信访案件的1.75％；裁定案件12件，占信访案件的21.05％。判决结案的44件信访案件中，刑事案件4件、民商事案件36件、行政案件4件，分别占抽取的各类信访案件的44.44％，99％和50％。

六是信访案件中，个体上访占绝大多数。在抽取的57件信访案件中，集体信访4件，占抽取的信访案件的7.02％，个体信访占抽取的信访案件的92.98％。个体上访中涉及老户上访15件，占个体上访的28.30％。

七是信访持续时间2年以下居多，信访1次与2～3次的比例大致相当。在57件信访案件中，信访1年以下的39件，信访1～2年的15件，2年以上的3件。刑事案件信访2年以上的比例较高，占刑事信访案件的22.22％。在抽取的信访案件中，信访次数1次的20件，占信访案件比例的35.09％；信访次数2～3次的21件，占信访案件比例的36.84％；信访次数4～10次的15件，占信访案件比例的26.32％；10次以上的1件，占信访比例的1.75％（见表5-1）。

表 5-1　信访案件次数统计

次数	1 次		2~3 次		4~10 次		10 次以上		小计
数量与比例	件	占刑事、民商事、行政案件的比例	件	占刑事、民商事、行政案件的比例	件	占刑事、民商事、行政案件的比例	件	占刑事、民商事、行政案件的比例	件
刑事	3	33.33%	2	22.22%	4	44.44%	—	—	9
民商事	16	40.00%	16	40.00%	7	17.50%	1	2.50%	40
行 政	1	12.50%	3	37.50%	4	50.00%	—	—	8
数量合计与各次数案件占总信访案比例	20	35.09%	21	36.84%	15	26.32%	1	1.75%	信访案件总数 57

（二）从当事人的基本情况分析

首先，当事人身份不同维权方式不同。在样本案件中，信访案件以自然人居多，公司、企业等其他组织大多通过其他法律途径维权。96 件案件中，涉及公司、企业等其他组织的案件 38 件，有 29 件为改发案件，涉及自然人的案件 58 件，有 48 件为信访案件（见表 5-2）。

表 5-2　当事人基本情况统计

类别	改发案件		信访案件	
数量与占比	件	占各类案件比例	件	占各类案件比例
自然人	10	25.64%	48	84.21%
公司企业等其他组织	29	74.36%	9	15.79%
合　　计	39	100%	57	100%

其次，自然人提起的信访案件中，无业人员和农民占大多数。无业人员和农民是相对弱势的群体，所知法律较少、文化程度又普遍都在高中以下，这部分人维权的途径大多都选择信访。在自然人提起的 48 件信访案件中，农民和无业人员等弱势群体提起的信访案件 27 件，占到自然人提起信访案件的 56.25%，公司企业人员 11 件，占自然人提起信访案件的 22.92%，其他人员 10 件，占自然人提起信访案件的 20.83%（见表 5-3）。

表 5-3　改发、信访案件当事人（自然人）身份统计

分类	无业人员		公司企业人员		农民		其他人员		小计
数量与比例	件	占改发、信访案件比例	件	占改发、信访案件比例	件	占改发、信访案件比例	件	占改发、信访案件比例	件
改发案件	6	60%	1	10%	3	30%	—	—	10
信访案件	8	16.7%	11	22.92%	19	39.58%	10	20.83%	48
数量合计与各类案件占总案件比例	14	24.13%	12	20.69%	22	37.93%	10	17.24%	涉及自然人的案件总数 58

再次，信访案件中信访人员年龄结构偏大，中老年人信访居多。在 57 件信访案件中，共统计到信访人员 96 人，50 岁以上信访人员 49 人，占信访人员数的 51.04%，其中 60~70 岁以上人员 7 人，70 岁以上人员有 4 人。40~50 岁信访人员 33 人，占信访人员数的 34.38%（见图 5-2）。这部分人员年龄较大，沟通较困难，且受传统"申冤"意识较深，上访的形式多样，部分人员还采取围攻、打标语、喊口号等比较极端的手段。

最后，无律师参与诉讼的，均为民商事信访案件。96 件案

中，有 52 件是由原告提起上诉、申诉或信访，43 件案件由被告提起上诉、申诉或信访，有 1 件是由第三人提起。96 件案件中，88 件案件有律师参与诉讼，占到 91.67%；8 件案件没有律师参与诉讼且都是民商事信访案件。

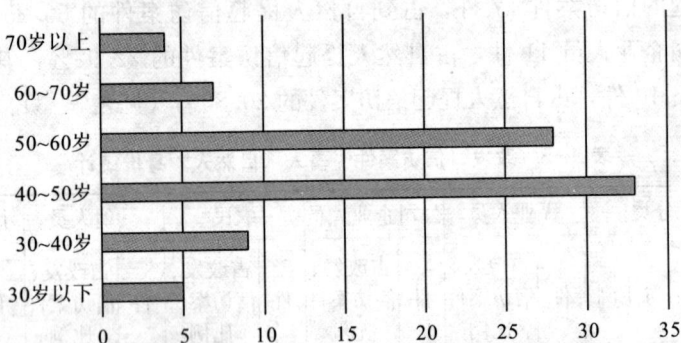

图 5-2　信访人员年龄结构图

（三）从法院审判情况分析

一是民商事案件的一审案件陪审率远远低于平均比例。96 件案件中，46 件为一审案件，有陪审员参与审理的案件 10 件，一审陪审率为 21.74%，比 2005、2006 年成都两级法院的一审陪审率分别低 14.43% 和 22.39%。样本案件中，刑事案件一审陪审率为 66.67%，比 2006 年成都两级法院刑事一审案件陪审率低 4.77%；民商事案件一审陪审率为 5.88%，比 2006 年成都两级法院民商事一审案件陪审率低 22.12%。

二是样本案件与法官工作年限的比例。在抽取的 96 件案件中，从事审判工作年限 20 年以上的法官审理 43 件案件，其中被改发的案件 19 件，占改发案件数的 48.72%，被上访案件 24 件，占信访案件数的 42.11%；从事审判工作年限 15 年至 20 年的法官审理 29 件，其中被改发的案件 8 件，占改发案件数的

20.51%，被上访案件 21 件，占信访案件数的 36.84%；从事审判工作年限 10 年以下的法官审理了 24 件，其中被改发的案件 12 件，占改发案件数的 30.77%，被上访案件 12 件，占信访案件数的 21.05%。

三是一级法官审理的被改发和上访的案件比例较大。在 96 件案件中，一级法官担当审判长审理的被改发和上访的案件 53 件，占抽取案件数的 55.21%，担当承办法官审理的被改发和上访的案件 53 件，占样本数的 55.21%；高级法官担当审判长审理被改发和上访的案件 16 件，占样本数的 16.67%，担当承办法官审理被改发和上访的案件 10 件，占样本数的 10.42%（见表 5-4、表 5-5）。

表 5-4　审判长法官等级

类别	高级法官		一级法官		二级法官		二级以下法官		小计
数量与比例	件	占改发、信访案件比例	件	占改发、信访案件比例	件	占改发、信访案件比例	件	占改发、信访案件比例	件
改发案件	8	20.51%	3	58.97%	1	2.56%	7	17.95%	39
信访案件	8	14.04%	0	52.63%	4	7.02%	15	26.32%	57
数量合计与各类案件占所有案件比例	16	16.67%	53	55.21%	5	5.21%	22	22.92%	案件总数 96

表 5-5 具体承办法官等级

类别	高级法官		一级法官		二级法官		二级以下法官		小计
数量与比例	件	占改发、信访案件比例	件	占改发、信访案件比例	件	占改发、信访案件比例	件	占改发、信访案件比例	件
改发案件	4	10.26%	19	48.72%	7	17.95%	9	23.07%	39
信访案件	6	10.53%	34	59.65%	9	15.79%	8	14.04%	57
数量合计与各类案件占所有案件比例	10	10.42%	53	55.21%	16	16.67%	17	17.71%	案件总数 96

　　四是法官有无其他工作经历,对案件被改发、信访有一定影响。法官有其他工作经历的,被改发和上访的案件比没有其他工作经历的要少,特别是在信访案件中反映较明显。在抽取的96件案件中,审判长有其他工作经历的48件,与无其他工作经历的审判长审理的案件一样。其中,有其他工作经历的审判长审理的被改发的案件23件,比无其他工作经历的审判长审理的案件多7件;被信访案件25件,比无其他工作经历的审判长审理的案件少7件;具体承办法官有其他工作经历的36件,比无其他工作经历的法官审理的案件少24件。其中,有其他工作经历的法官审理的案件被改发的20件,比无其他工作经历的法官审理的案件多1件;被信访案件16件,比无其他审判工作经历的法官审理的案件少25件(见表5-6)。

表5-6　法官有无其他工作经历统计

工作经历	有其他工作经历			无其他工作经历			
职位	审判长	承办法官		审判长		承办法官	小计
数量与比例	件	占改发、信访案件比例	件	占改发、信访案件比例	件	占改发、信访案件比例	件	占改发、信访案件比例	
改发案件	23	58.97%	20	51.28%	16	41.03%	19	48.72%	39
信访案件	25	43.86%	16	28.07%	32	56.14%	41	71.93%	57
数量合计与各类案件占所有案件比例	48	50.00%	36	37.50%	48	50.00%	60	62.50%	案件总数96

五是适用法律错误，占改发案件的较大比率。39件改发案件中，认定事实错误的有7件，占改发案件的17.95%；适用法律错误的有13件，占改发案件的33.33%；事实不清、证据不足的有2件，占5.13%；当事人提出新的证据改发的1件，占2.56%；由于其他原因改发的16件，占41.03%。

（四）从当事人反映的问题分析

一方面，当事人反映的问题主要是对裁判结果不满。在96件案件中，当事人反映立案方面问题的1件，反映审判过程当中问题的28件，裁判结果方面问题的67件，其中信访案件中对裁判结果不满的上访占绝大多数。在57件信访案件中，对裁判结果不满上访的有44件，占信访案件数的77.19%，对审判过程上访的12件，占信访案件数的21.05%，对立案工作上访的1件。

另一方面，当事人反映的问题有一部分能在审判环节预防或解决。96 件案件中，32 件案件当事人反映的问题在审判环节是可以预防的，占 33.33％；42 件案件需要依靠党委、政府支持，与其他相关机关协调、配合等才能解决，占 43.75％；22 件案件是在审判环节不能预防或解决的，占 22.92％。改发案件中 78.95％是能在审判环节预防或解决的。信访案件中，只有 3.51％能在法院审判环节预防或解决，有 59.65％的当事人反映的问题需要法院与其他部门配合或协调才能预防或解决，22.92％的问题在审判环节中不能预防或解决。在 32 件案件中当事人反映的问题能在审判环节预防或解决的案件中，其中有 9 件是工作不细致导致的问题，占 28.13％；有 4 件是法官只注重结案、不重案结事了导致，占 12.5％；19 件为其他原因导致。

二、产生样本案件的原因分析

通过对样本案件的深入分析不难看出，人民法院的审判工作未能完全化解当事人之间的矛盾。促进当事人息诉进而促进社会和谐的因素是多方面的，本章侧重从法院内部寻找原因。

（一）裁判者与诉讼者的心理差异

诉至法院解决纠纷一般是当事人运用其他维权途径无效的情况下采用的，并且一般关乎当事人重视的利益，当事人对于可以放弃的利益，一般不会选择诉讼，因为诉讼对当事人意味着投入物质、时间和精神成本。当事人将纠纷提交法院裁判时，他们普遍满怀信赖，相信会得到公正的裁决。样本案件反映出有的法官将当事人的纠纷仅作为案件处理，就像外科医生给成千上万的病人手术一样平静而冷静。反映在心理上表现为当事人急切、认真、期盼诉请得到支持、希望纠纷就此解决；法官则就案论案，适用法律裁断案件。这种心理差异会导致当事人与法官难以进行良好的沟通，对于确实有理的当事人或案件的客观真实与法律真实不一致的情况下，法官会告诉当事人没有证据或证据证明力不够，因此无能为力。但当事人一般不会接受这样的认识和解释，他们会认为法官不公正，没能够发现案件的是非曲直。站在各自的立场，当事人和法官的心理都无可厚非，并且法官一般认为当事人的心理是过于偏重考虑自己利益、忽略对方当事人的利益考量且不懂得诉讼技术所致。从制度要求来看，法官超越当事人双方、居中裁判，不能也无法迁就所有当事人。但关键在于法官如果从另一个角度反思，法官职业的目的不是就案件做出判决，裁判案件是法官职业形式上的表现，法官职业的核心价值是定纷止争。如果法官不能贴近当事人心理为当事人着想，对当事人求助法律的信赖和无助深切关怀，作出当事人不能接受的裁判就不难解释了。样本案件反映出当事人反映的问题在法院审判环节能够解决而未能解决的原因是"注重结案、不重案结事了"的占 12.5%。

（二）裁判者敏锐预见裁判后果的能力不够

样本案件反映出，案件与当事人利益关系紧密或较紧密的70件，占抽取案件的 72.92%。有的标的上千万元的借款纠纷案件，法院严格适用证据规则，以诉讼时效已过驳回当事人的诉讼请求；有的人身损害赔偿纠纷案件，致害方有明显过错，受害方又构成较重的伤残，法院在赔偿数额的计算上过于严格又未能较好地说理，导致当事人一审、二审后不断信访。其实多数法官是不愿意也不希望其裁判的案件不被当事人接受，以上诉、信访等方式继续维权的，但由于未能敏锐判断裁判后果或者不关心裁判后果以及不同情况的当事人对裁判后果的反应程度等，未能在审判环节有效化解纠纷。法官对裁判后果缺乏预见性，主要源于对案件全面深入了解和把握不够。如样本案例之一的原告将千万元的款项合法借予被告，其间也有传真件证明对款项的催收，被告实际收到并已运用了借款。即使超过诉讼时效后的传真件，其内容不是明确还款的承诺，也不能简单作出驳回诉讼请求的判决。因为对证据证明力的判断必须建立在正确价值判断的基础上，"欠债还钱"自古是正理，只要当事人没有躺在权利上睡觉，且没有非常充分的理由，简单地作出超过诉讼时效驳回诉讼请求的判决，无论当事人还是社会都不可能接受，而且将产生个案以外的不良后果，例如即使借钱，无论再多，只要在技术上想想办法，就可以不还钱还能得到法律的保护。如此一来，社会也会认为法院的判决支持了不诚信者，将老百姓的钱不当回事，不和谐因素自然产生。

（三）裁判者裁判技术单一，司法智慧不够

从样本案件看，有的案件当事人诉讼能力较低甚至很低，但他又确实需要法律救助和保护，如果机械地按照法律规定的程序裁判案件，当事人的权利无法得到保障，如果不按照法律规定保护当事人的权利，对方当事人也会不接受判决。在案件审理的两难境地中，裁判者的裁判技术和司法智慧就尤为重要。样本案件中的一件房屋买卖纠纷案件，原告为在三被告执行和解程序中进入的当事人，在法院的主持下四方签订执行和解协议，原告出资450万元购买执行案件中被申请人的抵押物，款项用于归还执行案件申请人，执行和解协议上约定了原告的付款方式以及被申请人交付房屋的义务。原告付款后，被申请人不交付房屋给原告，原告诉讼至法院。被告抗辩认为这是执行案件和解中引发的纠纷，原告不能另案提起诉讼。法院一审判决认为这是因为执行和解协议引发的纠纷，按照法律规定应当通过恢复执行程序解决，判决驳回原告起诉。原告提起恢复执行程序，法院又告知因原告

不是执行案件的当事人所以无权提起恢复执行程序。无奈原告提起上诉，二审法院认为原告依据执行和解协议提起诉讼，符合《中华人民共和国民事诉讼法》规定的起诉条件，指令一审法院审理。对于这样的纠纷，如果法官发挥司法智慧，可以论证原告的主张成立。尽管原告起诉依据是执行案件中的和解协议，法律规定当事人不履行和解协议，申请人可以申请恢复执行程序，但本案中的原告不是执行案件的当事人，和解协议对于原告及被告而言，实际是关于购买房屋的合同约定，且原告已经实际履行执行和解协议的义务，其诉求应该得到支持和保护。

（四）脱离社会生活的法律裁判

样本案件反映出，有的法官的裁判完全唯法律而法律，没有将案件置于社会生活的背景中考察。具体表现为适用法律正确，甚至论证也周延，但未能解决纠纷且不能为社会提供类似行为的积极指导，甚至产生负面影响。究其原因，其一是裁判法官裁判的思维方式和角度单一，未能全面考量案件裁判结果对当事人以及社会生活的影响；其二是知识结构老化，不能准确运用裁判知识适应当前社会稳定和谐与发展的纠纷；其三是缺乏对社会生活必要的关注，只是专注于法律领域处理纠纷。样本案例之一的一般劳动争议纠纷，原告诉请用人单位给付工资和确认劳动关系。原告系被告口头约定到被告单位做门卫，原告工作 10 个月后，被告发现原告经常饮酒甚至醉酒，不适合门卫岗位，口头通知将其解雇。一审法院认为原告给被告工作 10 个月，被告应当支付工资，但未确认原、被告之间是否形成劳动关系，判决被告给付原告工资及补助 14000 元。原告不服提起上诉，二审法院认为既然一审未确认原被告之间的劳动关系，判决给付原告工资及补助不当，判决撤销一审判决，因证据不能证明原告的主张成立，驳回原告的诉讼请求。一审原告至今仍然坚持信访。看似一个很小的案件，带来的不和谐因素却是明显的。因为在社会生活实践中，即便是管理非常正规的企业，口头形成劳动关系和解除劳动关系都是存在的。一审法官保护了劳动者的实际权利，即使在裁判文书的论证上逻辑不严谨，二审法官也不应为了逻辑而改判，而应当更加关注社会生活的实际经验。

（五）对传统社会积淀的善良风俗重视不够

中国传统上是一个"礼俗社会"，法律不可能成为解决所有纠纷的灵丹妙药，法律以外的规则，比如道德、情理、经验判断、民俗习惯等应该在审判中得到重视，使社会的治理结构和解决纠纷的机制更加合理。样本案例之一的人身损害赔偿纠纷，原告为较被告年长 15 岁的农民（57 岁），被告也是农民（42 岁），均为了生计在城里以拉三轮车为业。一日因原告争揽生意发生纠纷，被告将原告打伤（骨折）致五级伤残。原告诉至法院，并主张按照"伤筋动骨 100 天"的民间习俗，赔偿其 3 个月的误工损失，被告抗辩要求提供赔偿 3 个月的证据。一审法院在确认其他赔偿的情况下，认为由于原告不能提供证据证明需要 3 个月的休养期，传统的说法不能成为判决的依据，但被告对原告确实造成损害，酌情按一个月赔偿原告的误工损失。原告不服上诉，二审维持一审判决，一审原告信访至今。一审原告始终坚持被告身强力壮，年少欺负年长者并构成伤残，为什么可以酌情赔偿一个月，却不能按照民间传统的习惯酌情赔偿 3 个月。当然，法官在这样的案件中也处于两难境地，因为被告也是进城务工的农民，没有较充分的判决依据，被告也会不服，也会引起不和谐的上访信访等。但仔细推敲就会发现，在本案中说服被告赔偿的理由相对于说服原告要充分：首先在案件的引发中被告过错明显；其次从传统道德观念考量，被告动手伤害年长 15 岁的老人致其残疾，这不符合情理；最后考量原告的伤残情况以及民间长期流传的习惯，可以酌情赔偿原告 3 个月务工损失。即使在这种情况下，被告不服要信访，其理由较之原告的主张明显较弱且不能得到社会多数的认同。

（六）运用调解解决纠纷的能力有待提高

在 57 件信访案件中，以判决方式结案的有 44 件，占信访案件的 77.19%，调解案件 1 件，占信访案件的 1.75%，裁定案件 12 件，占信访案件的 21.05%。这说明善用调解方式解决纠纷、审判促进社会和谐的功能就发挥较好。在实际审判工作中，法官是愿意运用调解方式解决纠纷的，但由于调解会花去法官更多的心智和时间，在案件压力较大的情况下难以如愿；法官的调解能力不强或方式单一也是多数案件未能通过调解解决纠纷的重要原因。发现或促成当事人达成调解，必须找准当事人之间矛盾的症结，法官需要不断地从各方当事人讼争的利益中寻找平衡点，与各方当事人进行良好的沟通。这些既需要法官主观努力，也需要一定的机制加以保障。

（七）对弱势群体或诉讼能力较低的当事人救助机制不够

在样本案件中，涉及公司等组织的案件 38 件，其中有 29 件为改发案件；涉及自然人的案件 58 件，其中有 48 件为信访案件。信访案件以自然人居多，且多数为无业人员和农民，年龄结构也偏大，以中老年人居多。案件审理过程中多数也无律师参与其中。这部分当事人由于经济困难、诉讼能力较低，很难正确地运用诉讼技术维护自己的权利，甚至不能理解法院的诉讼程序和证据规则等。这类当事人通常较为较真，比较难以沟通。在这些案件中，法官审判案件容易，但解决纠纷较难。然而，实际上，这些案件的当事人更加渴求纠纷得到解决，甚至纠纷的解决事关其所认可的重要道理或重大利益。这类纠纷的解决，不仅要建立对弱势群体或诉讼能力较低的当事人的救助机制，还必须课以法官更重的社会责任，在一定程度上通过诉讼技术弥补当事人能力的不足，达到有效化解纠纷的目的。

（八）司法民主程度有待提高

样本案件反映出，有陪审员参加审理案件的比例是21.74%。从2006年审判质量与效率评估体系的数据分析，一审陪审率44.13%，比样本案件一审陪审率高22.39个百分点，一审判决结果中，同意判决的为88.91%、上诉占比为10.17%、申诉占比为0.71%、信访投诉占比为0.32%。由此可以看出，陪审员参加审理的案件，一审息诉服判率较高，上诉率、申诉率、信访投诉率较低。在一定程度上说明，司法民主程度较高，对审判促进社会和谐的积极作用较大。

（九）审判组织结构未能优化配置

样本案件反映出，有20年以上审判工作经历的法官所办案件的改发比例和信访比例较工作经历短的法官高；审判工作经历在15~20年的法官改发比例较低；审判工作经历在10年以下的法官信访比例较低；曾经有其他工作经历的法官信访案件明显少于没有其他经历的法官。在样本案件中，多数合议庭成员之间学历、工作年限、工作经历相同或相似，相互之间的互补不够，难发挥合议庭成员各自的优势来化解矛盾和纠纷。在审判实践中，尽管普通程序的审判组织由合议庭组成，但主要是承办法官在案件的审理中发挥作用。因此，在案件压力较大、纠纷处理难度不断增加的情况下，承办法官难免挂一漏万。

（十）寻求外援的主动性不够

样本案件反映出，法院不能解决当事人反映的全部问题，只有33％的问题能够在法院的工作环节得到预防或解决，有40件案件当事人反映的问题需要依靠党委、政府支持，通过与其他相关机关协调、配合等才能解决。这样的案件通常也与社会发展紧密联系，表现为征地拆迁纠纷、企业改制转制中职工安置引发的劳动争议、非法集资等。对于这些案件的处理，法院不能只依靠通过自身的公正裁判化解纠纷。即使作出公正裁判，由于判决不能执行或与协同机关沟通不够等原因，当事人权利仍未能实现，不断到法院或者其他机关信访。因此，需要法院通过努力，促进建立纠纷和谐解决的协同机制，紧紧依靠党委、政府、人大的领导和支持，依靠相关机关的密切协同。

三、对策和建议

通过以上的分析不难看出，在应然状态下纠纷通过法院审判应该得到有效处理，即案结事了、化解社会纷争、促进社会和谐。但在实然状态中，许多纠纷通过法院审判却并未得到有效处理，社会不和谐因素未能有效化解。因此我们必须反思并提出改良的路径。

（一）促进纠纷分流机制建立

中国社会的转型必然伴随着利益多元和矛盾凸显，从社会治理层面推行和谐社会建设有着十分重要的意义。和谐社会建设是长期庞大的系统工程，每个工程的建设者都必须寻找正确的路径和方法，否则可能事倍功半。如果不能客观分析审判工作面临的形势和审判部门的现状以及审判化解社会矛盾的能力，过高提出审判机关职责和要求，不仅审判机关无法完成，还可能抑制审判机关的良性发展，削弱对审判机关至关重要的裁判公信力。社会转型期诉讼的不断增加，一方面是社会法治化程度的体现，另一方面也是纠纷解决途径单一的体现。如果所有的纠纷都诉至法院裁判，社会缺乏引导纠纷分流的机制，法院将不堪重负。在重负之下，通过精细审判化解纠纷促进社会和谐只能是良好的愿望和追求，在实务中就很难实现。以 B 市中院为例，十年前的案件受理数是 7876 件，2006 年案件受理数是 13804 件，比十年前增加75.27％。2006 年基层法院法官年人均结案数最高的达 130 件/人，中院法官年人均结案数为 63 件/人。诉至法院纠纷的类型也不断增加，其中不乏小额纠纷诉讼、简单民事纠纷等。其实法院作为纠纷裁判的最终和最权威机构，不能不分类别和轻重地解决所有社会纠纷。无论从中国传统纠纷解决方式还是西方发达国家纠纷解决方式看，诉讼都不是所有纠纷最好、最有效、最经济的解决方式。诉讼所能承受的量只有在一个合理的基数上，才可能实现所追求的定纷止争、化解矛盾、保障社会稳定及和谐的目标。正如在美国经历"诉讼爆炸"之后，作为物极必反的结果，诉讼外调解机制逐渐发展为纠纷解决的主流。相反日本在迈向现代化之初，把调解作为一种退让和妥协的过渡，极力维持其中庸之道和"以和为贵"的精神，使社会逐步度过了转型期的危机，减少了解决纠纷和冲突的代价。因此，在多元价值观念合理并存的今天，促进纠纷合理分流，法院仅承担纠纷中较难、对社会发展影响较大案件的审判，可能更符合社会的实际和实践理性。

（二）促进培育司法权威机制建立

决定审判促进纠纷解决和社会和谐的因素主要有：公正的裁

判、合理的效率、裁判的执行。这些因素都不是通过法院自身努力就能完全解决的。在促进司法权威机制的建立中，法院要紧紧依靠党委领导、政府支持、人大和政协监督以及相关国家机关支持和配合。

首先，法院内强素质、外树形象。这是法院自身建设永恒的课题，法院的审判要始终坚持社会主义方向，锻造一支忠于党的审判事业、亲民、爱民、为民、业务精通和有强烈社会责任感和使命感的法官队伍。作为有着"第四种权力"之称的媒体，对司法透明及司法公开有着积极意义，但近年以来见诸报端关于司法不公、司法腐败、司法荒唐的事件时有发生，其间包括对案件裁判的主观甚至武断评价、对法院和法官的发难甚至嘲讽等。当然媒体有其自身的规则和工作使命，笔者立场也不是指责媒体，而是想强调要在新闻价值与维护司法权威适用正确的价值判断、寻找恰当的平衡点，否则会制约司法权威的形成。

其次，进一步审判公开，为社会提供了解法院审判工作的各种平台。只有在充分了解的基础上，才可能接受法院的裁判和评价法院的工作。诉讼及审判都有其规则，法院的审判也是在严格的程序规制下进行的，法院、法官不能肆意妄为，程序的限制以及证据的局限等都可能使法院的裁判出现法律真实与客观真实的不一致，尤其在这样的情况下，更加需要为当事人和社会提供较完备的了解法院审判工作的平台。

再次，促进社会配合审判机制的建立。从前面样本案件的分析中可以看出，有的诉至法院的纠纷不能紧紧依靠审判解决，甚至即使判决也不能解决纠纷，其或引发一系列社会问题。如城市发展进程中征地拆迁纠纷，涉及城市发展与失地农民的权利保护，又如市场经济发展中企业改制与劳动者权利保护等问题。这些都需要有党委、政府的支持以及相关机关的配合才能解决。法官在这样的纠纷解决中，要走下审判台、走出法院，与其他机关相互配合真正解决纠纷，如此一来，司法权威自然树立。

最后，促进社会保障审判机制的建立。从前面样本案件的分析中可以看出，裁判不能执行是引发社会不和谐的重要因素之一，除法官的主观因素外，客观环境和机制对执行工作的保障相对较弱也是重要因素。从近年出现的暴力抗法、因对方当事人未承担法律责任使困难当事人胜诉后权利无法保障的事例中即可窥见一斑。执行难是社会问题而不仅是法院的问题，这点已经得到人们的逐步认同。目前的重点应当是强化社会联动，加大对有能力执行而拒不执行行为的打击力度，同时形成执行不能案件的救助机制。尤其是困难的当事人，诉讼维权已经耗费物质、时间和精神成本，如果换来的判决仅是一纸文书，当事人是不能接受的，甚至会用极端的做法来抗争。在加大对拒不执行行为的执行和打击力度的同时，要建立和完善执行救助机制。

（三）优化司法资源配置

审判组织的合理配置是审判促进社会和谐的重要措施。从前面样本案件的分析可以看出，审判组织内部的互补性不够、审判组织整体作用发挥不好、审判组织之间的支持配合未形成有效机制等，都是审判影响社会和谐的原因。以中级人民法院为例，审判组织从横向看有合议庭，从纵向看有合议庭、审判委员会。若要既有效又最大限度地发挥审判资源的作用，实现审判促进社会和谐，就必须在现有司法资源的基础上，优化司法资源配置。具体而言，如下几个方面十分重要：

其一是合理配置审判业务部门人员与综合部门人员比例。法院的职能主要是审判，通过发挥审判职能为社会、经济、政治、文化发展提供良好的司法保障和司法服务。在人员的配置上，应当首先满足审判业务部门的需要。其二是审判专业人员应当原则上配置在审判业务部。除审判工作外，还有党务、行政等多项工作，这些工作也很重要，既是审判业务工作保障，也是法院运行的必要基础，同样需要人才保障。但从总体人员配置上考量，审判专业人员应尽量配置在审判业务部门。只有确保纠纷裁量的专门人才，才能保证纠纷裁量的效果。其三是保证审判组织内部结构的合理性和互补性。现有审判组织的配置方式一般未经过认真研究和分析，通常由政治部门或所在业务庭根据经验或者习惯或者补缺等方式形成，未能形成审判组织配置的制度。这样配置的弊端是审判组织内的结构不尽合理，相互间知识、经验、阅历、解决问题的思路、对纠纷全面把握的能力互补性不够。其四是促进审判组织整体作用的发挥。法律规定普通程序适用合议庭审判案件并实行少数服从多数的原则决定案件的裁判，其旨在发挥审判组织整体的作用裁量纠纷，从而保证纠纷裁量的质量。但在实务中效果不尽理想，多数是依靠承办法官审理和裁量。这种情况在上诉审理中体现更得为明显，尤其是二审不开庭审理的案件中，通常是承办人与当事人或代理人之间以谈话方式进行沟通。合议庭成员基于对承办人的信任，一般在合议时会表示"同意承办人意见"。在样本案件的合议笔录中，这样的情况有一定的普遍性。其五是建立审判组织之间有效支持的机制。由于不同类别审判工作的特点不同，承担不同审判工作的审判组织具有各自的优势，相互间优势互补是实现审判促进和谐的有效措施。样本案件中的刑事附带民事诉讼，被上级法院改判的民事部分，基本是刑事审判法官未能较好地把握民事审判的一些方法和处理标准所致；同一审判庭的不同审判组织在相同问题上的处理原则完全不同，也是导致当事人不断信访的原因。

（四）有效的管理机制

要实现审判促进纠纷解决和促进社会和谐的目标，有效的管理机制是必不可少的，也是法院自身大有可为的。简单的说教不能保障目标的实现，必须通过符合审判规律的管理机制才能达到效果。相对于法院的队伍管理和行政管理，专门的审判管理起步较晚。在"一五"改革中有些探索，在"二五"改革中得到明确。由于审判工作自身的特点，审判方式改革以后推行审判合一，大量案件的处理都是由合议庭做出的。因此有一种玩笑的说法，即"法院最大的官是法官，最大的长是审判长"。尽管这是一种玩笑说法，但在一定程度上反映了还权合议庭后，合议庭处理案件的现状。合议庭的裁判发生法律效力后，即确认现实的权利义务关系或重新分配权利义务关系乃至被告的自由。如果裁量不当或未能化解纠纷，累积起来对社会和谐的不利影响以及所付出的代价则是相当大的。当然，我们不是认为还权合议庭是错误的，而是由于大量的纠纷由合议庭解决，不能仅凭毫无保障的信赖，认为合议庭的裁判都是公正而有效率的，必须通过强化审判管理，建立审判管理通向审判目标的良性路径，从而达到审判促进社会和谐的彼岸。

1. 有效运行与制约监督

法院系统内有不同权力的审判组织，如合议庭与审判委员会之间，审判委员会是法院内享有最高审判权力的审判组织；也有享有不同审判管理权力的人，如院长与庭长之间、庭长与审判员之间，院长、庭长享有比审判员更大的审判管理权限。按照法律规定形成这样结构的目的是有效管理的需要。但近年来这样的管理有所削弱，院长、庭长的审判管理权力存在一定程度的边缘化，审委会在强化宏观指导职能的同时，逐步减弱对个案的会议制审理，使一些应该通过更高审判组织裁判的纠纷，因缺乏相应的机制而无法进入更高审判组织审理或进入具有更高管理权力的管理者视角，以至于审判委员会、院长、庭长在更高层面解决纠纷的能力无法发挥。因此应建立审判权与审判管理权有效运行与制约监督的机制，在法律规定的基础上正确界定审判组织之间以及院长、庭长、审判长之间的审判职责和权限、审判管理职责和权限，进而制定审判权与审判管理权的互动运行规则以及违反规则的责任承担，实现审判权与审判管理权的有效运行与制约监督，实现审判促进和谐社会建设的目标。

2. 科学评估审判业绩

公正与效率是法院工作永恒的主题。怎样评估法院和法官的工作是值得研究的课题，如果没有科学的审判业绩评估机制，无论管理者还是法官本人都是模糊的，都无法知道通过审判的产品是否合格、怎样算合格、社会及当事人的认知和接受程度如何，长此下去审判就始终在自己的属地里从起点到终点，无法与社会对接，无法与社会同时与时俱进。因此必须建立科学评估审判业绩即审判质量与效率的机制，并且设计机制的视角必须站在法院之外，根据社会发展以及公平正义的价值追求对法院的需求来进行。从理论层面分析，任何工作成果都是能够评估的，越科学的评估体系所得出的结论就越接近事实。根据笔者所在法院的探索，我们根据前述的思考，设计了评估审判质量与效率的40个指标体系，其中23个指标为审判质量与效率的考核指标，包括审判质量指标13个，如反映一审案件接受社会监督与司法民主程度的一审陪审率；反映化解社会矛盾的调解率；反映接受法院裁判的一审服判息诉率；反映未能化解纠纷的上诉率、申诉率、信访投诉率、重复投诉率；反映上诉、申诉案件结果的二审维持率、生效案件维持率；反映执行案件中止、终结情况的执行中止终结率；反映案件被实际执行的实际执行率；反映执行标的到位情况的执行标的到位率；反映原裁判或执行错误的法院司法赔偿率；等等。审判效率指标10个，如反映简易程序适用状况的一审简易程序适用率；反映案件审判均衡的结案均衡度；反映法官工作效率的法官年人均结案率、正常审限内结案率、正常期限内执结率、平均审理时间指数、平均执行时间指数、当庭裁判率、长期超审限未结指数、长期超执行期限未执结指数；等等。17个审判质量与效率分析指标，包括审判质量与效率分析指标 11 个，即再审开庭率、再审调解率、执行和解率、申诉复查听证率、向上级法院投诉率、总结案数、平均审理天数、平均执行天数、18 个月以上未结案件数、30 个月以止未结案件数、年人均结案数；审判质量与效率变化趋势指标 6 个，即总结案数变化率、一审民事调解结案率变化率、一审维持率变化率、再审维持率变化率、正常审限内结案变化率、正常期限内执结率变化率。指标体系基本涵盖了评估审判业绩的主要内容，并根据各指标对审判质量与效率的影响程度赋予不同的权数，通过与技术公司合作研发软件系统，依托案件信息卡片，自动生成辖区内各基层法院、本院各审判业务庭及各审判人员 40 项指标情况，以及合成的审判质量得分、审判效率得分和审判质量与效率总评估值。不难看出，通过指标体系在一定程度上可以调节审判影响和谐社会的多数因素，如通过一审陪审率、调解率、二审维持率、生效案件维持率、上诉率、申诉率、信访投诉率等引导法官重视裁判法律效率与社会效果的统一和案结事了；通过结案均衡度、法官年人均结案数、正常审限内结案率和正常期限内的执结率引导法官重视效率。更为重要的是通过公开、便捷的审判质量与效率宏观评估体系，客观反映法院和法官的裁判业绩，为法官了解自身工作成效、反思及改进工作状况提供重要平台，也为管理者调整管理方式提供依据。

3. 强力推进审判管理

管理与被管理之间始终存在张力，在法院内部实施审判管理尤为如此。因为审判权的行使方式与行政权不同，是审判组织的判断和裁量，不可避免地受案件证据、认识能力等主客观因素的制约，同时伴随着裁判者一定程度的自由裁量，因而要达到完全绝对科学合理的评估和管理审判工作是不客观的苛求。同时由于审判人员长期从事裁判工作形成的习惯，一般意义上更难接受管理，尤其在案多人少、办案风险较大、激励机制不够的现状下，如果决策层不能强力推进审判管理，促进形成审判管理的良性机制，则不能从根本上解决审判影响和谐社会建设的不利问题，只能在爆发的个案中头痛治头、脚痛治脚。这样一来，既不利于法院审判职能的有效发挥，也不利于法院权威的树立，同时可能滋长法官擅断的不良作风。因此，审判管理能否推进并取得实效，基础取决于管理制度的科学合理，核心取决于决策层的力度。

4. 业绩与认同相一致

课以严格管理的同时，必须辅之以人文化的关怀，否则不仅管理难以奏效，还会伤及法官的积极性和创造性。首先最为基本的是严格管理后的业绩优异者能否得到精神、物质、政治上的认同，业绩较差者能否得到抑制并承担相应的责任。如果没有这样的机制，会产生管理与认同的"两张皮"，管理不仅不能产生积极的效果，甚至可能产生负面效果并难以推进。因此必须建立与严格管理配套的激励保障机制，相互配合、相互促进，实现制度的评估和引导功能，从而实现审判的目标。

总之，千里之行始于足下，尽管路漫漫其修远兮，但只要立足现状找准问题并有力改进，就能最大限度地实现通过审判促进和谐社会建设的目标。

第六章　刑事涉案财物处置机制的实践评析与完善

　　刑事涉案财物处置以及与之密切相关的后续程序活动，刑事涉财产刑执行是刑事诉讼活动的重要内容，与财产权保护息息相关。特别是近年随着我国社会经济的高速发展，财产刑犯罪所涉财物金额特别巨大，所涉受害者人数众多，大量财富游走于合法与非法的灰色地带，给涉案财物的处置、赃款赃物的认定、追赃挽损的工作、生效判决的兑现带来巨大挑战，其中显露的程序缺失、程序不当等问题更是增加了平等保护人身权、财产权的难度。为司法实践的迫切需要，契合司法改革的深化要求，中央层面和最高级的司法机关虽然先后出台了专项刑事司法政策和司法解释，但理论研究的相对不足、制度建构的有限漏失、实体法与程序法的分散、专门概念的内涵外延不明、财产刑判决的"空挂"等问题，影响了诉讼活动的有效运行，消减了法律政策的价值意义，进而也不利于司法权威与公信力的树立。基于此，本章以正当程序对我国刑事涉案财物处置的重要意义为逻辑起点，梳理了我国目前比较混乱的刑事涉案财物、刑事涉案财物处置措施、处置程序的内涵外延，揭示了我国现行制度运行中程序不当的现状及其成因，剖析了涉案财物处置延续到判决生效的执行症结，同时结合当前司法实践情况及相关典型案例，借鉴域外的法制经验，提出了实现刑事涉案财物处置的正当程序应当遵循的基本原则、应当完善的制度建议。

一、刑事涉案财物及处置的法律制度基础

为了有效地追究和惩罚犯罪，《中华人民共和国刑事诉讼法》规定对于涉案财物可以采取"查、封、扣、冻、缴、没"六种保全和强制措施，这涉及对公民财产权的限制乃至剥夺，制度正当性及程序控制性等自然受到理论与实务界的重点关注。[①] 目前我国刑事相关法律及其司法解释等都有刑事涉案财物的相关规定，但却呈现出了以下局限：其一，较强的分散性；其二，存在对抗、矛盾、不统一性；其三，存在规定过于原则概括性，实操性差。并且，"程序正义"的要求不高，透明性不强，还有"弱监督制约"等问题，致使涉案财物处置规范性差，公平性、透明性不高，难以符合现代法治理念下对程序正义与实体正义越趋严的标准。中央全面深化改革领导小组于 2014 年 12 月审议通过的《关于进一步规范刑事诉讼涉案财物处置工作的意见》就曾指出实践中刑事涉案财物保管、移送、信息公开以及当事人救济等诸多环节都存在着突出问题，不利于当事人合法财产权益、不利于保障刑事涉案人人权，也较为严重地影响了司法公正的权威与威信。同时，刑事涉案财物处置过程也存在贪腐多发、枉法裁判等违法现象。[②] 2015 年 1 月，中共中央办公厅、国务院办公厅联合

---

① 本处出现的"查、封、扣、冻、缴、没"分别指对刑事涉案财物所采取的"搜查、查封、扣押、冻结、追缴、没收"六种主要的强制措施。

② 《关于进一步规范刑事诉讼涉案财物处置工作的意见》的相关表述为："执法司法实践中涉案财物处置工作随意性大，保管不规范、移送不顺畅、信息不透明、处置不及时、救济不到位等问题突出，严重损害当事人合法权益，严重影响司法公信力。司法不公、贪赃枉法的一个突出问题就发生在刑事诉讼涉案财物处置的过程中，社会反映十分强烈。"

下发的《关于进一步规范刑事诉讼涉案财物处置工作的意见》（中办发〔2015〕7号），对涉案财物"查、扣、冻"①、涉案财物保管、涉案财物集中管理信息平台、涉案财物审前返还、先行处置、违法所得追缴执行、涉案财物上缴国库、境外追逃追赃等方面提出合法权利救济机制和各部门相互配合及监督机制等方面工作目标，同时要求最高人民法院、最高人民检察院等部门制定实施办法、细化政策标准、规范工作流程。② 在此要求下，公安部于2015年7月及时出台了部门性的《公安机关涉案财物管理若干规定》（公通字〔2015〕21号），最高人民检察院也随之印发了具有部门特色的《人民检察院行使诉讼涉案财物管理规定》（高检发〔2015〕6号），最高人民法院也紧接着出台了《最高人民法院关于适用〈中华人民共和国刑事诉讼法〉的解释》（法释〔2012〕21号）等法规及司法解释，对刑事涉案财物处置应遵循的原则及其"管、送、处置、监督及救济"③ 等作出了一系列较为详细的规定。但仍存在核心概念不明确、重要程序缺失、不同规则之间的混乱等问题，此外该程序实务操作性如证据制度（证明标准、证明对象以及证明责任等内容）的缺失及模糊，容易使该制度陷入实践困境甚至无法操作，这也是自2012年以来我国涉案财产处置特别是未定罪财产没收程序适用甚少的重要原因。

我国涉案财产处置法律规则的上述弊端，固然源于相关立法技术的不足，但更重要的是对涉案财产处置法律制度基本原理缺

---

① 本处的"查、扣、冻"分别指对刑事涉案财物所采取的"查封、扣押、冻结"程序。

② 《关于进一步规范刑事诉讼涉案财物处置工作的意见》第17条：最高人民法院、最高人民检察院、公安部、国家安全部、财政部、中国人民银行等应当结合工作实际，制定实施办法，细化政策标准，规范工作流程，明确相关责任，完善协作配合机制，确保有关规定落到实处。

③ 本处的"管、送、处置、监督及救济"指"对涉案财产的保管、移送、处理、监督及救济"。

乏清晰的梳理廓清，因此需要从制度基础上反思并厘清涉案财产处置相关问题，从根源上认识上述弊端产生的基本原因，进而提出体系完整的制度完善建议。

（一）刑事涉案财物概念再分析

作为一名法律人，无论是在做法律学术研究抑或是解决法律问题时，首要的和必不可少的一环便是厘清相关法律概念，没有法律概念的严格界定，我们就不能谈及有效解决法律问题和规范法律学术写作。①尽管涉案财产处置已经成为我国刑事诉讼法律制度重要内容，但相关法律法规对刑事涉案财物的法律界定并不一致，不同机关基于各工作职责及要求，对刑事涉案财物的内涵与外延界定也缺乏统一认识。

1. 司法机关关于"涉案财物"认知差异

尽管 2012 年修订的《中华人民共和国刑事诉讼法》第 280 条在立法层面正式提出"涉案财产"概念，但遗憾的是并未对此概念进行明确界定。为积极落实中共中央办公厅、国务院办公厅《关于进一步规范刑事诉讼涉案财物处置工作的意见》（中办发〔2015〕7 号）的要求，公安部、最高人民检察院、最高人民法院在各自出台刑事司法细化规则中，分别明确了"涉案财物"具体内涵和外延，但通过对比可以发现不同机关的定义存在较为明显的区别。

公安部 2015 年 7 月印发的《公安机关涉案财物管理若干规定》（公通字〔2015〕21 号）第 2 条对"涉案财物"进行如下界

---

① 如美国学者博登海默，就曾在其著作中论及"概念是解决法律问题所必需的和必不可少的工具。没有限定严格的专门概念，我们就不能清楚和理性地思考问题"。参见［美］博登海默：《法理学——法律哲学与法律方法》，邓正来译，中国政法大学出版社 1999 年版，第 486 页。

定：其一，依法采取相关措施保存固定的"物"；其二，与犯罪案件有关的"物"；其三，可证明犯罪及其轻重等情况的"物"。① 由上可以看出，公安部对刑事涉案财物的界定，突出了其对案件的证明属性，更强调其作为刑事案件证据的存在，未免不够全面准确。

最高人民检察院 2015 年 3 月出台的《人民检察院行使诉讼涉案财物管理规定》（高检发〔2015〕6 号）第 2 条规定与公安部的相关规定相比又有些微不同，表现出自己的部门特色：其一，将程序限定在"检察院"在"刑诉过程中"；其二，采取"查、扣、冻"等措施保存固定；第三，更强调"与案件有关"，包括犯罪所得、所用、持有等等。② 同样，最高人民检察院的规定也具有部门视角，更加强调其作为主体对涉案财物的有权性，同时也局限在"刑事诉讼过程中"，并没有说清刑事诉讼过程之前与之后的"涉案财物"界定问题，也具有一定的局限性。

而最高人民法院出台的《关于适用〈中华人民共和国刑事诉讼法〉的解释》（法释〔2012〕21 号）中第 280 条及第 509 条也对"涉案财物"作出了相关解释，相比公安部与最高人民检察院而言，最高人民法院的解释更具有概括性和凝练性，但是也不够翔实完善，其强调了以下几点：其一，犯罪所得；其二，非法持

---

① 公安部认为"涉案财物"即为依法采取查封、扣押、冻结、扣留、调取、先行登记保存、抽样取证、追缴、收缴等措施提取或者固定，以及从其他单位和个人接收的与案件有关的物品、文件和款项。主要包括违法犯罪所得及其孳息，用于实施违法犯罪行为的工具，非法持有的淫秽物品、毒品等违禁品，以及其他可以证明违法犯罪行为发生、违法犯罪行为情节轻重的物品和文件。

② 最高人民检察院认为"涉案财物"指人民检察院在刑事诉讼过程中查封、扣押、冻结的与案件有关的财物及其孳息以及从其他办案机关接收的财物及其孳息，包括犯罪嫌疑人的违法所得及其孳息、供犯罪所用的财物、非法持有的违禁品以及其他与案件有关的财物及其孳息。

有；其三，犯罪所用且为犯罪人所有之财物。①

对比上述不同司法机关相关规定可以看出，关于"涉案财产"内涵与外延的界定，《关于适用〈中华人民共和国刑事诉讼法〉的解释》（法释〔2012〕21号）的界定范围最简单凝练，仅仅包括：其一，犯罪所得；其二，非法持有；其三，犯罪所用且为犯罪人所有之财物三类。最高人民检察院的界定范围除包括这三类财物外，还包括"其他与案件有关的财物及其孳息"，并且将"供犯罪所用财物"扩展到非本人所有以外的其他财物。公安部的规定界定范围最广，除包括上述所有财物外，还包括可证明犯罪及其轻重等情况的"物"。

不仅如此，公安部、最高人民检察院、最高人民法院关于"涉案财物"的不同界定标准，还反映出公检法三机关对于"涉案财物"的认识和理解差异：人民法院对"涉案财物"的理解主要关注其与违法犯罪的直接关联性；人民检察院对"涉案财物"的理解，则主要强调相关财物的可强制性；公安机关则更强调涉案财物的证据价值，而不再仅局限于违法性。公安部、最高人民检察院、最高人民法院对涉案财物界定和认知的不同在司法实践操作上造成了以下弊端：一方面是三机关对涉案财物采取的强制措施既有重叠又有冲突，发挥不了公检法互相监督互相配合的制度优势；另一方面因为采取保全、强制措施的涉案财物与审理、处置的涉案财物范围并不完全一致，导致了一些涉案财物未经法院审查即予以处理以及相关利益主体通过诉讼等途径救济其合法权益较为困难的问题。

---

① 《最高人民法院关于适用〈中华人民共和国刑事诉讼法〉的解释》（法释〔2012〕21号）第509条将《中华人民共和国刑事诉讼法》第280条中的"涉案财产"解释为"实施犯罪行为所取得的财物及其孳息，以及被告人非法持有的违禁品、供犯罪所用的本人财物"。

2. "涉案财物"合理界定

《中华人民共和国刑事诉讼法》关于"涉案财物"的具体含义的不完备，可能造成公检法机关具体司法实践判定标准的不一致，进而不利于刑事案件中对犯罪人合法权益的保护，亦不符合现代法治人权保障的精神。因此，重新探究明确"涉案财物"的具体含义是十分必要的。基于最大限度保护犯罪人及受害人等主体合法财产权益的目的，笔者认为应当围绕犯罪前、犯罪中、犯罪后及刑事诉讼的全过程对其作出综合的动态的理解，包括刑事侦查、起诉及判决执行等阶段与刑事犯罪案件有实际联系的财物。

具体来说，对刑事"涉案财物"的准确理解，可分成两个层次：首先，是对"涉案"的理解，根据"涉案"的紧密程度划分可有两种理解，即包括"直接涉案"与"间接涉案"，所谓"直接涉案"指在犯罪案件中不可或缺的，是案件形成的必备要素，通常也能够证明犯罪事实与情节的物，例如犯罪工具等。而所谓"间接涉案"，则指本身不足以直接构成犯罪的必备要素，只是受犯罪案件牵连而卷入其中的要素，虽然其也可以证明犯罪事实和情节，但一般不会成为必备要素，例如犯罪人逃跑中临时起意占用的车辆等需退赔的"合法财物"。笔者提出"直接涉案财物"与"间接涉案财物"的区分，旨在从是否构成犯罪必备要素的视角来区分其在案件中证据属性或是财产属性的强弱，一般前者的证据属性较强，需要作为证据留存的概率较大，而后者的证据属性较弱，予以退赔等处置的概率较大。其次，是对"财物"的理解。笔者认为，这里的"财物"并非强调其财产价值，而是在强调其财产属性，例如"违禁品"，一般是不存在合法意义的财产价值的，而只存在"黑市"非法且变动很大的财产价值，但是这并不影响其涉案财物的事实。并且，不能因为一些物品价值极其轻微，就不认定为"涉案财物"，例如一条假的金项链，即使其是镀金或染色的实际为铁质乃至塑料项链亦不影响其属于涉案财物。此外，笔者认为，这里的"财物"虽然一般情形下应做客观认定，但在极其例外的情形下也要酌情考虑其中的主观因素。这是因为，"财物"的价值形成固然是社会交易形成的客观判断，但是对其是否具备价值的认识却具有主观因素。例如，还是以上文提及的假项链为例，客观上其价值轻微，但是若其是受害人祖父母留下的唯一遗物，则其主观价值明显比客观价值要大很多。最后，对"直接涉案财物"与"间接涉案财物"显然需要采取诉讼强制措施，履行严格程度不同的程序，而前者对程序正义的要求应更严格，因为"直接涉案财物"据其定义来看，强调"是犯罪案件不可或缺、犯罪形成的必备要素"，其"刑事"色彩更加浓重，一般通过刑事（刑事诉讼）的程序处置能对犯罪人定罪量刑产生直接影响，而几乎无适用民事诉讼处置的可能，以此更周全地保障被告人等主体的合法权益。

3. 涉案财物的划分

如前文所述，刑事"涉案财物"作为一个综合的动态的概念，关涉犯罪前、犯罪中、犯罪后及刑事诉讼的全过程，包括刑事侦查、起诉及判决执行等阶段与刑事犯罪案件有实际联系的财物。对刑事"涉案财物"的理解，亦可分为正反两种角度：就正面理解来看，从是否"涉案"上，其包括所有"涉案"的"财物"，比如犯罪工具以至于需退赔的"合法财物"；就其反面来看，与案件完全无关的、非"涉案"的"财物"应当排除在外。而从是否是"财物"的角度来看，除了上文提到的极其特殊的情形，一般客观上不具有财产价值或价值轻微的"物"，不属于涉案财物。这样看来，刑事"涉案财物"主要包括：犯罪工具、赃款赃物、违法所得、违禁品、供犯罪所用的本人财物、需退赔的合法财产等。"涉案财物"尽管具有综合的动态的含义，但其始终有其特指，同时需具备"涉案"及"财物"两大属性，而绝不是一个开放性概念，应在刑事法律包括其相关解释中明确其具体内涵，使其在刑事法律的侦查、起诉、裁判执行等每一个程序或阶段都具有清晰明确的内涵，避免出现概念不清、边界不明的问题，避免造成对被害人等主体合法权益的不当侵害。

通过整理分析我国现行关于刑事涉案财物的相关刑事法律法规及其相关解释，笔者参考其他学者的观点将刑事涉案财物主要划分为三种：直接构成犯罪要素的涉案财物、刑诉中强调证据属性的涉案财物和以保全属性为主的涉案财物。[①] 不同类型的涉案财物分别对应差异性的处置原则和要求。需要注意的是，鉴于涉案财物的复杂性和综合性，对于涉案财产的此种分类更多强调原则性差异而不是做准确的界限区分。

第一，直接构成犯罪要素的涉案财物。这是主要指刑事实体法意义上的涉案财物，根据《中华人民共和国刑法》《中华人民共和国刑事诉讼法》相关规定，此类涉案财物基本可以分为三类，即违法所得、犯罪工具以及违禁品。对于违法所得，有学者将其划分为"违法所得"与"犯罪所得"，但是《中华人民共和国刑法》中定罪量刑时所采用的却是"违法所得"。并且，通过各国刑事法律比较，暂时也未发现上述区分。那么，为了统一规范法律用语，似乎将两者统一成"违法所得"为宜，并且这里的"违法所得"应该有两种理解，广义的理解包括违法及犯罪所得，狭义的理解仅包括犯罪所得。关于犯罪工具，目前并无法律上准确之界定，并且实践中也有多种理解。根据犯罪工具含义的界定范围不同有以下几种理解：其一，包括犯罪实施的一切器物及财物；其二，仅包括犯罪实施的器物。而关于"工具"也有多种理解：其一，认为"工具"就是器物或财物；其二，认为极其特殊

---

① 闫永黎：《刑事诉讼中涉案财产的基本范畴》，《中国人民公安大学学报（社会科学版）》2013年第3期，第145页。

的情况下"人"或其肢体等也可成为"工具",例如利用完全无行为能力的精神病人实施犯罪。另外,关于"器物"也有不同的理解:其一,认为"器物"包括"有体物或有形物"而不包括"无体物或无形物",例如"计算机病毒";其二,认为既包括"有体物或有形物"又包括"无体物或无形物"。一般本章所指犯罪工具指狭义上的犯罪实施的器物,且一般指"有体物或有形物",特殊情况下包括财物及部分具有财产价值的"无体物或无形物",而不包括以"人"为"工具"的情形,因为所谓涉案财物,即使可以扩张解释为不具备财产价值而仅具有财产属性的"物",也不宜解释为不具有任何财产属性及财产价值的"物",而以"人"为工具不具有财产评价的合理性。关于违禁品的具体范围,各国相关立法存在较大差异,这里不述。

第二,刑诉中强调证据属性的涉案财物。主要是指在犯罪案件中其证据功能要大于其财产功能,并且实际也是主要作为证据使用的财物,即这里的财物首先是具有价值的"物",但其在刑事诉讼中所承担的角色是用于证明案件事实或者说犯罪事实的证据,而非需予以退赔等处置的财物,其财产功能因作为证据使用而被掩盖(财产的价值在于流通,用作证据,也即限制了其流通性)。从上述意义上讲,此时的涉案财物主要包括物品、书面材料、视频音频载体等。首先,这里的物品一般具有一定财产价值,划为"财物"争议不大。其次,这里的书面材料,是否可划为"财物"具有一定争议,笔者认为书面材料的财产价值不在于其物质载体的价值,而在于其记载内容所附加的价值,例如一张诈骗犯罪中的欠条。另外,公安部《公安机关涉案财物管理若干规定》（公通字〔2015〕21号）就对相关问题做出了规定。[①]

在实践中，存在较大争议的是与犯罪直接相关的"违禁品"是否属于"涉案财物"，若属于，其价值如何认定的问题。首先，与犯罪直接相关的"违禁品"应该是涉案财物，因为"违禁品"虽属"违禁"但改变不了其具有经济财产价值的事实，在某些情况下"违禁品"可以流通，违禁品的"禁"指政策法规"禁止"流通，也即某些同样的物品，在政策法规允许的情况下可以流通，但是即使是可以流通的"物"没有用在合法用途上，也会转变为"违禁品"，如医用"吗啡"，用于合法合规的医疗用途，即不是"违禁品"，但是假如被盗窃或通过其他途径流入"黑市"，即变成了"违禁品"。其次，纠结"违禁品"价值认定并无太大意义，其一是"违禁品"，如医用"吗啡"有国家定价，但是非法制造出的"吗啡"难以定价，若按照国家定价，其非法所得是以"黑市"流通价格确定的，若按照"黑市"价格，国家定价将失去权威与实际意义。其二是"违禁品"一般均需收缴或销毁，其价值几何意义不大（即使定罪刑，也可以直接以数量或重量论处，而非一定要确定价格）。最后，即使在极其例外的情况下把合法流通的"违禁品"错误认定为犯罪所用"违禁品"，因其具有合法流通时的市场价格，也不存在无法退赔的问题。

第三，以保全属性为主的涉案财物。这里以保全属性为主的涉案财务主要指以财产保全属性为主的涉案财物。之所以提出以财产保全属性为主的涉案财物，其一是从财物自身特点来看，这类财物易于以金钱或价格评价、易于流通等；其二是从司法实践上来看，这类财物实际上用于保全的概率大，效果较好。笔者认

---

① 《公安机关涉案财物管理若干规定》（公通字〔2015〕21号）就明确将"可以证明违法犯罪行为发生、违法犯罪行为情节的物品和文件"纳入"涉案财物"的范围中。

为，以保全属性为主的涉案财物包括两种：其一，本身属于前文提到的违法所得，例如通过用受贿所得的金钱购买的别墅；其二，犯罪嫌疑人、犯罪人及其关联方用合法财产来替代其消耗的违法所得，比如贪污案件中犯罪人、犯罪嫌疑人的妻子用其合法财产来主动退赔。此外，这里还存在着两种情况的混合，例如前文中所举的通过用受贿所得的金钱购买的别墅一例中，若受贿人受贿所得金钱仅支付部分房款，其余房款均是其妻子的合法财产所出，而其余贪污所得金钱均被其挥霍一空，案发后，其妻为免其罪责，主动卖别墅，将所卖所有钱款全部主动退赔。[①] 由上可见，法律赋予法院保全涉案财物的目的，不仅仅单纯为了追回赃款赃物，还在于促使犯罪人、犯罪嫌疑人及其关联方主动退赔，以利于财产判决等的顺利执行，破解执行难题，减少"空判"的发生。

（二）刑事涉案财物处置内涵的再分析

关于我国刑事涉案财物处置的法律规定，主要集中于《中华人民共和国刑法》第 64 条以及相关解释性法律法规。根据《中华人民共和国刑法》第 64 条的规定，我国刑事涉案财物处置方式主要包括追缴、责令退赔、返还和没收。该法律规定解决了刑事涉案财物的处置措施，但并未解决在采取这些措施时应当遵行什么样的程序。因此，从完整理解刑事涉案财物处置内涵角度讲，处置包括了措施和程序两个方面，偏废任何一方面都无法实现处置的结果，可以说，处置措施解决了目的问题，程序解决了手段问题，手段服从于目的。故有必要区分措施和程序两个维度，完整分析刑事涉案财物处置的内涵。

---

① 祝某某非国家工作人员受贿二审刑事判决书（2014）津高刑二终字第 7 号。

1. 关于刑事追缴制度

根据《中华人民共和国刑法》第 64 条的立法结构和语义分析，追缴的对象是"一切非法取得的财物"，是与返还被害人财物、没收违禁品和追缴犯罪所用财物并列的刑事处理措施。但是，事实上，违法所得的全部财物包括被抢劫的财物、毒品、枪支、弹药等部分违禁品，这部分物品是被追缴、返还还是被没收的？此外，《中华人民共和国刑法》第 64 条只规定返还被害人的合法财物，没收财物和罚款，但是如何处理追缴的财物还不明确。

为了解决上述问题，理论界对追缴的内涵和性质有着不同的理解。主要包括狭义和广义两个方面：广义上讲，追缴是指追回和缴纳，追回是一种程序性措施。也就是说，有关部门对所涉及的犯罪财物采取强制措施加以控制，缴纳是一项实质性措施，缴纳的财物移交国家或者有关部门。[1] 狭义上，对追缴的理解，即追缴只是一种程序性的处理，不包括对财物的最终处理。[2] 违法所得追缴后，应当根据不同财物的性质分别处理。属于被害人合法财物的，予以返还。如果是违禁品，将被没收。一位学者明确指出，追缴仅为一种命令，其由司法机关作出，针对的是违法所得及施行犯罪者的其他有关之财。对有关财物返还至司法机关后如何最终处分，返还抑或是没收，其均无法作答，此应为没收、返还所回答之事项。也即，追缴是司法措施之一，不涉及上述有关财物之终处。[3]

从狭义上看对追缴的理解仅仅是作为一种程序性措施来追

---

① 郎胜主编：《中华人民共和国刑法释义》，法律出版社 2015 年版，第 64 页。
② 刘振会：《刑事诉讼中涉案财物处理之我见——刍议对〈刑法〉第 64 条的理解与适用》，《山东审判》2008 年第 3 期，第 91 页。
③ 曲升霞、袁江华：《论我国〈刑法〉第 64 条的理解与适用——兼议我国〈刑法〉第 64 条的完善》，《法律适用》2007 年第 4 期，第 85 页。

求，这可以更好地协调上述《中华人民共和国刑法》第 64 条中的逻辑怀疑。也就是说，在采取其他措施（包括没收、补偿、返还）之前，追缴第 64 条规定的违法所得应被视为程序性的，主要是对相关之财的"缴控"。① 违法所得追缴后，由公安、司法机关依照有关程序返还被害人的合法财物，或者没收违禁品和其他违法所得。事实上，除第 64 条外，《中华人民共和国刑法》其他 5 条规定的追缴的含义亦为狭义之理解，其在程序上予以"缴"后进行"没"，以实现最终处分。②

因此，对刑事追缴的理解应当主要体现在以下几个方面：第一是刑事追缴的目的是将财物与当事人的控制分离开来，防止这些物品的隐匿、转移、使用和销毁，这些物品是暂时的和被保留的。第二是追缴部门在追缴过程中对该材料采取的强制措施，即通过扣押、没收、冻结等措施，保护所涉刑事财物的最终处理，可以适用于侦查阶段和审查起诉阶段，但最终追缴的财物处分应经法院裁定或法院判决。第三，追缴基础主要由两个方面组成：一方面，追缴的权力基础。权力基础是指法律授权司法机关履行追缴的任务。根据授权，司法机关应当主动在刑事诉讼中实施追缴。另一方面是案件基础，指司法机关在追缴过程中查获赃物的行为。应当由判决书预先确认或者事后确认。整体来看，刑事追缴有程序与结果两种：一是追缴程序，即在法院作出刑事判决前，司法机关依法实施追缴行为。此时，追缴的法律文书尚未形成，司法机关可以采取扣押的形式，控制所查获财物的追缴，而追缴过程不一定有结果。二是追缴结果，可以称为裁判者的追缴，即法院对追缴执行生效的判决，无论是确认以前或现在的追

---

① 此处的"缴控"指"收缴控制"。

② 此处的"缴"指"追缴"，"没"指"没收"。相关法律条文参见《中华人民共和国刑法》第 53 条、《中华人民共和国刑法》201 条、《中华人民共和国刑法》第 203 条、《中华人民共和国刑法》第 212 条以及《中华人民共和国刑法》395 条。

缴行为和取得的结果，还是预先确认将来的追缴行为和取得的结果。

2. 关于责令退赔

如果从文义理解，退赔含"退还"和"赔偿"两层含义，且应当先退，退还不能方赔偿。所谓责令退赔，主要是指有关机关以犯罪分子的有关财物或者违法所得向被害人进行返还和赔偿。如果因赃物已被"使用、毁没、耗费"，而退还不能，则应当予以赔偿。[①] 退赔是对原财物所有人的赔偿，这与犯罪分子的非法收入有关，是一种不存在相关财物时的处置或者处置方法。《最高人民法院关于印发〈全国法院维护农村稳定刑事审判工作座谈会纪要〉的通知》（法〔1999〕217 号）规定，对罪犯非法占有和处分被害人财物，造成重大损失依照《中华人民共和国刑法》第 64 条的规定处理，即追缴赃物、退赔处理。赃物仍然存在的，予以追缴；已经使用、销毁或者挥霍的，不能退回的，在决定处罚时，可以酌量处罚。《最高人民法院关于刑事附带民事诉讼范围问题》第 5 条规定：非法"占有处分"被害人财物，损害严重的，应予"缴、赔"，并可在相关案件中作为量刑情节。其"缴、赔"后，不足弥损的，可起诉，可受理。[②]

关于退赔的性质，理论界和实务界存在着相当大的争议。一些学者认为，退赔是应支付给原财物所有人的补偿，是最终的实体处置。[③] 还有一些人认为，退赔是追缴的另一种补救措施。违法所得不能追缴的，责令交出与应当追缴的财物等值的财物，用

---

① 此处的"用、毁、费"分别指"使用、销毁、浪费"。
② 本处的"占处"指"占有处分"；"缴、赔"指"追缴与责令退赔"。
③ 曲升霞、袁江华：《论我国〈刑法〉第 64 条的理解与适用——兼议我国〈刑法〉第 64 条的完善》，《法律适用》2007 年第 4 期，第 85 页。

于退赔或者没收。[①] 所谓不能追缴，主要是由于判决时事实上或法律上不能追缴。事实上，不能追缴的，一般是原物被犯罪人消耗、销毁、遗失等，客观上不存在。[②] 其他人认为，司法机关责令退赔是一种行政行为，适用于因浪费或者损坏而不存在非法收入的情形。[③] 另有人认为，责令退赔被侵害的公私财物是一项强制性措施。公安、检察、法院和其他机关在刑事诉讼中直接命令被告退赔被害人的相应损失，应当在判决宣布前作出。判决不载明被告人退赔。因为如果在判决宣告前没有提出，判决责令退赔，那么该责令退赔，就成为民事赔偿判决，需要等待执行，这违背了司法机关职责的性质。[④]

3. 关于财产返还

《中华人民共和国刑法》第 64 条和《中华人民共和国刑事诉讼法》第 234 条原则上都规定了被害人财物返还制度。从立法角度看，主要包括审前返还和审后返还。审前返还主要是指案件事实已经查清，涉案财物权属关系明确，其确实是被害人的合法财物，由公、检径裁返还。公、检据被害人之申请，对查封、扣押、冻结的财物进行审查。办案机构核实涉案财物确实是被害人的合法财物或者与案件无关后，应当制作由被害人签名或者盖章的返还清单，附卷返还被害人。返还的财物是银行存款、冻结的股票资金等金融存款的，办案机构应当通知冻结机关协助解冻、返还。对审判所涉及的财物查封、扣押、冻结、返还有异议的，可以向办案机关提出异议，由办案机关审查处理。审前返还程序

① 胡成胜：《我国刑法第 64 条"没收"规定的理解与适用》，《河北法学》2012年第 3 期，第 158 页。

② 张明楷：《论刑法中的没收》，《法学家》2012 年第 3 期，第 51 页。

③ 刘志德、刘树德：《"判处赔偿经济损失"、"责令赔偿损失"及"责令退赔"辨析》，《法律适用》2005 年第 4 期，第 77 页。

④ 何帆：《刑事没收研究——国际法与比较法的视角》，法律出版社 2007 年版，第 107 页。

只是检察阶段侦查审查的一种例外程序，审后返还程序作为一般程序是返还机制的常规模式。在侵犯财物罪的案件中，审后返还程序在司法实践中得到了广泛的应用。《中华人民共和国刑事诉讼法》第 234 条规定，涉案财物一般由法院审查决定返还。这在违法所得没收程序和刑法解释中有明确规定。刑事案件审判中，法院应当对移送的证据和与扣押财物有关的财物进行审查，认定属何性质。根据认定是否违法的判断，而作出"追缴"与"返还"的决定。①

4. 关于财产特别没收

特别没收具有如下含义：其一，针对违法所得或其他直接关涉犯罪的财物；其二，具有国家强制性。其也关系到所有权变更，是对财物的实质性处置。《中华人民共和国刑法》关于没收有关财物的规定，主要集中在第 59 条和第 64 条。从法律性质上看，一般没收与特别没收的方式是完全不同的。第 59 条没收财物是附加刑，是定罪后的刑罚。其所没收的财产是犯人合法的财物，具有惩罚性。第 64 条规定的没收，是强制处分刑事案件财物的法律。本章主要从后一个角度探讨刑事没收制度。

"刑事没收"的争议主要在其所规定的范围。概括起来有三种说法：其一，完全以《中华人民共和国刑法》第 64 条规定为基础，即"刑事没收"仅指违禁或用于犯罪的财物。② 其二，将"违法所得"纳入"刑事没收"的对象。例如，有学者主张"刑事没收"对象有三类：第一为违禁之物；第二为用于犯罪之物（工具和关涉犯罪行为的财物），第三是不涉返还的违法所得（如涉及"毒品、贪贿"犯罪所得）。另有学者主张，"刑事没收"应

---

① 此处的"缴"指"追缴"，"还"指"返还"。
② 郎胜主编：《中华人民共和国刑法释义》，法律出版社 2015 年版，第 66 页。

含违禁物品、犯罪所用财产以及犯人所得之财（被害人返还的除外）。[1]"三类说"与"二类说"的主张相近，不过以犯罪的工具代替犯罪所用的物品。例如，有学者主张"刑事没收"的财物包括已"缴赔"的犯罪所得部分，这当中应扣除被害人的合法财产，还有违禁品和犯罪工具。[2]

（1）关于违法所得

我国现行法律主要包括两类制裁：行政处罚和刑罚，分别对应行政违法和刑事犯罪，对于"违法所得"理解有诸多差别。其一说主张，"违法所得"含犯罪及行政违法之所得；另一说主张，其含义应限于犯罪之所得。基于"未经法庭审理不得认定有罪"的基本原则和区分行政责任与刑事责任的原则，笔者认为"违法所得，这里应理解为刑事违法所得"。但考虑到不负刑事责任及其他原因不构成犯罪情形下，非法取得的财物是否应当被没收，笔者认为，无论犯罪者的行为是否构成犯罪，只要是在犯罪现场的活动中取得的，违反《中华人民共和国刑法》的，均应成为没收对象。

以"谁都不能从犯罪中受益"为标准，没收违法所得的合法性在于恢复行为破坏范围的社会秩序，取缔由此产生的非法状态。[3]违法所得应含犯罪所得、犯罪所得利益、犯罪的产品。犯罪利益是指直接或者间接地从犯罪中获得的经济利益，包括原利益和孳息利益。犯罪报酬，是指因犯罪行为取得的报酬或者奖励。犯罪产品是犯罪行为产生的物品。对于犯罪产品，不论是否

---

[1] 胡成胜：《我国刑法第 64 条"没收"规定的理解与适用》，《河北法学》2012年第 3 期，第 160 页。

[2] 高铭暄、马克昌：《中国刑法解释（上册）》，中国社会科学出版社 2005 年版，第 780 页。

[3] 阮齐林：《论财产刑的正当理由及其立法完善》，《中国法学》1997 年第 1期，第 75 页。

有害，都应当予以没收。

（2）关于违禁品

违禁之物指依照法律规定，禁止生产、销售、运输、持有、占有或使用的物品。由于其具有危险性、危害性，直接对公共及人身安全产生威胁。按法律规定禁止普通人持有，非因用于其施行犯罪，而为消除其危害性。因此，不论犯人是否有犯罪行为，其是否属犯人所有，都应予没收，以达到保护公共安全的需求。

（3）关于供犯罪所用物

所谓"供犯罪所用物"亦可叫"资罪之物"，指其直接用于或专用于犯罪的物品。① 确定"供犯罪所用物"，应坚持相关与比例的原则。相关或关联原则，即所涉及的财物应当与犯罪行为直接、密切相关。② 关联性的判断标准主要以其财物是否直接与犯罪行为相关、是否专用或经常用于犯罪行为。所谓比例原则，又称合法性原则，是指没收财物的价值应与其危害性相当。刑事没收是刑事强制处分的措施，具有非惩罚性，其目的在于恢复正常，消除非法状态。因此，刑事没收必须是适当和妥当的。相关性原则是从范围中定义的。比例原则是从程度上来界定的。必须考虑对实施犯罪作用的大小、使用的方式和频率，以及犯罪性质、犯罪所得、犯罪后果，方能妥善确定其适用界限。究其原因，供犯罪使用物品在被犯人使用之前或许是公民的合法私有财产，它不同于违禁品，也与非法收入存在差别，因此在确定没收的犯罪物品的范围时，必须小心谨慎。

在认定供犯罪所用之财物的实践中，存在着几个问题。首先，过失犯罪中供犯罪所用之物是否也适用存在理论上的争议。

① 韩忠谟：《刑法原理》，中国政法大学出版社 2002 年版，第 289 页。
② 张胜全：《论违法所得没收的实体法原则》，《刑法论丛》2012 年第 4 卷，第185 页。

笔者认为，过失犯罪不适用于供犯罪所用的物品。供犯罪所用之物是指犯罪人故意利用财物实施犯罪行为。犯罪人对犯罪行为有直接的或者间接的故意，并且以犯罪为目的或者促进犯罪的执行，如果犯罪人主观上没有犯罪的目的，其目的不可能为"犯罪所用"。此外，"犯罪用物"必须是直接用于、经常用于或长期用于犯罪。这就要求犯罪者有犯罪意图。其次，所没收之物是否限于犯人本人财物，理论上对其认识有诸多差别。一种观点主张没收之物限于本人所有的财物；另一说主张只需要行为人对财产所有或控制，则不论其属于共有抑或他人占有。笔者主张没收之物应限于本人财物。基于私有财物权依法保护的基本法理，没收用于犯罪的财物，须为己物，不能为他物，含其家属的合法私产，这也体现罪责自负的原则。当然，如果私有产权人明知他人有犯罪行为，且为其提供符合共同犯罪成立的工具，即成为共犯。于此，没收其财产也是没收供犯罪所用财物的一种范围。

（三）刑事涉案财产处置程序的类型化识别

追缴、责令退赔、没收等刑事涉案财物处置措施赋予了执法机关的执法权，但任何权力的行使不得恣意，应有程序法的规制。因此，在探究刑事涉案财物处置的内涵时，还应对处置的程序进行研究。依循刑事诉讼的运行流程和涉案财物的物理特性，可将处置程序进行类型化区分，为探索正当实施处置措施的合理机制厘清思路。

1. 刑事涉案财物处置的前置程序

在具体分析刑事涉案财物处理前置程序及其问题前，有必要先厘清其概念与内涵。所谓刑事涉案财物处理前置程序，是指刑事诉讼中对涉案财物所采取的查封、扣押、冻结等强制措施①。该程序是保障能够实现涉案财物处置的前提，因为如果没有该程序，后续的处置措施将是无本之木。《中华人民共和国刑事诉讼法》（2018 年修正）并未设专章对刑事涉案财物处理前置程序作出规定，而是散见于第二编第二章关于"侦查"的相关规定中。

2. 刑事涉案财物处置的保全程序

刑事涉案财物处置的保全程序与刑事涉案财物处理前置程序有类似之处，但却是两个概念，刑事诉讼财产保全是在刑事诉讼中为使刑事判决财产内容可供执行而采取的保全措施。② 就目前而言，刑事诉讼财产保全（主要指《中华人民共和国刑事诉讼法》第 100 条及 280 条规定的保全措施）之含义具有以下几点特征：一是具有保全性，是为使刑事判决财产内容可供执行而采取的保全措施；二是具有从属性，从属于刑事诉讼中。③ 我国关于刑事涉案财物保全制度的规定较少，散见于刑事诉讼法与司法解释以及其他规范性文件之中，如《中华人民共和国刑事诉讼法》第 100 条规定④及第 280 条规定⑤。在司法解释及其他规范性文件层面，则出现公安部、最高人民检察院、最高人民法院等机关

---

① 李长坤：《刑事涉案财物处理制度研究》，华东政法大学 2010 年博士学位论文，第 136 页。

② 学者吴光升曾总结刑事诉讼财产保全是"为了保障……刑事判决财产内容具有可执行性而采取的一种保全措施，它属于刑事诉讼的一种保障措施"。参见吴光升：《刑事诉讼财产保全制度论要》，《中国刑事法杂志》2016 年第 4 期，第 83 页。

③ 吴光升：《刑事诉讼财产保全制度论要》，《中国刑事法杂志》2016 年第 4 期，第 89 页。

④ 《中华人民共和国刑事诉讼法》第 100 条规定，在附带民事诉讼过程中，法院在必要的时候，可以采取保全措施，查封、扣押或者冻结被告人的财产，附带民事诉讼原告人或者检察机关可以申请法院采取保全措施，法院采取保全措施，适用民事诉讼法的有关规定。

⑤ 《中华人民共和国刑事诉讼法》第 280 条规定，在犯罪嫌疑人、被告人逃匿、死亡案件的违法所得没收程序中，法院在必要的时候可以查封、扣押、冻结申请没收的财产。

各自立法、互相影响、各具特色的规定，其中既包括各部委联合规定，如《关于实施刑事诉讼法若干问题的规定》第 38 条，也包括各机关单独立法，如公安机关的《公安机关办理刑事案件程序规定》第 328 条；最高人民检察院方面主要立法有《人民检察院刑事诉讼规则（试行）》533 条、《人民检察院刑事诉讼涉案财物管理规定》第 5 条；最高人民法院的有关立法则主要有《关于适用〈中华人民共和国刑事诉讼法〉的解释》第 511 条第 2 款、《关于适用财产刑若干问题的规定》第 9 条以及《最高人民法院关于刑事裁判涉财产部分执行的若干规定》（法释〔2014〕13 号）等。而各机关、部委在其相关法规解释中对刑事涉案财物保全的规定则各有差异，主要强调了在各自机关职权下具体如何适用刑事涉案财物制度，如检察机关强调了其在自侦案件中可对涉案财物采取刑事涉案财物保全措施；法院则强调了其可在审判、执行阶段对刑事涉案财物采取相应的保全措施。[1] 从立法层面分析，《中华人民共和国刑事诉讼法》只明确了附带民事诉讼案件与犯罪嫌疑人、被告人逃匿和死亡案件，法院有权采取财产保全措施，公安机关与检察机关均无权采取。而上述司法解释及其他规范文件虽然扩大了特定情况下公安机关及检察机关可采取财产保全的范围，但是较多情况下公检法机关均无权采取财产保全措施，如在侦查、起诉阶段。这不仅反映出我国刑事涉案财物保全

---

① 　根据最高人民检察院 2014 年《人民检察院刑事诉讼涉案财物管理规定》第 5 条，检察机关在自侦案件中可对涉嫌犯罪的财物采取查封、扣押、冻结措施，以保全证据和防止涉案财物转移、损毁。根据最高人民法院 2000 年《关于适用财产刑若干问题的规定》第 9 条与 2014 年《最高人民法院关于刑事裁判涉财产部分执行的若干规定》（法释〔2014〕13 号）第 4 条，法院在审判中认为依法应当判处被告人财产刑、责令退赔的，应当依法对被告人的财产状况进行调查；发现可能隐匿、转移财产的，应当及时查封、扣押、冻结其相应财产。根据《最高人民法院关于适用〈中华人民共和国刑事诉讼法〉的解释》（法释〔2012〕21 号）第 285 条，为保证判决的执行，法院可以先行查封、扣押、冻结被告单位的财产，或者由被告单位提出担保。

制度立法仍待完善，还间接影响了我国刑事涉案财物司法实践的现状及问题的出现。

3. 刑事涉案财物处置的先行处理程序

在我国，刑事涉案财物先行处理程序已经存在了 33 年[①]，作为一项避免刑事涉案财物价值减损的程序机制，其具有重要的现实意义和价值。所谓刑事涉案财物先行处理程序，即是指以容易损坏、易于贬值等特定刑事涉案财物为对象，于判决前通过拍卖、变卖等方式予以提前处分的措施[②]。现行最新的关于刑事涉案财物先行处理程序作出规定的主要法律文件有二：其一是《关于进一步规范刑事诉讼涉案财物处理工作的意见》的通知（中办发〔2015〕7 号），对涉案财物先行处理的财物范围、程序、原则等作出了概括规定[③]；其二是 2017 年 11 月 24 日，最高人民检察院及公安部两机关联合下发的《最高人民检察院、公安部关于公安机关办理经济犯罪案件的若干规定》（公通字〔2017〕25 号），其明确对公安机关处理涉案财物的相关权力进行了限制，

---

① 最早对涉案财物的先行处理作出规定的是 1965 年《最高人民法院、最高人民检察院、公安部、财政部关于没收和处理赃款赃物若干问题的暂行规定》。依据上述规定，在经过公安局局长、法院院长或者检察院检察长批准后，公安机关、检察机关以及人民法院可以对容易腐败变质以及其他无法保管的赃物先行"处理"，而处理的方式则为变卖和销毁。

② 方柏兴：《刑事涉案财物的先行处置》，《国家检察官学院学报》2018 年第 3 期，第 129 页。

③ 详见《关于进一步规范刑事诉讼涉案财物处理工作的意见》的通知（中办发〔2015〕7 号）第 7 项完善涉案财物先行处理程序。对易损毁、灭失、变质等不宜长期保存的物品，易贬值的汽车、船艇等物品，或者市场价格波动大的债券、股票、基金份额等财产，有效期即将届满的汇票、本票、支票等，经权利人同意或者申请，并经县级以上公安机关、国家安全机关、人民检察院或者人民法院主要负责人批准，可以依法出售、变现或者先行变卖、拍卖。所得款项统一存入各单位唯一合规账户。涉案财物先行处理应当做到公开、公平。

即需遵循一般不得在诉讼终结前处理的原则。①

4. 刑事涉案财物处置的法院审理程序

正如前文概述，何为涉案财物是一个法律判断过程，其性质、权属应当经过司法确认程序。而判断权为法院独有，故在刑事涉案财物的处置中，法院审理程序是极为关键的一环，根本上决定着财物处置的正当性。研究刑事涉案财物处置的正当程序，必然涵盖法院的案件审理环节。有学者总结认为，我国刑事涉案财物处理程序是一种多元化处理模式，包括依附于审判程序的处理程序、典型的行政程序以及"准诉讼程序"②。那么，所谓刑事涉案财物法院处理程序就是主要依附于审判程序的处理程序，包括 2012 年《中华人民共和国刑事诉讼法》新增设的独立没收程序。"由于独立没收程序……具有一定的诉讼形态，成了一种新的涉案财物处置程序"，③ 刑事涉案财物法院处理程序与刑事涉案财物处理前置程序不同，前者具有"暂时性"与"阶段性"的特点④，后者则一般情况下具有"永久性""结局性"的特点。

5. 刑事涉案财物处置的执行程序

执行是刑事诉讼的终端程序，也是兑现各项处置措施的最后

①　详见《最高人民检察院、公安部关于公安机关办理经济犯罪案件的若干规定》第 46 条查封、扣押、冻结以及处理涉案财物，应当依照法律规定的条件和程序进行。除法律法规和规范性文件另有规定以外，公安机关不得在诉讼程序终结之前处理涉案财物。严格区分违法所得、其他涉案财产与合法财产，严格区分企业法人财产与股东个人财产，严格区分犯罪嫌疑人个人财产与家庭成员财产，不得超权限、超范围、超数额和超时限查封、扣押、冻结，并注意保护利害关系人的合法权益。

②　吴光升：《刑事涉案财物处理程序的正当化》，《法律适用》2007 年第 10 期，第 60 页。

③　汪建成：《论特定案件违法所得没收程序的建立和完善》，《国家检察官学院学报》2012 年第 1 期，第 95 页。

④　《联合国反腐败公约》第 2 条"术语的使用"中规定："冻结"或者"扣押"系指依照法院或者其他主管机关的命令暂时禁止财产转移、转换、处分或者移动或者对财产实行暂时性扣留或者控制。

保障。刑事涉案财物处置的执行程序就是将生效刑事判决所确定的各项处置措施以国家强制手段加以落实。从刑事涉案财物处置的前置程序，经过先行处置、法院裁断，到最后的执行环节，完整地形成了处置的闭合圈。正源于该闭合圈，才形成了刑事涉案财物处置法律制度体系。

二、刑事涉案财物处置措施的实践问题现状分析及反思

前文已述，追缴、退赔、没收、返还等刑事涉案财物处置措施，因现有法律制度不完善，使其在司法实践的运用中也存在诸多问题。因处置措施类型不同，其具体含义和制度要求也不同，因此在实践中的问题也各具特点，各有差异。从广义上讲，刑事涉案财物处置制度在我国司法实践中包含两大部分，即"诉讼中需保管（保全）的涉案财物"以及"司法终决处置之财物"①。狭义上讲，刑事涉案财物处置就是司法终决处置刑事涉案财物。通常来说，司法终决处置刑事涉案财物主要包括三种方式：追缴、没收、责令退赔。在这三种主要处置方式之外，还附加着"对被害人的合法财产，应当及时返还"②，即返还的处置方式。

尽管前文已详细分析了刑事涉案财物处置措施的具体涵义，但任何制度的施行必须依托于一定的语境。在详细论述并反思刑事涉案财物处置现状前，有必要先行厘清在我国现行法律语境下

---

① 田力男：《刑事涉案财物保管与处置新制研究》，《法学杂志》2018 年第 8 期，第 115 页。

② 《中华人民共和国刑法》第 64 条规定："罪犯违法所得的一切财物，应当予以追缴或者责令退赔；对被害人的合法财产，应当及时返还；违禁品和供犯罪所用的本人财物，应当予以没收。没收的财物和罚金，一律上缴国库，不得挪用和自行处理。"

追缴、没收、责令退赔以及返还的明确含义。首先，关于"追缴"。在《中华人民共和国刑法》中"追缴"分别出现在第53条、第64条、第201条、第203条、第212条及第395条中。通过对以上《中华人民共和国刑法》条文的语境分析，追缴是司法机关对特定财物依法强制进行划缴的行为[①]。其次，关于"没收"。《中华人民共和国刑法》规定的"没收"包括两类性质的没收[②]，其法律依据分别是《中华人民共和国刑法》第59条和第64条，分别指法院判决将罪犯所有的一部分或全部合法财产强制无偿收归国有以及没收与犯罪相关的特定财物，如违禁品、犯罪工具等。再次，关于"责令退赔"。责令退赔只存在追缴不能的场景下，责令罪犯退赔的财物与应追缴之"物"具有价值相当性。最后，关于"返还"。关于"返还"的规定见于《中华人民共和国刑法》第64条、《中华人民共和国刑事诉讼法》第234条，主要包括审前返还和审后返还两种。审前返还主要是指公安机关、检察院在特定情况下可对涉案财物直接决定返还。[③] 审后返还指涉案财物通常应经法院予以审查并裁决返还。虽然法律语境下追缴、没收、责令退赔与返还的含义相对明确，但是在司法实践中追缴、没收、责令退赔与返还的适用却出现了诸多乱象与问题。下文将逐一具体论述。

[①] 张伟、戴哲宇：《浅析刑事涉案财物的追缴与分配》，《法学杂志》2017年第5期，第114页。

[②] 此处的两类没收分别指刑罚性质的没收，即没收财产刑和非刑罚性质的没收（即没收财产刑）。参见张伟、戴哲宇：《浅析刑事涉案财物的追缴与分配》，《法学杂志》2017年第5期，第117页。

[③] 本处的"特定情况"具体指：对于案件事实已查证清楚，涉案财物的权属关系明确，确属于被害人的合法财产，由公安机关、检察院直接决定返还。

（一）追缴的功能与价值反思

正如前文所述追缴功能和价值在于"不使罪犯在犯罪中获利"，而具有一种持续性的国家追索强制缴纳行为。但是，在实践中却出现了追缴偏离其功能与价值的问题。具体来说，笔者通过搜集的各高级人民法院及最高人民法院的部分案例分析来看，发现追缴的实际操作价值不如退缴、主动缴纳或者主动补交等。这背后的逻辑是罪犯通过犯罪所得之利（财物等），对其追缴是强制缴纳，带有强制性；而退缴、主动缴纳或者主动补交等是主动缴纳，带有利导性。如，在藏某某等非法经营罪二审刑事判决书中北京高院最终裁判："……继续追缴被告单位北京某某房地产开发有限公司的违法所得，予以没收。"① 对于被告单位而言，其违法所得被追缴之后是没收，然而追缴的实操困难却往往较大，比如本案中单位犯罪其违法所得一般归于个人，而个人对于违法所得较为常见的是挥霍浪费或者有亲友协助瓜分隐瞒等，而很难追缴到案。另外，被告单位没有动力配合司法机关追缴，在裁判前予以退缴、主动缴纳或者主动补交等，会很可能被认定为认罪态度良好而予以酌定减刑，在裁判后罪犯则更倾向于保护其违法所得而拒不配合追缴。对于裁判前退缴、主动缴纳或者主动补交等而获得法院从宽量刑的案例很多，这里只略举一例。在祝某某非国家工作人员受贿二审刑事判决书中，天津高院的最终裁判即载明："……祝某某在家属配合下积极退缴全部犯罪所得、能够认罪悔罪，可以依法从轻处罚。"②

另外，从司法裁判来看，追缴虽然带有强制性，但是其惩罚性与威慑性的意义却不大。如，在高某挪用资金罪再审刑事判决

① 藏某某等非法经营罪二审刑事判决书（2015）高刑终字第 410 号。
② 祝某某非国家工作人员受贿二审刑事判决书（2014）津高刑二终字第 7 号。

书中，安徽高院最终裁判："……撤销安徽省淮北市中级人民法院（2006）淮刑终字第 86 号刑事判决第三项。即：继续追缴原审被告人高某犯罪所得 710784 元。对原审被告人高某挪用资金未归还的人民币 628700 元予以追缴。"[1] 安徽高院最终对追缴犯罪所得额进行改判，是因为其最终认定"高某……利用职务之便，违背资金用途，将单位职工集资款 628700 元挪出归其个人使用，超过三个月未还，其行为符合挪用资金罪的犯罪构成要件"[2]。其背后的司法裁判逻辑是追缴只需对罪犯违法所得进行追缴，其数额必须相对明确，不应超额追缴，至于惩罚性、威慑性功能则可由罚金等其他财产刑来完成。但是，在司法实践中，法院并不必然对被告人做出除追缴之外的其他财产刑，而不能发挥对被告人的惩罚性、威慑性功能。如，上文提到的祝某某非国家工作人员受贿二审刑事判决书，天津高院的最终裁判为"祝某某犯非国家工作人员受贿罪……并处没收个人财产一百六十万元。扣押在案的八百零六万三千五百一十三点五八元退缴款项中，对一百六十二万二千三百八十五点二六元犯罪所得依法没收，其余部分由扣押机关依法发还"[3]。也即除了对犯罪所得依法没收外，并无其他财产性惩罚措施，财产刑的惩罚性和威慑性的功能并未得到有效发挥。

（二）没收的尺度与标准不明确

正如前文所述，《中华人民共和国刑法》规定的"没收"包括两类，而对于非刑罚性质的没收，一般而言在司法实践中不存在尺度与标准的疑问，但是却仍存在着与犯罪相关的特定财物的

---

[1] 高某挪用资金罪再审刑事判决书（2014）皖刑再终字第 00006 号。

[2] 高某挪用资金罪再审刑事判决书（2014）皖刑再终字第 00006 号。

[3] 祝某某非国家工作人员受贿二审刑事判决书（2014）津高刑二终字第 7 号。

认定问题。而对于刑罚性质的没收（即没收财产刑），其涉及将罪犯所有的部分或全部合法财产强制无偿收归国有，则在司法实践中出现了对其适用的尺度与标准的疑问。也即，何种情况下应适用没收，是没收部分还是全部，没收的标准与尺度不一可能涉及对罪犯财产权益的侵犯，甚至还涉及对司法是否公正等问题的考量。

从本章搜集的案例来看，在司法实践中是存在对其适用的尺度不明确的问题的。其中比较明显的问题是司法实践中关于没收个人全部财产存在过度适用的情况。如，在王某某死刑复核裁定书，陈某绑架死刑复核裁定书，马某某故意杀人、故意伤害、抢劫、盗窃、偷越国境死刑复核案刑事裁定书以及崔某某等贩卖、运输、制造毒品、杨某某贩卖、制造毒品死刑复核刑事裁定书等最高人民法院均对涉案被告人核准了死刑，并附加适用了没收个人全部财产，但是仔细查阅《中华人民共和国刑法》条文则发现《中华人民共和国刑法》并未明确这些情况下应该适用没收个人全部财产，实际上《中华人民共和国刑法》的规定有两种："……并处没收财产"① 或者 "……并处罚金或者没收财产"②。那么，这里的疑问是是否对于罪行严重被判处十年以上有期徒刑、无期或者死刑且《中华人民共和国刑法》明确可并处没收财产的罪犯一定处以没收个人全部财产，才能够体现出罪刑相适应或者可以最大限度地威慑和惩罚犯罪人呢？显然，此种逻辑是不成立的。或许，有人质疑本章搜集的案例有限，并不能证明司法实践中关于没收个人全部财产存在过度适用。诚然，本章搜集的案例有限，但是却可反映出一种较大的概然性或者说一种司法裁

---

① 《中华人民共和国刑法》第 239 条："犯前款罪，杀害被绑架人的，或者故意伤害被绑架人，致人重伤、死亡的，处无期徒刑或者死刑，并处没收财产。"

② 《中华人民共和国刑法》第 264 条："数额特别巨大或者有其他特别严重情节的，处十年以上有期徒刑或者无期徒刑，并处罚金或者没收财产。"

判惯性，也即现在的司法机关倾向于认为不对罪行严重被判处十年以上有期徒刑、无期或者死刑且《中华人民共和国刑法》明确可并处没收财产的罪犯处以没收个人全部财产，就不足以体现出罪刑相适应或者不足以最大限度地威慑和惩罚犯罪人。为了进一步补强上述论点，在此再略举几例各高级法院的裁判情况。如，在黄某某犯抢劫罪二审刑事判决书（2013）粤高法刑一终字第254号、裴某某非法持有毒品案刑事判决书（2014）甘刑二终字第73号、程某某等人贩卖运输毒品罪二审刑事判决书（2014）闽刑终字第4号①等裁判文书中都无一例外适用了没收个人全部财产。

（三）责令退赔目的与方法的比例思考

责令退赔，其法律依据为《中华人民共和国刑法》第64条，② 从文义上理解，其所针对的是罪犯违法所得的财物。由于责令退赔适用于赃款赃物无法退还的情形，因此责令退赔的法律含义，强调的是一种赔偿③。而在司法实践中，却出现了适用责令退赔时目的与方法不符合比例原则的问题。具体而言，主要表现在责令退赔的目的实现大于方法合理性的考量，从而存在对罪犯的合法财产权益造成侵害的情况。

如，在黄某某、林某某诈骗罪二审刑事裁定书中，浙江高院的裁判为："根据……供述及……相关证言……房产系黄某某、

---

① 黄某某犯抢劫罪二审刑事判决书（2013）粤高法刑一终字第254号、裴某某非法持有毒品案刑事判决书（2014）甘刑二终字第73号、程某某等人贩卖运输毒品罪二审刑事判决书（2014）闽刑终字第4号。

② 《中华人民共和国刑法》第64条规定："罪犯违法所得的一切财物，应当予以追缴或者责令退赔。"

③ 曲升霞、袁江华：《论我国〈刑法〉第64条的理解与适用——兼论我国〈刑法〉第64条的完善》，《法律适用》2007年第4期，第85页。

林某某购得后登记在其未成年之女名下，黄某某父母并未出资，即该房产应不属其他第三人所有。依照《中华人民共和国刑法》规定，犯罪分子违法所得的一切财物，应予以追缴或责令退赔，故原审判决将上述查封的房产变卖后退赔给被害人，于法有据，并无不当。"① 也即，在未排除房屋系被告人合法财产的可能性时，法院径行将上述查封的房产变卖后退赔给被害人。又如，在魏某诈骗罪二审刑事裁定书中，北京高院裁判为"部分扣押在案物品经变价后发还被害人，以冲抵部分退赔款……"② 而全文并未论述扣押在案物品与本案的关联性，是否为违法所得。再如，在马某等诈骗罪二审刑事裁定书中，北京高院的裁判为"……房产一套予以变价，变价款在偿还银行贷款后分别并入被告人马某的罚金项及退赔项执行，超出部分发还被告人马某"③。实际上承认了该房产并非违法所得，或者至少部分并非违法所得，否则便不涉及发还。通过分析上述案例，我们可以看出目前一些司法机关的逻辑偏向于责令退赔的目的实现，而轻视甚至忽视责令退赔的方法合理性，从而很容易出现罪犯的合法财产权益造成侵害的情况。而对于罪犯（被告人）来说，其似乎只能接受责令退赔的方法不当，毕竟就算用其合法财产责令退赔超出部分，法院一般予以发还，对其财产权益似乎没有实质侵害。但是，只要是责令退赔的目的实现大于方法合理性的考量这种裁判逻辑存在，就存在着对罪犯的合法财产权益造成侵害的可能性，所以不可不予以改进。

---

① 黄某某、林某某诈骗罪二审刑事裁定书（2014）浙刑二终字第 32 号。
② 魏某诈骗罪二审刑事裁定书（2015）高刑终字第 217 号。
③ 马某等诈骗罪二审刑事裁定书（2015）高刑终字第 101 号。

（四）返还中法院的功能反思

为落实 2012 年《中华人民共和国刑事诉讼法》和弥补 2012年《中华人民共和国刑事诉讼法》的不足，也即被害人的财物返还过于概括，执行机构和执行程序也有所细化，三个机关在其刑诉法解释中对此作了详细规定。公安部和最高人民检察院分别在2015 年颁布了涉及财物管理的有关规定，其中，《人民检察院刑事诉讼涉案财物管理规定》明确在诉讼过程中对被害人的合法财物返还作出限制规定：其一，不损害其他主体利益；其二，不影响诉讼进程。反之，权属有争议的，决定撤诉、不诉的，法院应均予裁处。同时，《公安机关涉案财物管理若干规定》（公通字〔2015〕21 号），也作出了类似的规定。从上述规定可看出，公检法机关均有权返还。根据《最高人民法院关于适用〈中华人民共和国刑事诉讼法〉的解释》（法释〔2012〕21 号），返还财物可以分为两类：所有权明确，返还不影响当事人和其他利害关系人、受害人的利益；所有权不明确，或者需要返还给其他利害关系人、受害者的。根据现行规定，案件涉及的第一类财物是公安机关、检察院和法院均有权决定和执行返还；第二类涉案财物必须单独讨论。撤销案件、决定退回或决定不起诉案件的返还机关是撤销案件决定不起诉的机关，执行机关是保全涉案财物的机关，对第二类涉案财物，由法院审判后判决、裁定。

从现有的制度来看，现行的财物返还制度存在以下问题：

第一是决策机构与执行机构相同。虽然每个组织内部都有独立的管理部门和相关的管理制度，但在法律上与三个机构的监督原则相悖，已成为一种"审执一体"的模式。这种做法值得商榷，未经法院的判决而对财物处理的正当性表示怀疑。在一些刑事案件中，特别是涉及经济犯罪的案件中，往往存在许多民事纠纷，而不是简单的定罪量刑。在返还财物时，一个机构可以不经审查判断就对财物的所有权作出判定。这种做法常常引起人们的忧虑。最高人民法院、最高人民检察院和公安部通过司法解释和规定，实施了"二次立法"，以"弥补"相关程序中的空白。实质上，这种"弥补"与立法并无区别，在相关内容上也较为宽泛。这明显违反了程序法定原则，因无法院作出的判决而不成立。

第二是利益相关方没有充分参与，之后也缺乏救济。一方面，被害人的救济有限。被害人的救济是指《中华人民共和国刑事诉讼法》第115条规定，对处理涉案财物有异议的，可以向办案机关提出"申、控"，对其自侦之案处理不服的，可以向上申诉。① 可以看出，被害人可以采取上诉或者控告的方式，对非法查封、扣押、冻结有关财物予以救济。但是，由于返还所涉财物的决定，受害人无法参加，受害人对所涉财物享有权属的证明责任不明确。并且，"通知有关部门予以纠正"的力度相对较弱，导致缺乏保障权利的强制救济。更重要的是，如果对被害人返还所涉财物确实是错误的，则没有关于如何继续进行救济的具体规定。返还涉案财物的错误事实上已经发生，但被害人救济方式已成为亟待解决的问题。另一方面，被追诉人的权利救济也不明朗。2019年4月9日最高人民法院、最高人民检察院、公安部、司法部联合出台的《关于办理黑恶势力刑事案件中财产处置若干问题的意见》，为司法机关在当前处置大量扫黑除恶案件涉案财物提供了有力的制度支撑，对于进一步依法打击黑恶势力具有积极意义。《关于办理黑恶势力刑事案件中财产处置若干问题的意见》针对涉黑恶势力犯罪侵蚀经济领域的新趋势，从制度上重视并加大了对涉案财物的处置力度，以保证从经济上遏制黑恶势力死灰复燃的可能性。要吸纳中共中央办公厅、国务院办公厅和最

① 本处的"申、控"指"申诉、控告"。

高人民检察院、最高人民法院以往对涉案财物处置的规定，更充分考虑黑恶势力刑事案件的特点。应当说，《关于办理黑恶势力刑事案件中财产处置若干问题的意见》代表了刑事涉案财物处置的最新刑事政策倾向。但尽管如此，在审前返还、先行处置制度的设计上，依然存在着制度过于简单、可操作性较弱的问题，被害人、被追诉人在上述保障自身权益程序的发起以及参与上，缺乏程序启动权。如仅规定人民检察院、人民法院对于公安机关委托评估、估算的数额有不同意见，可以重新委托评估、估算，但实际上评估、估算数额对于被追诉人定罪量刑具有重要意义，当被追诉人对于公安机关委托评估、估算的数额有不同意见时也应当赋予其申请重新委托评估、估算的权利。同时，涉案财物的数额对于被害人而言，关系到其被违法犯罪行为侵害的财产损失能否得到挽回，因此，如果被害人认为评估、估算数额过低，也应当享有申请重新委托评估、估算的权利。①

如前所述，返还主要包括审前返还和审后返还两种，审前返还主要是指公安机关、检察院在特定情况下可对涉案财物直接决定返还。② 审后返还程序指涉案财物通常应经法院予以审查并裁决返还。关于审前返还的问题，文章后部分会做出详细讨论，这里只着重讨论审后返还，关于审后返还实践中出现的较为明显的问题是法院的功能弱化。

具体来说，首先法院只有审判权没有执行权，而且经常出现只进行形式审查而未进行实质审查，实际的审查裁决权仍旧归于公安机关、检察院等。如，在张某某、刘某某、张某某、余某某、李某、石某、张某某、冯某、王某某犯贪污罪一案二审刑事

---

① 万毅：《为处置扫黑除恶案件涉案财物提供有力制度支撑》，《人民法院报》2019年5月5日第2版。

② 本处的"特定情况"具体指：对于案件事实已查证清楚，涉案财物的权属关系明确，确属于被害人的合法财产，由公安机关、检察院直接决定返还。

判决书，陕西高院判决为："赃款 476.1 万元，由扣押机关汉中市汉台区人民检察院返还给陕西百事特集团有限责任公司、陕西百特纸业股份有限公司、陕西四维纸业有限责任公司。"① 实际上，检察院在起诉前已经对赃款 476.1 万元是否属于陕西百事特集团有限责任公司、陕西百特纸业股份有限公司、陕西四维纸业有限责任公司进行了实质审查，而且陕西高院实质上进行二次形式审查或者说是证据审查，且最终是否返还也是由扣押机关汉中市汉台区人民检察院执行。又如，在高某某合同诈骗、行贿二审刑事判决书中，吉林高院只做出如下裁判："……继续追缴被告人高某某违法所得返还被害人。"② 吉林高院未明确继续追缴的机关、数额、时限等等，实际上给被害人司法救济造成了阻碍。

三、刑事涉案财物处置程序的实践现状问题分析及反思

"如果我们要实现有节度的自由、有组织的民主……有进取的保守这样一种社会状态的话，那么，程序可以作为其制度化的最重要的基石。"③ 关于正当程序的意义本无须多言，但我国则在实践上较多地出现了"重实体、轻程序"的偏离。这种偏离反映在我国刑事涉案财物处置程序的法律制度上，在五个程序上均存在受人诟病的问题。

---

① 张某某、刘某某、张某某、余某某、李某、石某、张某某、冯某、王某某犯贪污罪一案二审刑事判决书（2016）陕刑终 336 号。
② 高某某合同诈骗、行贿二审刑事判决书（2016）吉刑终第 183 号。
③ 季卫东：《程序比较论》，《比较法研究》1993 年第 1 期，第 5 页。

（一）刑事涉案财物处理前置程序存在的问题

我国刑事涉案财物处置前置程序采取的是将侦查取证措施与追缴犯罪所得措施混合规定的立法模式①，导致了刑事涉案财物处理前置程序的一些问题。

1. 刑事涉案财物处理前置程序法律定位不明

刑事涉案财物处理前置程序，实际上是一种对于涉案财物的强制措施，应当是一种涉案财物保全机制而非单纯的对证据的查封、扣押、冻结措施。现行立法未将刑事涉案财物赋予独立地位，而是将其混杂在对证据的查封、扣押、冻结措施之中，将其作为侦查过程中的一种手段与措施，既缺乏事前的司法审查，也缺乏事后的法律监督。② 此外，如果单纯强调涉案财物的证据属性，而忽视其财物属性或者将两者混杂未做区分，将十分不利于对当事人和利害关系人等合法财产权的保护。如，仔细分析现行刑诉法第一编第五章关于证据的相关规定，可知我国非常强调证据的功用，以至于"可以用于证明案件事实的材料，都是证据"③。但是根据其第54条，有权搜集证据的机关不仅包括人民法院、人民检察院和公安机关，行政机关在行政执法和查办案件过程中也可以收集证据④。而这些证据，无疑包括涉案财物。但

---

① 李长坤：《刑事涉案财物处理制度研究》，华东政法大学2010年博士学位论文，第136页。

② 李长坤：《刑事涉案财物处理制度研究》，华东政法大学2010年博士学位论文，第137页。

③ 详见《中华人民共和国刑事诉讼法》（2018修正）第50条，"可以用于证明案件事实的材料，都是证据。证据包括……"

④ 详见《中华人民共和国刑事诉讼法》（2018修正）第54条，"人民法院、人民检察院和公安机关有权向有关单位和个人收集、调取证据。有关单位和个人应当如实提供证据。行政机关在行政执法和查办案件过程中收集的物证、书证、视听资料、电子数据等证据材料，在刑事诉讼中可以作为证据使用……"

是，根据《中华人民共和国刑事诉讼法》第117条，只规定了当事人、利害关系人等对司法机关及其工作人员在查封、扣押、冻结措施中侵害其合法财产权益的救济权，而未规定行政机关侵害后的救济权①。而且现行立法只规定了向检察机关的申诉机制，而未赋予当事人、利害关系人等更多的申诉救济机制。

值得注意的是，在2018年《中华人民共和国刑事诉讼法》修正之前，中共中央办公厅、国务院办公厅曾出台有关涉案财物处理的《关于进一步规范刑事诉讼涉案财物处理工作的意见》的通知（中办发〔2015〕7号），曾经专门对刑事涉案财物处理前置程序作出过较为详细的规定，如"规范涉案财物查封、扣押、冻结程序""规范涉案财物保管制度""完善涉案财物审前返还程序"及"完善涉案财物先行处理程序""明确利害关系人诉讼权利"等，2018年《中华人民共和国刑事诉讼法》吸收了《关于进一步规范刑事诉讼涉案财物处理工作的意见》中的部分规定，但是很多规定仍然未予以吸收细化。而且《关于进一步规范刑事诉讼涉案财物处理工作的意见》的效力层级只属于党内法规，很多规定都是原则性指导性的，不能解决目前刑事涉案财物处理前置程序法律定位不明的问题。

---

① 详见《中华人民共和国刑事诉讼法》（2018修正）第117条，"当事人和辩护人、诉讼代理人、利害关系人对于司法机关及其工作人员有下列行为之一的，有权向该机关申诉或者控告：

（一）采取强制措施法定期限届满，不予以释放、解除或者变更的；

（二）应当退还取保候审保证金不退还的；

（三）对与案件无关的财物采取查封、扣押、冻结措施的；

（四）应当解除查封、扣押、冻结不解除的；

（五）贪污、挪用、私分、调换、违反规定使用查封、扣押、冻结的财物的。

受理申诉或者控告的机关应当及时处理。对处理不服的，可以向同级人民检察院申诉；人民检察院直接受理的案件，可以向上一级人民检察院申诉。人民检察院对申诉应当及时进行审查，情况属实的，通知有关机关予以纠正"。

2. 刑事涉案财物处理前置程序权力性质不清

在刑事涉案财物处理程序中有权对涉案财物采取查封、扣押、冻结等财产性强制措施的机关包括公安机关、人民检察院等拥有侦查权的机关，而这些机关属于司法机关，其在侦查过程中采取的查封、扣押、冻结等从属性上说应当是司法权的一部分。但是，司法权本质上属于判断权[①]，具有被动性，而探究我国的公安机关、人民检察院等具有侦查权的机关在刑事涉案财物处理程序中所扮演的角色却远不止司法机关，而是实践上的集审批、执行、监督权力于一身，具有浓厚的行政化色彩，逾越了司法权的被动性，使得刑事涉案财物处理前置程序在现实的运行之中出现了两大弊端：其一是权力过于集中，缺乏监督制衡机制，也缺乏违法查封、扣押、冻结后的惩戒机制；其二是对当事人、利害关系人等而言，缺乏有效的救济机制。

3. 刑事涉案财物处理前置程序财物保管混乱

正是由于目前刑事涉案财物处理前置程序的缺乏，导致了在司法实践中出现了一些涉案财物保管混乱的现状，具体表现在：涉案财物积压严重或移送不畅以致处理延宕、涉案财物在多机关间往返流转，处理混乱、不重视涉案财物保管，偶有丢失，或保管物受污损等[②]。之所以出现了涉案财物保管诸多乱象，除了目前刑事涉案财物处理前置程序的缺乏，还由于目前实践上并未严格执行《关于进一步规范刑事诉讼涉案财物处理工作的意见》中规范涉案财物保管制度的相关规定，具体而言又表现在：其一，公安机关、法院间衔接不畅且未建立有效的信息共享反馈机制，未能做到涉案财物的"物随案走""一案一清"；其二，各机关保

---

① 孙笑侠：《司法权的本质是判断权——司法权与行政权的十大区别》，《法学》1998 年第 8 期，第 34 页。

② 田力男：《刑事涉案财物保管与处置新制研究》，《法学杂志》2018 年第 8 期，第 115~117 页。

管方式、审查标准和接收范围不同，存在"部门本位主义"倾向①；其三，刑事涉案财物保管失当，缺乏健全的部门、人员、机构管控机制。

（二）刑事涉案财物处置的保全程序存在的问题

前文已经分析了涉案财物处置的前置程序与保全程序的联系与区别。单就保全程序而言，司法实践也反映出存在诸多问题。

1. 证据保全与财产保全混同

在司法实践中出现了我国刑事财物保全中的查封、扣押、冻结措施证据保全与财产保全混同的现状。这是因为客观上涉案款物在多数情况下，对于证明犯罪事实情节确实起到了不可或缺的"物证"作用，另一方面这些"涉案财物"也一般具有财产属性，进而客观上可以起到财产保全功能。

从本章搜集的案例来看，查封、扣押与冻结的财产保全功能与证据保全功能亦出现了高度的重叠。如在北京某投资有限公司、葛某单位行贿审判监督刑事判决书中，被告人葛某被查获归案，在案扣押葛某的现金人民币 942968 元，查封北京市朝阳区朝阳公园路房屋一套，既作为认定葛某犯罪事实的证据，也承担了财产保全的功能，因为在裁判主文中载明了上述房屋作为认定案件事实的证据，同时上述房屋最终予以处置用于退赔。② 北京高院最终裁判："在案查封的北京市朝阳区朝阳公园路某房屋变价后，变价款予以没收，上缴国库……在案扣押的人民币一百万

---

① 田力男：《刑事涉案财物保管与处置新制研究》，《法学杂志》2018 年第 8 期，第 116 页。

② （2017）京刑再 9 号判决书载明："一审法院认定上述事实的证据有被告人葛某的供述……房屋验收交接表，换房协议书，房屋所有权复印件，房屋所有权转移登记申请书，房屋查询信息结果告知单，王某 2 所写声明，查封通知书、查封物品清单、协助查封通知书……扣押决定书、扣押物品清单等"。

元发还葛某及亲属；笔记本（葛某）六本，存档备查。"①　又如，在马某诈骗罪、挪用资金罪二审刑事判决书中认定马某诈骗罪的证据即有"江苏省暂款（物）专用收据、建湖县公安局冻结财产通知书及扣押决定书……"②，这些冻结的财产不仅承担了证据保全功能，亦发挥了财产保全的功能，在裁判中予以处置，"扣押在案的被告人马某诈骗所得赃款人民币 1171.87 万元按比例发还被害人李某 1、唐某 2、王某 1；未退赃款继续追缴或责令被告人马某退赔被害单位和各被害人的经济损失……"③

2. 证据保全与财产保全功能各有侧重

虽然在司法实践中出现了我国刑事财物保全中的查封、扣押、冻结措施证据保全与财产保全混同的现状，但是在具体的个案中亦表现出了查封、扣押与冻结的证据保全功能与财产保全功能各有侧重。

举例而言，在上文中提及的如在北京某投资有限公司、葛某单位行贿审判监督刑事判决书中北京高院最终裁判："在案查封的……笔记本（葛某）六本，存档备查。"④　显然，在案查封的笔记本（葛某）六本，其财产保全功能几乎可忽略不计，而主要承担证据保全功能。而在戴某某和梁某等人集资诈骗、虚报注册资本、非法吸收公众存款二审刑事判决书中，侦查机关冻结被告人戴某某赃款 10 笔，总计 29314491.65 元，则证据保全功能与财产保全功能兼有，且两者的重要性难分上下。最后，在上文提及的马某诈骗罪、挪用资金罪二审刑事判决书中，作为证据之一

---

① 北京某投资有限公司、葛某单位行贿审判监督刑事判决书（2017）京刑再 9 号。

② 马某诈骗罪、挪用资金罪二审刑事判决书（2017）苏刑终 159 号。

③ 马某诈骗罪、挪用资金罪二审刑事判决书（2017）苏刑终 159 号。

④ 北京某投资有限公司、葛某单位行贿审判监督刑事判决书（2017）京刑再 9 号。

的"扣押马某住宅 2 幢",江苏高院对其裁判处置为"由扣押机关建湖县公安局依法处置后其个人所有部分按比例返还各被害人及被害单位"①。显然,这里的马某住宅 2 幢其作为财产保全的功能价值大于其作为证据保全功能。

总之,毋庸讳言,正是由于司法实践中出现了查封、扣押、冻结措施证据保全与财产保全混同的现状,笔者才会详细分析在具体个案中查封、扣押与冻结的证据保全与财产保全功能各有侧重之处。这一方面说明了财产查封、扣押、冻结措施证据保全与财产保全混同的弊端,也从侧面反映出了查封、扣押、冻结的证据保全功能与财产保全功能不可相互取代。

3. 用语较乱与衔接不当

通过分析本章搜集的各高级人民法院及最高人民法院的部分案例,发现了在诸多判决书中查封、扣押与冻结的用语较乱的现状。这从侧面反映出我国刑事涉案财物查封、扣押、冻结的衔接运作不顺畅,存在着操作不规范、界定不明晰等问题。

从应然上讲,查封所针对的刑事涉案财物主要为不动产,扣押所针对的刑事涉案财物主要为动产,而冻结所针对的刑事涉案财物主要为银行存款等。但是,从本章搜集的各高级人民法院及最高人民法院的部分案例分析来看,则出现了司法机关对查封、扣押、冻结的用语混乱以及公安机关与法院对查封、扣押、冻结的刑事涉案财物处置衔接运作不顺畅的问题。

举例而言,在马某诈骗罪、挪用资金罪二审刑事判决书中出现"建湖县公安局查封决定书及查封物品相关资料,证明扣押马某在阜宁县经济开发区邓灶居委会一组工业用地,权利人为江苏某有限公司……扣押江苏某有限公司房产……扣押马某住宅 2

①　马某诈骗罪、挪用资金罪二审刑事判决书(2017)苏刑终 159 号。

幢"①，对查封项下财物均使用了扣押一词。而江苏高院最后的判决则对查封、扣押、冻结不再区分，均使用了扣押一词，包括"扣押在案的被告人马某诈骗所得赃款人民币1171.87万元按比例发还被害人李某1、唐某2、王某1……扣押在案的房产、车辆等由扣押机关依法处置后其个人所有部分按比例返还各被害人及被害单位……扣押在案的……阜宁县经济开发区某居委会一组工业用地；江苏某有限公司房产；住宅2幢；奥迪轿车各1辆，由查封扣押机关依法处置"②。而在北京某投资有限公司、葛某单位行贿审判监督刑事判决书中北京高院则对涉案房屋从头至尾使用了"查封"一词，保持了一致③。事实上，查封、扣押、冻结的用语混乱绝非个案。如，在陈某某和李某某同诈骗、骗取贷款、票据承兑、金融票证二审刑事判决书中，河北高院的判决全文虽"查封"一词保持一致，但存在误用"查封"与"冻结"的情况。如，判决书中出现"停止办理陈某某在承德某有限公司99％股权变更过户登记手续；查封期限两年……陈某某同意将承德市中级人民法院查封的孙某1银行账户名下存款偿还张某1……"④等表述。实际上，对于股权、存款等不应用"查封"，而应用"冻结"为宜⑤。

此外，从本章搜集的各高级人民法院及最高人民法院的部分

---

① 马某诈骗罪、挪用资金罪二审刑事判决书（2017）苏刑终159号。

② 马某诈骗罪、挪用资金罪二审刑事判决书（2017）苏刑终159号。

③ 北京某投资有限公司、葛某单位行贿审判监督刑事判决书（2017）京刑再9号。

④ 陈某某、李某某合同诈骗、骗取贷款、票据承兑、金融票证二审刑事判决书（2017）冀刑终360号。

⑤ 查封，是对不动产或者体积较大且难以移动的财产加贴封条，原地封存，不准被执行人移动或者处分的一种限制性措施。冻结，即对无形的财产权益采取的禁止转移、使用和处分的一种限制性措施，如被执行人的存款、资产、债权所采取的强制措施。

案例分析来看，还出现了公安机关与法院对查封、扣押、冻结的刑事涉案财物处置衔接运作不顺畅的问题。

具体而言，根据本章搜集的各高级人民法院及最高人民法院的部分案例分析来看，公安机关与法院对查封、扣押、冻结的刑事涉案财物处置衔接运作中主要出现了三种情形：其一是未明确处置主体；其二是由查封、扣押、冻结机关处置；其三是出现了如侦查机关未随案移送等程序瑕疵。如，在北京某投资有限公司、葛某单位行贿审判监督刑事判决书中，北京高院最终裁判："……在案查封的北京市朝阳区朝阳公园路某房屋变价后，变价款予以没收，上缴国库。"① 这里并未直接明确处置主体。又如，在马某诈骗罪、挪用资金罪二审刑事判决书中，江苏高院的裁判明确："扣押在案的房产、车辆等由扣押机关依法处置后其个人所有部分按比例返还各被害人及被害单位……扣押在案的……阜宁县经济开发区邓灶居委会一组工业用地；江苏七彩科技产业园管理有限公司房产；住宅 2 幢；奥迪轿车各 1 辆，由查封扣押机关依法处置。"② 再如，在被告人张某某、瞿某某、尹某某虚假出资、贷款诈骗、集资诈骗刑事判决书中，安徽高院的裁判则载明："侦查机关扣押、冻结的未随案移送的财物由侦查机关依法处理。"③

实际上，无论是未明确处置主体还是出现了如侦查机关未随

---

① 北京某投资有限公司、葛某单位行贿审判监督刑事判决书（2017）京刑再 9 号。

② 马某诈骗罪、挪用资金罪二审刑事判决书（2017）苏刑终 159 号。

③ 被告人张某某、瞿某某、尹某某虚假出资、贷款诈骗、集资诈骗刑事判决书（2016）皖刑终 57 号。

案移送等程序瑕疵均比较常见①，且都从侧面映射出公安机关与法院对查封、扣押、冻结的刑事涉案财物处置衔接运作不顺畅的问题。理想状态应该是公安机关与法院对查封、扣押、冻结的刑事涉案财物处置衔接运作顺畅，程序完整合法，法院在裁判中明确处置主体并考虑做出在裁判主文后增加裁判说理的部分。

（三）关于刑事涉案财物处置先行处理程序存在的问题

我国现行的立法对刑事涉案财物先行处理做出了越来越严格的标准与要求，但是从理论上和实践上来客观分析我国刑事涉案财物先行处理程序机制还存在一些问题。

1. 刑事涉案财物先行处理偏行政化

依照法学界的普遍观点，涉案财物具有两大主要属性：其一，是其与犯罪事实紧密相关；其二，是其与犯罪主体财产权重大关涉。基于上述观点，涉案财物应由法院依法处理。② 而反观我国现行法律对刑事涉案财物先行处理启动的规定为"经……同意或者申请，并经……批准"，实质上是偏向于行政审批机制而非司法机关的审查判断机制。另外，目前，刑事涉案财物先行处理并未纳入《中华人民共和国刑事诉讼法》予以规范，而是由《最高人民检察院、公安部关于公安机关办理经济犯罪案件的若干规定》《关于进一步规范刑事诉讼涉案财物处理工作的意见》等规定，也凸显了其程序性不足而偏向实体的特征。最后，先行

---

① 《最高人民法院关于适用〈中华人民共和国刑事诉讼法〉的解释》（法释〔2012〕21号）第365条第2款"涉案财物未随案移送的，应当在判决书中写明，并写明由查封、扣押、冻结机关负责处理"，专门制定此司法解释也反映出公安机关未随案移送涉案财物的现象常见。

② 戴长林：《依法规范刑事案件涉案财物处理程序》，《中国法律评论》2014年第2期，第29~30页。

处理只是一种暂时性的、程序性的处分。其通过转化获得的相应款项只有经过法院的依法认定才能予以追缴或没收[1]。但是，实践上"一旦财产被审前扣押甚至处理，很难在审判阶段回转即恢复原状"[2]。而且，在先行处理的整个过程中，处处体现着行政化的集中审查批准而几无法院的司法审查判断的参与，如经先行处理转化获得的款项被认为是"作为证据使用的实物"，一般办案机关很少将其移交法院。[3] 法院在审判阶段，也就无法对其展开相应的"司法审查"。[4]

2. 刑事涉案财物先行处理权力过于集中

我国刑事涉案财物先行处理所呈现出来的现状为受制于现有司法体制。[5] 具体而言，虽然《关于进一步规范刑事诉讼涉案财物处理工作的意见》明确了必须经权利人同意或者申请方可启动刑事涉案财物先行处理程序，但是实践上却出现了严重的偏离。此外，由于我国现行法律仅对先行处理的对象作出了限制，而未对其适用情形予以明确，由此导致了相关机关对是否适用先行处理的操作空间很大。最后，由于缺乏相应的审查判断与监督制衡机制，导致权力失控的状况，出现了一些"贱卖""暗箱操作"

---

① 方柏兴：《刑事涉案财物的先行处置》，《国家检察官学院学报》2018 年第 3 期，第 133 页。

② 龙宗智：《"以审判为中心"的改革及其限度》，《中外法学》2015 年第 4 期，第 856 页。

③ 《中华人民共和国刑事诉讼法》第 234 条规定："对作为证据使用的实物应当随案移送，对不宜移送的，应当将其清单、照片或者其他证明文件随案移送。"

④ 这里的"司法审查"主要指针对涉案财物的"法庭调查"和"法庭辩论"。参见福建省厦门市中级人民法院刑二庭课题组：《刑事涉案财物处理程序问题研究》，《法律适用》2014 年期，第 94 页。

⑤ 方柏兴：《刑事涉案财物的先行处置》，《国家检察官学院学报》2018 年第 3 期，第 133 页。

等现象①。由于现行的单一申请/同意到审查批准的机制中所有的权力均集中于相关机关，可能导致权力的失控与异化，因此有必要对其予以适当改造使其权力受到监督制约，权利人的合法财产权益亦能得到适当保护。

3. 刑事涉案财物处置先行处理规定泛化

正如前文所述，目前我国关于刑事涉案财物先行处理程序作出规定的主要法律文件有二，分别是《最高人民检察院、公安部关于公安机关办理经济犯罪案件的若干规定》和《关于进一步规范刑事诉讼涉案财物处理工作的意见》，而《关于进一步规范刑事诉讼涉案财物处理工作的意见》的规定比较概括，偏原则性、指导性，《最高人民检察院、公安部关于公安机关办理经济犯罪案件的若干规定》也未对刑事涉案财物先行处理做出更为细化的规定，所以我国刑事涉案财物先行处理规定泛化的问题较为明显。具体而言，其一，未对先行处理的适用情形予以明确，由此导致了相关机关对是否适用先行处理的操作空间很大。其二，未对相关机关审查批准程序作出细化规定，易使相关程序流于形式而缺乏实质性审查。其三，未对先行处理的具体方式的顺位做出细化规定，导致现实中易出现处理不当、侵害权利人合法财产权益的现象。其四，未对违法处理的法律追责予以明确，不利于相关责任主体的责任追究。此外未对程序公开、权利救济以及监督条款进行详细规定，使得涉案财物先行处理运作实践中出现诸多问题。

（四）刑事涉案财物处置法院审理程序存在的问题

正如有学者所总结的，我国刑事涉案财物处理程序是一种多

---

① 方柏兴：《刑事涉案财物的先行处置》，《国家检察官学院学报》2018年第3期，第132页。

元化处理模式，包括依附于审判程序的处理程序、典型的行政程序以及"准诉讼程序"①。那么，所谓刑事涉案财物法院处理程序就是主要依附于审判程序的处理程序，包括 2012 年《中华人民共和国刑事诉讼法》新增设的独立没收程序。"由于独立没收程序……具有一定的诉讼形态，成了一种新的涉案财物处置程序"②，所以本书将在下一章予以专门论述，在本章中就暂予略过。刑事涉案财物法院处理程序与刑事涉案财物处理前置程序不同，前者具有"暂时性"与"阶段性"的特点③，后者则一般情况下具有"永久性""结局性"的特点。此外，由于目前关于刑事涉案财物法院处理程序的法律规定比较繁杂，涉及如《中华人民共和国刑法》《中华人民共和国刑事诉讼法》及《最高人民法院关于适用〈中华人民共和国刑事诉讼法〉的解释》（法释〔2012〕21 号）和《人民法院办理执行案件规范》等，实践操作上遇到的问题也较为纷繁复杂，所以本书大体上按诉讼阶段顺序将刑事涉案财物法院处理程序遇到的问题。

1. 刑事涉案财物审理范围不明

刑事涉案财物审理范围不明，是困扰我国刑事司法的一大难题。刑事涉案财物审理范围不明主要还是我国关于刑事涉案财物的立法尚不完善导致的。具体而言，主要是涉案财物的审理边界是由公诉权确定，还是根据刑事扣押来确定，立法上并未明

---

① 吴光升：《刑事涉案财物处理程序的正当化》，《法律适用》2007 年第 10 期，第 60 页。

② 汪建成：《论特定案件违法所得没收程序的建立和完善》，《国家检察官学院学报》2012 年第 1 期，第 95 页。

③ 《联合国反腐败公约》第 2 条"术语的使用"中规定："冻结"或者"扣押"系指依照法院或者其他主管机关的命令暂时禁止财产转移、转换、处分或者移动或者对财产实行暂时性扣留或者控制。

确。^①《最高人民法院关于适用〈中华人民共和国刑事诉讼法〉的解释》（法释〔2012〕21号）第364条及第365条均表明了法院对涉案财物的审理范围为查封、扣押、冻结的财物及其孳息。^②但是对365条后半段的理解却出现了很大争议^③。有的法官认为"鉴于当前涉案财物处置问题的复杂性……法院不宜作出处理"^④。不过也有观点则恰恰站到了对立面，认为法院对涉案财产应该全面审查和作出裁判，才能最终化解相关矛盾。^⑤司法实务中，绝大多数刑事案件公诉方提起公诉时，起诉书中对已被查、扣、冻的涉案财产并不主动提出处理意见，而仅是随案移送，法院在判决时依职权依法作出裁判。也有少数案件法院针对财产刑处置阐述裁判意见时，能反映出公诉方对财产处置有过建议。如庞某某等人被控非法吸收公众存款罪案中，成都市中级人民法院在判决的"本院认为"部分，阐述了对涉案财物的处理意见："关于扣押、查封、冻结在案的财物处理问题。控方当庭出示了《随案移送清单》，并就清单所列财物提请本院按以下几种情况处置：其一，……本院经审查认为，依照《中华人民共和国刑法》64条的规定，涉案财物应依法判决处置。其二，……本案查封、扣押、冻结的涉案财物较多，审理期间仍有部分被告人退赃，判决处置的财物可能存在遗漏情况，财物移交处置时将另

---

① 邹啸弘：《普通程序中涉案财物处置程序问题研究》，湘潭大学2016年博士学位论文，第52~62页。

② 此处的规定表明：法院应当对审前阶段扣押的所有财物都进行审理，不限于公诉机关提出请求的财物。

③ 此处的后半段规定为："涉案财物未随案移送的，应当在判决书中写明，并写明由查封、扣押、冻结机关负责处理。"

④ 朱和庆：《黑社会性质组织犯罪涉案财物处置的若干问题》，《人民法院报理论周刊》2015年11月25日。

⑤ 周维平：《法院对涉案财物的处理不能超出起诉书指控的事实范围》，《人民司法》2010年18期，第15页。

附清单。①"

2. 刑事涉案财物简易处理程序不完善

从我国目前针对刑事涉案财物的法律规定来看，是允许通过简易处理程序对刑事涉案财物进行处理的。所谓刑事涉案财物简易处理程序即是指对于在诉讼过程中已查明属被害人所有的财物通常可由公安机关或者人民检察院予以发还，无须特别的审查和裁决程序。②《中华人民共和国刑法》第 64 条和《中华人民共和国刑事诉讼法》第 198 条均表明了这一程序，"对被害人的合法财产，应当及时返还"。应当说，刑事涉案财物简易处理程序具有其独特的优点，即便利性、及时性，可以较好地维护被害人的财产权益。但是，也有学者对这一程序制度提出了质疑，认为侦查机关无权对违法所得作出认定，也无权开展所谓的退赃活动③。笔者认为，之所以存在如此争议主要是由于刑事涉案财物简易处理程序尚不完善，具体而言，主要表现在以下几个方面：其一，处理主体正当性存疑；其二，程序规定不完善；其三，处理实践操作不规范。下面将对这些问题及其完善展开详细论述。

（1）处理主体正当性存疑

根据现行的法律规定，在刑事涉案财物简易处理程序中侦查机关与审查起诉机关均具有审前发还的权力。而这里所说的处理主体正当性存疑，主要是指侦查机关处理正当性存疑。其正当性存疑主要表现在两个方面：其一，从权力性质来看，侦查机关享有的是侦查权，而非对刑事涉案财物的审查认定权；其二，从权力行使来看，侦查机关若要对刑事涉案财物审前发还，则其既享

---

① 庞某某等非法吸收公众存款罪一审判决书（2016）川 01 刑初 22 号。

② 黄风：《关于追缴犯罪所得的国际司法合作问题研究》，《政法与法律》2002 年第 5 期，第 12 页。

③ 竹莹莹：《违法所得问题研究》，《西南政法大学学报》2005 年第 1 期，第 96 页。

有了侦查权还享有了对刑事涉案财物的审查认定权以及处理执行权，缺乏权力的监督与制约，不符合程序正当性的要求。

（2）程序规定不完善

我国关于刑事涉案财物简易程序的规定比较原则，尚不完善，这点集中表现在对涉案财物处理的具体程序和时限缺乏细化规定，如《最高人民法院关于适用〈中华人民共和国刑事诉讼法〉的解释》（法释〔2012〕21 号）第 360 条规定"对被害人的合法财产，权属明确的，应当依法及时返还……"这里的法律用语为"及时返还"而并未对具体时限做出进一步明确。2012 年修订的《人民检察院刑事诉讼规则（试行）》第 387 条也做出了类似的规定。虽然现行立法细化了对被害人的合法财产的"拍照、鉴定、估价"等固定证据以及注明返还的理由，还有附卷备查等诸多程序，但是却依然未明确各个程序的时限要求，以及"及时返还"的判断标准，导致了司法实践中"及时"返还存有一定的无序性[①]。

（3）处理实践操作不规范

在刑事涉案财物简易处理程序中，对于涉案财物的权属无论是否明确，现行立法均明确规定了相应的处置措施，如《最高人民法院关于适用〈中华人民共和国刑事诉讼法〉的解释》（法释〔2012〕21 号）第 360 条"权属明确的，应当依法及时返还……权属不明的……"但是，法律并未对返还被害人财产的顺序做出规定与要求，这就导致了存在多名被害人的涉众犯罪案件中，对被害人的合法财产返还司法实践出现了乱象。"有的按犯罪先后

---

① 实践中，有的人认为自查清财物确属被害人之时起就应返还；有的人认为为保证侦查的顺利进行，应在侦查终结后返还被害人财物；也有的人认为只有在诉讼程序终结后，如侦查机关的撤销案件决定、检察机关的不起诉决定或法院的判决后才能返还被害人财产。参见李长坤：《刑事涉案财物处理制度研究》，华东政法大学2010 年博士学位论文，145 页。

顺序退赃，有的是按比例退赃……"① 归根结底，刑事涉案财物处理实践操作不规范与上述程序规定不完善是一个问题的两个方面，正是程序规定不完善，相关法律存在缺失，才会导致实践中的一些乱象。

3. 刑事涉案财物裁判处理问题频发

在此处的刑事涉案财物审查处理指法院对刑事涉案财物通过审查裁判在裁判书中做出的处理。对于司法机关裁判书对涉案财物处理的重要性，已有学者作出过精辟总结，② 但是因为刑事涉案财物处理问题的复杂性，加之目前法律规定仍有缺漏不明之处，导致司法实践中对涉案财产未形成统一的裁判标准与尺度，出现了混乱与无序等诸多问题。这一方面的问题虽然已经在本书第三章实证分析的部分有所论述，但是由于这方面的问题复杂多变，故而有必要在此再作补充论述。具体而言，刑事涉案财物审查处理问题频发，可主要概括为三个方面：其一，刑事涉案财物裁判混乱；其二，刑事涉案财物审查处理标准不一；其三，刑事涉案财物审查处理依据不明。

（1）刑事涉案财物裁判混乱

虽然司法机关日益重视对刑事涉案财物的处理，但是由于实践中遇到的问题复杂多变、法律规定仍有模糊地带，加之各地法院法官水平不一，导致了对刑事涉案财物裁判出现了混乱，这些问题表现在裁判文书中就是：其一，对涉案财物法院未作出判决；其二，对涉案财物裁判过于笼统，只是概括性地要求由查封、扣押等执行机关处理，致使执行机关对涉案财物需"二次审

---

① 李长坤：《刑事涉案财物处理制度研究》，华东政法大学 2010 年博士学位论文，第 146 页。

② "司法机关日益重视涉案财物的处理，最终是落脚在人民法院裁判主文的表述中"。福建省厦门市中级人民法院刑二庭课题组：《刑事涉案财物处理程序问题研究》，《法律适用》2014 年第 9 期，第 93 页。

查判断"，不利于保护权利人的合法财产权益；其三，对涉案财物裁判存有遗漏，如福建省厦门市中院民二庭课题组就对相关问题进行过总结。① 事实上近年来，涉及金融领域的犯罪案件日益增多，特别是集资诈骗、非法吸收公众存款罪类案件层出不穷。这类案件金额特别巨大，亿级金额屡见不鲜；受害人数众多，追赃挽损比例极低；社会关注度和影响社会稳定风险极高。且此类罪名均必处财产刑，涉案财物处置判决对法官是巨大的挑战。司法实践中，笼统判决有之，具体描述有之，阶段性处置亦有之。如成都市中级人民法院一审所判的金某某等被控集资诈骗罪案中，被告人金某某以公司为平台，编造投资大额人寿保险产品再以保单贷款可实现资金循环利用的经营方式，以支付高额利息为诱饵，向任某某等 169 人非法集资人民币 1.8 亿元，其除将非法吸收的 4 000 余万元用于购买保险产品外，其余大部分资金被其用于支付集资业务介绍费、兑付利息及个人购买房产、汽车等，致使上述被害人的 1.2 亿元资金无法偿还。公安机关在侦查中查封了金某某以自己名义或他人名义出资购买的 14 套房屋。这些房屋多数设置抵押，先后也因民事纠纷被其他法院查封。法院在判决主文中笼统表述被告人金某某的违法所得予以追缴，追缴所得返还给 167 名被害人；追缴不足部分，责令退赔；本案查封的财产依法一并处置。判决书将财产处理清单和被害人名单作为附件附后，其中财产处理清单统一表述为"……该抵押房产依法统一协调处置"。显然此案的财产处置上用语表述上不严谨：追缴系上交国库，返还系返还原物。结果也具有很大的不确定性。②

---

① "对于未能扣押在案或者已经先行处置的涉案财物，有的刑事判决主文就对此不予提及，既不写明需要继续追缴违法所得财物，又不对已经先行返还情况予以确认"。参见福建省厦门市中级人民法院刑二庭课题组：《刑事涉案财物处理程序问题研究》，《法律适用》2014 年第 9 期，第 93 页。

② 金某某等集资诈骗罪一审判决书（2016）川 01 刑初 3 号。

这些问题反映了在刑事案件的裁判上，一些司法机关及司法人员仍未从根本上扭转"重人轻物"的裁判思维，对犯罪人的定罪量刑问题一般比较重视，裁判主文中"犯罪事实、事实认定、法律依据"等事项均比较明确，而至于刑事涉案财物的审查处理上，则是定罪量刑的附带事项，或是一笔带过或是缺判漏判，缺乏实质性的与定罪量刑同等的审判。

（2）刑事涉案财物审查处理标准不一

如前文所述，正是由于实践中遇到的问题复杂多变、法律规定仍有模糊地带，各地法院对法律的理解适用有所不同，导致了司法实践中对刑事涉案财物审查处理标准不一。比如，虽然《最高人民法院关于适用〈中华人民共和国刑事诉讼法〉的解释》（法释〔2012〕21号）第360条规定"权属明确的，应当依法及时返还……权属不明的……"但是实践中仍然存在涉案财物的权属不明确或法律关系错综复杂而无法处理的情形，对于有些财产既无法判定其是犯罪工具、也无法判定其是赃款赃物，同时亦不确定其是被害人的合法财产，对于这种权属不明的财产是一律按比例返还被害人还是上交国库各地法院的做法不一。事实上，无论是按比例返还给被害人还是上交国库都有可能侵害到案外人的合法财产权益而发生国家赔偿。而司法实践对刑事涉案财物审查处理标准不一，还是由于目前的法律和司法解释不够完善导致的。

（3）刑事涉案财物审查处理依据不明

正如本书反复提及的刑事涉案财物的问题错综复杂，而关于刑事涉案财物的法律规定不但散杂而且仍有缺漏不明之处，故而在司法实践中就出现了刑事涉案财物审查处理依据不明的情形。

比如，以没收犯罪工具等挽回被害人损失之情形的存在。① 但是，这种做法显然不符合比例原则，也即为了挽回被害人财产损失之目的而可能侵害了被告人或其他人的财产权益。因为犯罪工具既有可能是犯罪分子的个人财产也有可能是犯罪分子的家庭共有财产甚至是其他人的合法财产或是无主财物，所以实践中的做法就是为实现目的之目标而忽视了手段的合理性。此外，犯罪工具虽然具有财物属性，但是在某些案件中其证据属性和证据价值更大，实践中的做法也有可能侵害了证据的完整性。

（五）刑事涉案财物处置的执行程序存在的问题

虽然《中华人民共和国刑事诉讼法》《最高人民法院关于适用〈中华人民共和国刑事诉讼法〉的解释》（法释〔2012〕21号）等法律法规对刑事涉案财物的处理做出了进一步的细化规定，但对刑事涉案财物执行程序而言，并无相应的专门细化配套规定。因此实践上对刑事涉案财物执行仍然存在很多问题，导致了对刑事涉案财物执行阶段的迟延，影响了涉案财物处理的效率。最高人民法院于 2014 年 10 月 30 日出台了《最高人民法院关于刑事裁判涉财产部分执行的若干规定》（法释〔2014〕13号），对上述问题作出了部分回应。但在实际运用中仍然存在漏洞，主要集中在两个方面：其一，是对案外人在涉案财物执行阶段提出执行异议的救济路径规定不完善；其二，是对于涉案财物

---

① "由于相关规定并未对犯罪工具的处理和被害人的赔偿关系问题作出规定，导致实践中出现被害人财产损失尚未挽回时，即将供犯罪所用的具有一定财产价值的财物没收上缴国库的情形相当普遍。"参见福建省厦门市中级人民法院刑二庭课题组：《刑事涉案财物处理程序问题研究》，《法律适用》2014 年第 9 期，第 93 页。

被执行承担刑事责任、民事责任时的参与分配制度不完善。①

对于第一点，为了更好地保护案外人的合法财产权益，显然是要赋予案外人在涉案财物执行阶段提议的权利。《最高人民法院关于适用〈中华人民共和国刑事诉讼法〉的解释》（法释〔2012〕21号）第364条有关"案外人对查封、扣押、冻结的财物及其孳息提出权属异议的，人民法院应当审查并依法处理"的规定中可以明晰，立法是支持案外人在法院查控阶段提出异议的。对于执行阶段案外人对涉案财物的异议应该如何处理，《最高人民法院关于刑事裁判涉财产部分执行的若干规定》（法释〔2014〕13号）第14条作出规定，"执行过程中，当事人、利害关系人认为执行行为违反法律规定，或者案外人对执行标的主张足以阻止执行的实体权利，向执行法院提出书面异议的，执行法院应当依照民事诉讼法第225条的规定处理。"但《中华人民共和国民事诉讼法》第225条规定仅针对执行行为违法为由提出的异议处理程序进行规定，未涉及对执行标的提出异议的内容，对执行标的提出异议的，应当适用《中华人民共和国民事诉讼法》第227条规定，即可提出执行异议之诉。显然《最高人民法院关于刑事裁判涉财产部分执行的若干规定》（法释〔2014〕13号）第14条的规定有误。有关办理执行复议和执行异议的规则，最高人民法院于2015年5月5日亦出台司法解释予以细化规定，倒不存在操作的障碍，但司法解释之间的冲突却让刑事涉案财物执行受到困扰。

对于第二点，涉及的问题是"刑民交叉"领域，但就涉案财物是否可以适用民事案件的参与分配制度，一直有争议。反对者

---

① 例如"对于已经取得执行依据的民事债权能否参与刑事涉案财物的分配程序"未作规定。参见福建省厦门市中级人民法院刑二庭课题组：《刑事涉案财物处理程序问题研究》，《法律适用》2014年第9期，第93页。

理由正如有些学者所总结的，刑诉与民诉证明标准不同，对程序正义的要求程度也不同①。但是，既然刑事涉案财物的执行实践中出现了这一问题，单纯回避并非良策。《最高人民法院关于刑事裁判涉财产部分执行的若干规定》（法释〔2014〕13号）第13条对此予以了明确。其规定"被执行人在执行中同时承担刑事责任、民事责任，其财产不足以支付的，按照下列顺序执行：（一）人身损害赔偿中的医疗费用；（二）退赔被害人的损失；（三）其他民事债务；（四）罚金；（五）没收财产。债权人对执行标的依法享有优先受偿权，其主张优先受偿的，人民法院应当在前款第（一）项规定的医疗费用受偿后，予以支持"②。可见

一般民事债的执行顺序在刑事退赔责任执行之后，但优于罚金、没收财产的执行顺序，具有优先受偿权的除外。该规定体现了生命健康权优于财产权的基本理念。但司法实践中对于一些具有物权期待权性质的特殊民事债权的受偿顺序又成为执行中的难点。特别是在涉及非法吸收公众存款或集资诈骗等经济犯罪的"刑事交叉"领域中更为突出。如刑事责任主体开发房地产过程中因资金不足而非法吸收公众存款或集资诈骗，当中的刑事受害者众多，而房地产的买卖群体也庞大，因工程"烂尾"形成的有限财产分配矛盾巨大，买房者的物权期待权顺序如何认定即成为执行难题。

---

① "刑事案件的证明标准明显高于民事案件的证明标准，且民事债权难以排除虚假诉讼的情形，可能损害刑事被害人的合法权益。"参见福建省厦门市中级人民法院刑二庭课题组：《刑事涉案财物处理程序问题研究》，《法律适用》2014年第9期，第93页。

② 《最高人民法院关于刑事裁判涉财产部分执行的若干规定》（法释〔2014〕13号）第13条。

四、刑事涉案财物处置法律制度比较研究

刑事涉案财产法律制度直接涉及公民财产权问题，在财产权保护乃至人权保障的宪法性权利保障下，如何通过公正程序处置涉案财产成为各国相关法律的重点问题，自然受到各国法律的高度关注。两大法系对于刑事涉案财产处置法律制度存在较大差异，大体来说主要包括大陆法系"一元化"立法模式以及英美法系"二元化"立法模式。前者主要是指对刑事涉案财物的处置主要通过刑事诉讼程序进行，而后者对刑事涉案财物处置采取刑事诉讼和民事诉讼两种程序。此外，近年来毒品犯罪、恐怖组织犯罪等国际性犯罪不断猖獗，世界各国为共同打击此类国际性犯罪，两大法系在刑事涉案财产处置方面也呈现相互融合趋势，并且相关国际条约也对此作了专门规定。

（一）大陆法系刑事涉案财物"一元化"法律制度

大陆法系国家对于刑事涉案财物处置主要依据刑事诉讼程序，即总体上采用"一元化"模式，主要是在刑法典或刑事诉讼法典中明确规定涉案财产处置相关程序，当然不同国家基于不同涉案财产类型和处置模式，在具体程序设定上也存在较大区别。

1. 德国刑事财产处置制度

德国刑事财产处理规定主要集中在《德国刑法典》第 73 条和第 74 条规定的追缴和没收程序中。此外，《德国刑事诉讼法》还规定了涉及第三方财产追缴和没收的犯罪行为的主观程序和客观程序。

（1）追缴与没收

《德国刑法典》专章中对追缴与没收特别作出相关规定，有

关条文达 16 条。① 在其相关制度中可剥夺罪犯与其犯罪行为有关的财产或权利。此处的财产涵盖施行犯罪的人的财产、施行犯罪的人所得到的财产或施行犯罪的人所得的利益。追缴与没收虽然均有规定，但其所适对象与条件却有所差别。

首先，追缴对象为犯人，因其犯罪行为的直接获利（如贩毒得利），以及犯人因施行其罪而从他人处所得的报酬（如雇杀手得报酬）。让犯人认识到"犯罪所得与付出代价不成正比（即，代价过大）"，来间接预防其罪。换言之，"追缴"任务在于剥夺犯人的财产或利益，使其恢复到犯罪前状态（当然不可能完全恢复）。在具体操作上，通常不能处以罚款，因为罚款与犯罪者的合法收入有关。同时，《德国刑法典》第 73 条第 1 款第二句明确规定：如果被害者已经从其所引用的赔偿请求中得到满足，并且使主犯、从犯丧失了违法所得利益，则该条不再适用。另外，在受害者实际上向犯罪者提出了恢复原状或赔偿的请求的情形下，前述规则适用空间也极其有限。因此，在大多数实际的刑事案件中，尤其是侵犯财物所有或其他侵犯财产犯罪中，追缴并不适用。所以，德国学者仍然强调要通过法律制度改革找到解决的新方法。②

其次，"没收"。它的目的在于剥夺行为人用于或准备用于实施犯罪行为的危险品或者犯罪行为创造（产生）的危险品，使人们免受这些危险品的危险。从《德国刑法典》第 74 条的规定来看，"故意犯罪、从犯罪中获得的、用于犯罪的、预备犯罪的，应当没收"。容易混淆的是，没收的"由行为产生的对象"似乎与追缴的对象有可能重叠。但是，其两者界限分明："追缴"针

---

① 《德国刑法典》在"行为的法律后果"一章中特别规定了"追缴和没收"，共涉及 16 条。

② ［德］汉斯·海因里希·耶赛克、托马斯·魏根特：《德国刑法教科书（总论）》，徐久生译，中国法制出版社 2001 年版，第 955 页。

对的是从施行犯罪中所获得的财产收益，而"没收"所涉及的对象本身的形成或者目前的性能就是源自犯罪行为。如武器、毒品、伪币等，不包括因盗窃、诈骗、赌博等犯罪行为所得。为了实现制度目的，没收可分为两种情况。其一是没收刑。从广义上讲，它主要作为对犯罪分子的附加惩罚。其二是"没收"的担保。它主要用于保护公众免受这类物品的危害。这两种不同的没收在适用的先决条件上也有所不同。

（2）特殊"追缴"

为了剥夺有组织实施的犯罪"所得"，20世纪90年代，立法者将"追缴"扩大到非犯罪所得。①"追缴"扩大适用于以下情形：犯罪人合法收入或报酬很低，但实然出现来源不明财产，据此推断其财产来源于非法行为；另外，如果犯罪人是惯犯或有组织犯罪成员，"追缴"的范围可扩大到凡能寻到的所有财物。这里所谓的有组织犯罪是指表现为职业和团伙等典型组织形式的犯罪，如团伙盗窃、伪造货币、制毒贩毒、拐卖人口等。譬如，某人在毒品交易罪中获利5000欧元，因该人平时主要依赖社会救济，如果在他家中发现5万欧元，法院将认为这也是来自毒品交易而下令进行"追缴"。

概言之，扩大"追缴"与一般"追缴"区别有两个方面：一方面为适用标准降低。在一般"追缴"中，必须证明犯罪人的行为与其所得财产利益直接相关，扩大"追缴"则只需达到"状况表明"的程度。即使不能充分证明它的相关性，其仍可适用。另一方面是适用要件有别。扩大"追缴"主要适用于有组织施行的共同犯罪或者一般惯犯。一般"追缴"则适用于刑法中普通犯。

---

① 1992年2月，德国颁布了《外贸经济法修正法案》，对《德国刑法典》第73条与第73条a作出修正。此后，同年7月又出台了《防治非法毒品交易和其他形式的有组织犯罪法》（又称《有组织犯罪法》），为加强对有组织犯罪和毒品犯罪的打击，特增订了第73条d，增加了关于"扩大追缴"的规定。

但"追缴"扩大的做法也受到多方非议。首先,"追缴"扩大已超出追缴的本身目的。因为"追缴"扩大的部分还包括行为人不是参与"有组织犯罪"而是因其任一私自的违法行为所获得的财物。其次,扩大追缴标准,减少追缴对象,也违背了罪责原则。因此,德国的做法通过宪法限制性解释修正了这一减少证明的要求:如果法官基于详尽的法律手段对证据和证据相关性进行评估,足以相信所得来源为非法,此时则可扩大"追缴"。由于不尽符合刑事诉讼指控的一般原则,"追缴"扩大亦在诉讼程序中受到质疑。如因"追缴"扩大在"状况表明"程度就可适用,降低了证明要求,很难符合"事实不明有利被告"的原则。再如"追缴"扩大的对象可能涉及许多犯罪行为,理论上被告人可针对具体的指控进行自我辩护,对于不具体的指控就无法辩护,扩大"追缴"的对象有不确定性,被告人的辩护权当然受限,等等。总而言之,扩大追缴的制度的合法性受到质疑,也有学者主张废除之。

2. 日本刑事涉案财产处置制度

(1) 日本刑法涉及的财产处理

《日本刑法》第二章规定了两种处理涉案财物的方法:"没收"与"追征"。其中19条的"没收"分四种:为构成犯罪没收,为用于犯罪没收、为将用于犯罪的没收或犯罪行为所生或因之所得的"没收"、用犯罪行为报酬所取得的没收以及作为上述各类行为对价所取得的"没收"。其中,"构成罪之物"为其刑法条款特有。追征,是指裁判者负责没收应没之物。实际不能"没收"或于法律上不能"没收"时,应"追缴"定额罚金入国库,不再"没收"。所谓"没收"于事实不能行,指因犯罪者的"消费、损坏、毁损、加工"等原因导致原物不复存在。于法不能"没收",是指虽然原物实际存在,但因为法律障碍而不能"没收"。譬如,他人善意取得上述财产。

日本法学对于在"刑罚"中规定的没收制度等，自出台规定以来，一直存在争议。1974年，《日本修订刑法》第十章共七条皆详细涉及"没收"。草拟的法案中"没收"未纳入刑罚制度中，亦不能为"保安处分"制度所涵盖。日本律师协会及刑法研究会反对声音很高，他们认为草案没有妥善考虑和体现日本宪法的价值观。该法律草案已搁置了二十多年也尚未通过。①

（2）附属刑法涉及的财产处理

除《日本刑法》外，日本刑法中关于财产处理的规定还分散在其他附属刑法中，如部分税法或专卖法，此外还有产业法规及管理办法，等等。②另外，有关涉及违禁物处理的主要见于管治毒品、药物犯罪的相关法规中；涉及邮件的犯罪物处理，则主要见于邮电法规中。③

20世纪90年代，日本为满足《国际禁毒公约》的要求，通过"毒品特别法"，其中扩大了"没收"制度的适用范围，对凡是因犯罪所得的实体物和无形的利益，不论是否为衍生或转化，不论形态，不论是否独立、附属或混合，皆予"没收"。该法中也对国际司法协助处理等作了较详细的规定。④

3. 法国刑事涉案财产处置制度

法国于20世纪90年代制定了新的《法国刑法典》，取代其于19世纪初所颁布的旧的《法国刑法典》。新的《法国刑法典》对特定"没收"界定更为详细。该法规定"特定没收"就是可以"没收"犯罪所涉及的物（伪造的公文、禁止使用的武器、假冒

---

① 张明楷：《日本刑法典》，法律出版社2006年版，第1版译者序。

② 此处的法律法规办法包括《葡萄酒税法》《关税法》《烟草专卖法》《出入境管理法》《渔业法》等。

③ 此处的法律法规包括《毒品特别法》《禁止幻觉法》《邮电法》等。何鹏主编：《现代日本刑法专题研究》，吉林大学出版社1994年版，第256页。

④ ［日］西原春夫主编：《日本刑事法的重要问题》（第2卷），冯军等译，日本成文堂、法律出版社2000年版，第131页。

商品等）或犯罪所衍生物（伪币）等，或已用或将用于犯罪的武器、工具、车辆、金钱。在适用旧刑法典时，法庭判例持有的观点是"没收"仅适用于之前已扣的财物；新刑法典则更为激进，所持态度是对于应"没收"的财物虽未扣押、交付，仍然按照其价值"没收"。当"没收"实物时，除按特别法应"销毁"或"返还"的，均应"没收"入国库，此时国资管理部门应拍卖这些财产。但是，被"没收"的财物仍应以其值为限，使第三方在该物上设定的他物权能得到合理偿付。需要特别指出的是，根据新的《法国刑法典》第 131 条第 11 款至第 18 款规定，特定"没收"亦可是主刑，即在上述条文第 6、14、16 款中所谓"剥夺权利"，当限于违警等轻罪时，可代替"监禁、罚款"。另外，按新的《法国刑法典》的相关规定，对于应"没收"或危险的财物，不论法官延迟判决或免于处罚，都应裁定"没收"危害物；非因大赦或公诉撤诉，仍应予以"没收"。但是，没收前款规定以外的物品是否具有危险或者有害性质的，仍应当依照尊重辩护权的程序进行抗辩。[①]

（二）英美刑事涉案财产"二元化"处理

英美法系的财产处理制度主要以美国、英国、澳大利亚等国家为代表。其基本特征是具有"二元化"的处理方式，规定有以犯罪人定罪为基础的刑事没收制度和以犯罪对象为对象的民事追偿制度。

1. 美国刑事涉案财产处置

（1）"刑事没收"制度

"刑事没收"是美国刑法重要制度之一，始于 20 世纪 70 年

---

① ［法］卡斯东·斯特法尼等：《法国刑法总论精义》，罗结珍译，中国政法大学出版社 1998 年版，第 494~496 页。

代，是执法者严厉惩罚犯罪（尤其是有组织犯罪）的重器。

开始，美国刑法中并无关于"刑事没收"的规定。美国国会于 20 世纪 70 年代，颁布了两部涉组织犯罪的法律，其中有"诈索贪腐组织罪"与"持续组织罪"。[①] 联邦法律重新设立"刑事没收"措施并用于司法。

美国国会设立"刑事没收"制度的初衷在于将其作为工具直接指向组织罪的经济基础。其后，似乎实践颇为有效，美国国会对该制度继续完善，扩展其适用的界限，并制定相关程序更方便适用。"刑事没收"适用初期，仅涉及涉毒品重罪、涉银行业犯罪、赃款漂白罪、运输淫秽物罪等，后立法机关将适用的界限扩大至大多数联邦罪，甚至亦可用来严惩恐怖主义罪。21 世纪初，美国政府制定的"爱国法案"，允许探寻施行恐怖者的资金状况，授权可以没收一切涉恐者的所有财物，无论其是源于"恐"、用于"恐"还是资助于"恐"。"刑事没收"还适用于通常涉财产金额巨大的"白领犯"。由上可知，根据现行法律，"刑事没收"所适用的界限极广。以涉毒重罪为例，其可没收的财产包括：其一，犯罪报酬和其所得一切财物；其二，提供资金资助或其他帮助的犯罪的一切财物；其三，如果财产已转移，则可没收的财物包括司法管辖外的财物、抵值物、替代物和与其他财产混合的财物。对于资金财产移转的，"刑事没收"法典有专门的"回溯论"予以处理，即财物被认定为犯罪所得，则在犯罪行为后所涉及财物的任何交易均无效。[②]

---

① 此处的"诈索贪腐组织罪"与"持续组织罪"指敲诈勒索及腐败组织罪（Racketeer Influenced and Corrupt Organization，简称 RICO）和持续性犯罪组织罪（Continuing Criminal Enterprise，简称 CCE）。

② 时延安、刘伟：《美国的刑事没收制度》，《检察日报》2007 年 11 月 12 日。

（2）民事没收与追缴制度

美国自 18 世纪 90 年代至 20 世纪 70 年代，在其海关及税务罪中较广地适用了民事没收与追缴，对违禁物与犯罪工具进行刑事没收，也受民事没收与追缴制度的影响。在完善相关制度时，美国逐步进行了针对性立法。譬如，在 20 世纪 70 年代《毒品综合预防和防控法》中引入民事没收与追缴，其主要适用于毒品及制毒材料，以及与之相关的器具。

民事没收与追缴与刑事没收的区别主要有：一是依据有别。刑事没收适用于有罪判决，民事没收与追缴则不以此为前提。二是证明有别。刑事没收需达到刑事诉讼的证明要求，而民事没收与追缴只需达到较低的民事诉讼的证明要求。由于民事没收与追缴较低的证明要求，美国执法者往往优先适用。但是，因为民事没收与追缴适用的界限不断扩张，直接减损了公民的辩护权，并进而不利于保护公民的财产权益，因此非议的声音也越来越强烈。为此，美国立法机构特别制定《民事资产没收改革法》（CAFRA），增设了诸多程序限制，并对人权保障予以加强。与此同时，此法扩大了刑事没收适用的犯罪类型，为执法者能更多适用刑事没收提供了法律支撑。

尽管非议众多，但民事没收与追缴仍有诸多优点，如实现了犯罪中"人"与"物"的相互独立；在犯罪嫌疑人死亡、逃跑、缺席时，仍能没收其财产；证明要求较低，检察官指控更加方便；民事没收与追缴可用的调查材料范围很广，而对于刑诉而言，很多材料受限于宪法确定的禁止自证其罪等原则而无法使用。在国际上，建立民事没收与追缴亦大有裨益。如援用国际司法援助"追缴"财产时，需要有效司法决定为前提。而在一些国家，犯罪嫌疑人逃跑、死亡或下落不明不能被审判时，如何追缴财产进退两难。如果无法有效"追缴"财产，惩治犯罪的效果大打折扣，而"民事没收与追缴"则可妥善解决上述难题。

2. 英国刑事涉案财产处理制度

英国刑事涉案财产处置制度的特色是刑事破产制度，该制度借助 20 世纪 70 年代与刑事相关的《刑事司法法》《刑事法院权力法》等确立。所谓"刑事破产"，即犯人不能弥补其所致损失时，由司法机关向其发放破产令，强制其登记破产，并将其财产破产清算。但因实践操作难度过大，20 世纪 80 年代末英国废除该制度。

其后，英国通过一些单行法律又逐渐确立了对刑事涉案财产的处置制度。1986 年通过《联合王国毒品交易法》赋予法院对毒品犯罪者财产发出没收令的权力。1988 年通过《刑事司法法》将没收措施扩展到非毒品犯罪和某些特定犯罪。根据 1986 年《贩毒法》第 11 条和 1988 年《刑事司法法》第 80 条，高等法院在对被告作出刑事有罪判决后，必须批准没收令。没收令确定的没收金额，不得超过犯罪分子犯罪所得或者其财产。[1]

为了加强追缴刑事犯罪收益，英国于 2002 年颁布了《2002 年犯罪收益追缴法》。该法建立了两种新的追缴机制，即刑事没收制度和民事没收与追缴制度，旨在分别用刑事没收和民事没收与追缴，架构起"追缴"和"没收"财产的多个维度的处置体系。譬如，《2002 年犯罪收益追缴法》规定了刑事没收适用的前提、范围、决定程序、证据标准、相关命令的执行、变更、撤销以及保全等。[2] 并且，英国依照上述法律专门设立机构，专施"追缴"犯罪所得职责。其可通过刑事没收和民事没收与追缴两种途径进行"追缴"，无论"追缴"的对象是否负刑事责任，民事没收与追缴都可处置其财物。

---

① 阮方民：《洗钱罪比较研究》，中国人民公安大学出版社 2002 年版，第 204 页。

② 黄风、梁文钧：《英国〈2002 年犯罪收益追缴法〉中的刑事没收制度》，《中国司法》2007 年第 6 期，第 102～104 页。

与英国其他刑法规定不同，《2002年犯罪收益追缴法》中的没收并非刑罚的一种，而是根据刑事诉讼进程及其结果作相应裁处，并不以有罪判决为前提。制度更强调所没收财物是否关涉其罪，若关涉则可没收犯罪所得。其特征为：第一，与定罪与否无关。无论其对象是否被判处有罪，相关机关均可适用没收。第二，可适用于刑诉全过程，甚至在预备拘留阶段。第三，与是否审判无关。对推定以犯罪为生计并以此得利的人，其所得利益一概予以没收。第四，与被告在否无关。即使其逃跑、死亡或隐匿，仍可没收。只要在追诉期内，都可没收其所得。[①]

英国《2002年犯罪收益追缴法》中民事没收与追缴有别于一般程序，是由特定机构对特定财产适用的特别程序。其与刑诉不直接相关，适用界限除犯罪所得外，还包括为犯罪预备的财物；不但可适用于国内财物，还可适用于国外财物。[②]

此外，为尽快适应相关罪行国际化的趋势，进而实现便利取证严惩罪行，英国于21世纪初制定《2003年国际刑事合作法》，其中明确了相关国际协助事项，主要涉及银行、账户、房屋等信息及相关交易的协助查控；还涉及账户冻结及相关命令执行的互助程序等。由此英国构建了外部诉请处理机制，方便外部协查、监控账户等。[③]

3. 澳大利亚刑事涉案财产处理制度

澳大利亚于21世纪初制定了《2002年犯罪收益追缴法》，其主要内容涵盖了对犯罪所得的追缴、独立追缴及其配套机制

---

① 黄风、梁文钧：《英国〈2002年犯罪收益追缴法〉中的刑事没收制度》，《中国司法》2007年第6期，第102~103页。

② 黄风、梁文钧：《英国〈2002年犯罪收益追缴法〉中的民事追缴制度》，《人民检察》2008年第3期，第58页。

③ 鲍艳：《英国〈2003年国际刑事合作法〉关于协助查询、监视和冻结银行账户的制度》，载黄风、赵林娜主编：《境外追逃追赃与国际司法合作》，中国政法大学出版社2008年版，第258页。

等。该法明确了立法目的及适用界限，区分了追缴与没收所适用的不同情形及对象，以及没收的调查程序、流程，相关查封、冻结、扣押的强制措施等，为追查、限制及没收违法所得形成了制度架构。此外，还对涉外犯罪的特殊情形下的没收提供了依据。[①]

《2002年犯罪收益追缴法》对犯罪所得可实行控制、筛选、没收、处置提供了依据。该法除阐明何为犯罪所得外，还规定如何对其推定认定，以及对犯罪所得采取强制措施的限制。其中亦表明，虽然财物非直接源于犯罪行为，但如果系犯罪所得（如利息或投资、购买等），该财物也是犯罪所得。[②] 即使存入银行等，或与其他合法资金混合，仍不能改变其性质。[③] 但是，如果他人已付合理价格且善意不知情，则不被认为是犯罪所得。[④] 该法又规定，如果财物已经两次合法继承，即可不再作为犯罪所得。这些标准和条件反映了立法者在认定财产的法律性质、追缴非法财产和保护合法财产方面的精确和卓越。[⑤]

有关犯罪收益，《2002年犯罪收益追缴法》还发明了"名义价金"概念，即通过出版、音频或视频、其他文娱、演艺或访谈等方式实现的犯罪收益。不仅包括已得利益，还包括将来可得利益。对于上述利益，法院可发令予以没收。[⑥] 该项制度可以有效

---

① 贾鸾：《简述中澳两国没收法律制度》，《中国监察》2007年第9期，第62页。

② 澳大利亚《2002年犯罪收益追缴法》第330条第1款。

③ 澳大利亚《2002年犯罪收益追缴法》第330条第3款。

④ 澳大利亚《2002年犯罪收益追缴法》第330条第4款。

⑤ 黄风：《国际刑事司法合作的规则与实践》，北京大学出版社2008年版，第171页。

⑥ 澳大利亚《2002年犯罪收益追缴法》第178条。

惩治并追缴假借经商产生的不当利益。①

应当指出，澳大利亚 2002 年出台的《2002 年犯罪收益追缴法》，不仅是针对严格意义上的"犯罪所得"，而且是"犯罪工具""违法行为所得"和"违法行为工具"。同时，《反腐败法》规定的财产追偿诉讼制度不仅基于有罪判决，还可以基于民事索赔，且相对独立、不依赖于检控。在诉讼过程中，只要符合民事证据标准，可以不考虑被起诉人或者被判刑人作出民事没收。

（三）国际公约中刑事涉案财产的处理制度

20 世纪 80 年代以来，国际公约刑事涉案财产处理相关制度发展迅速。从《联合国禁止非法贩运麻醉药品和精神药物公约》开始到 20 世纪 80 年代末的《制止向恐怖主义提供资助的国际公约》再到 20 世纪 90 年代末的《联合国打击跨国有组织犯罪公约》；此外，还有 20 世纪初的《联合国反腐败公约》；等等。目前多数国家都加入了相关公约并据此完善了国内相关处置制度的立法。

1. 禁毒公约中的相关制度

为严惩、严防、严控涉毒犯罪愈演愈烈，杜绝相关毒品、药品泛滥，《联合国禁止非法贩运麻醉药品和精神药物公约》由此出台。其中第 5 条对没收制度的完备意义重大，其明确了无论用何种技术方法、所得形式如何改变，或与其他财产混合与否，均不能免于被没收。公约将没收分为直接没收和间接没收，包括实体没收与程序没收两个方面，形成了相对完整的没收措施制

---

① 黄风：《国际刑事司法合作的规则与实践》，北京大学出版社 2008 年版，第171 页。

度。① 并且，《联合国禁止非法贩运麻醉药品和精神药物公约》又进一步将直接没收和间接没收分为六种：

在直接没收方面，《联合国禁止非法贩运麻醉药品和精神药物公约》第 5 条第 1 款规定：……麻醉药品和精神药物、材料和设备或其他工具。对于根据第 3 条第 1 款确定的犯罪，根据本款规定，实际上有三种没收方式：第一种，没收犯罪所得，即没收犯罪得利；第二种，没收犯罪价值，即没收与犯罪所得等值的财产，在犯罪所得灭失或者无法追查的情况下没收与违法所得等值的财产；第三种，没收以任何方式使用的麻醉、精神药品、材料、工具、物品等。

在间接没收方面，《联合国禁止非法贩运麻醉药品和精神药物公约》第 5 条第 6 款规定：第一，没收替代物，即"……所得已转化或转化为其他……视为……替代，并应采取……规定……措施"。第二，没收混合物，即"其与合法财产混合，则没收混合物，不贬损扣押、冻结，以不超混合物估值为限"。第三，没收间接利益，即从前述财物中衍生收入或利益，采取与直接利益相同的没收措施。

《联合国禁止非法贩运麻醉药品和精神药物公约》第 5 条第 4 款及第 5 款在没收程序设置方面也有创新。如将举证责任倒置规则适用于贩毒犯罪、有组织犯罪和洗钱犯罪等特别犯罪中的没收措施。如果需要采取没收措施，证明是否与上述诸罪有所联系只需推定，当然必须向犯罪嫌疑人等主体释明。这种规则被越来越多的国家和地区采用。

《联合国禁止非法贩运麻醉药品和精神药物公约》也规定了有关没收的国际合作事项，自此以后，相关国际组织于 20 世纪

---

① 阮方民：《洗钱罪比较研究》，中国人民公安大学出版社 2002 年版，第 200 页。

90 年代初制定了《反洗钱及其搜查、扣押和没收犯罪公约》，明确缔约国在追查、扣押、没收犯罪所得时的协助等事项；相关国际组织审议并核准了关于控制犯罪所得的决议。

2.《制止向恐怖主义提供资助的国际公约》中的有关规定

为防控涉及资助恐怖主义资金流转，切断涉恐组织的经济脉络，剥夺其所得，联合国于 20 世纪末通过了《制止向恐怖主义提供资助的国际公约》。其主要内容包括没收前的确认、搜查、冻结或扣押涉恐财产程序措施；跨国没收其资金，以赔偿受害者及其亲属，还规定了保护善意第三方的权利等。

3.《联合国打击跨国有组织犯罪公约》中的有关规定

21 世纪初，联合国大会通过了《联合国打击跨国有组织犯罪公约》，将没收及处置组织罪资金财产，视为防控跨国组织罪的重要策略。公约中规定了没收、扣押的规则、国际合作的事项等。对于专用概念和具体措施等，较多借鉴并沿用了《联合国禁止非法贩运麻醉药品和精神药物公约》的规定。

4.《联合国反腐败公约》中的有关规定

为防控、严惩腐败，有效遏制非法资金财产的国际流转，强化对相关资财进行追缴的国际互助，21 世纪初，联合国制定了《联合国反腐败公约》，其中第五章对追缴涉腐败资金财产作出特别规定，包括工作原则、防控资财转移措施、直接追缴资财措施、返还处分、国际合作相关规定、情报共享等。

《联合国反腐败公约》明确，各加入公约者应在追缴流出腐败资金财产合作互助方面建立相应机制，并通过直接追缴和间接追缴两种方式进行处置。《联合国反腐败公约》明确了追缴、处置、返还腐败所得资财的依据、相关程序等操作流程，强调强化对腐败资产的控制与没收。明确加入公约者可向另一加入者起诉或提供相关证明，由此赋予其直接追缴腐败移转资财的权力。另外，加入公约者、产权人或刑事犯罪的受害人享有对该财产的合法所有权，以及从另一加入公约者所没收的腐败资财中间接追缴的权利，并要求缔约国在犯罪人因死亡、潜逃或不在犯罪人身边或其他有关情况而无法起诉的情况下，国际刑警署应根据本国法律考虑采取必要措施，使没收腐败资财不受刑事定罪限制。与此同时，有关加入公约者应在返还腐败资财时作出有效判决，以便处置腐败资财。这为我国追缴犯罪嫌疑人转移的赃款赃物提供了依据。[①]

（四）域外经验的启示

通过对两大法系代表国家和部分国际条约的刑事涉案财物处置法律制度的考察，可以给我们借鉴启示。

1. 提高立法技术，丰富专项制度内容

大陆法系代表国家如德国、日本，在涉及刑事涉案财物处置措施的规定中，均以几条或十几条的条文对追缴、没收等制度进行规制，《中华人民共和国刑法》仅通过第 64 条做出集中概述了四种措施，显得单薄，有必要对该制度做出精密与细致的解释和规范。笔者认为，有必要将中共中央办公厅、国务院办公厅下发的关于规范刑事涉案财物处置的相关政策内容转化为法律规定，对现有刑法或刑事诉讼法的简单规定进行细化，丰富相应的内容。

2. 制定涉案财物处置的专门法，将制度规定集约化

从域外比较研究看，本为案例法传统的英美法系代表国家反而在构建刑事涉案财物处置的机制制度中制定成文法典，如英国的《2002 年犯罪收益追缴法》、澳大利亚的《2002 年犯罪收益追

---

① 陈正云：《〈联合国反腐败公约〉概述》，载陈光中主编：《联合国打击跨国有组织犯罪公约和反腐败公约程序问题研究》，中国政法大学出版社 2007 年版，第 35 页。

缴法》等。这种做法的优势在于将相关制度集约，更能形成系统。笔者认为，正如前文所析，我国刑事涉案财物处置规定散见于各部门法、散制于各司法机关，缺乏集约系统，故有必要在今后的立法中对涉案财物处置专门立法。

3. 逐渐探索国际合作机制，并在立法中加以规定

实践反映，我国在打击犯罪工作中已与国际上其他国家建立了紧密的合作关系。恐怖活动、毒品犯罪、贪腐等不少犯罪活动呈现出跨国特征，其中涉案财物处置必然与国际相关组织发生联系。在我国现有法律制度中有笼统规定，但尚未与国际条约集中对接。如果能对涉案财物处置予以单独立法，应将与国际合作机制的内容纳入。

五、完善刑事涉案财物处置措施及程序合理机制的探寻

我国刑事涉案财物处置的法律制度，无论是处置措施还是处置程序，均因存在多重问题而没有发挥出应有的功能。刑事诉讼中长期存在的重人身权保护轻财产刑执行的倾向，已无法化解当今经济社会变化反射到刑事犯罪领域的新问题、新现象，在一定程度上弱化了刑法的社会功能。基于前文对刑事涉案财物处置法律制度在司法实践现状中显现的不理想适用状态，有必要从机制上进行完善和补强，特别是应在正当程序的价值引导下弥补制度的缺失、实践的不畅。

（一）完善刑事涉案财物处置法律制度应当遵循的原则

刑事涉案财物处置直接关涉犯罪人等主体的财产权，而财产

权又作为人的基本权利，对其的法律保护越来越受到国内和国际上的重视。例如，《世界人权宣言》第 17 条即对此做出了明确规定。① 此外，欧洲"第一议定书"第 1 条也对人的财产权剥夺做出了非常严格的限制。② 《美国联邦宪法》第 14 条修正案为保护财产权提出了比较具有特色的"正当法律程序"要求。③ 此外，《中华人民共和国宪法》第 13 条也将公民合法财产保护上升到了宪法高度。④ 最后，《中华人民共和国刑事诉讼法》第 2 条也规定了保障人权及保护合法财产权利的原则。⑤ 综上所述，正是由于对人权及财产权的保护在国内国际宪法法律上均具有极高的地位，而刑事涉案财物的处置又直接关涉犯罪人等主体的人权及合法财产权利保障，且也成为《中华人民共和国宪法》《中华人民共和国刑事诉讼法》等法律的重要价值追求；因此，笔者认为刑事涉案财物处置应遵循以下基本原则。

1. 严格审慎原则

该原则要求司法机关等在刑事涉案财物处置时做到严格适用，绝不可违法滥用。换言之，也即司法机关等在进行刑事涉案财物处置时，要秉承谦抑谨慎的精神，应当尽量采取较为温和的

---

① 《世界人权宣言》第 17 条规定："人人得有单独的财产所有权以及同他人合有的所有权。任何人的财产不得任意剥夺。"

② 《欧洲人权公约第一议定书》第 1 条规定："除非为公共利益，并按照法律及国际法普遍准则所规定的条件，任何人的财产不得被剥夺。"

③ 《美国联邦宪法》第 14 条修正案规定："未经正当法律程序，不得剥夺任何人的生命、自由或财产。"

④ 《中华人民共和国宪法》第 13 条规定："公民合法的私有财产不受侵犯。国家依照法律规定保护公民的私有财产权和继承权。"

⑤ 《中华人民共和国刑事诉讼法》第 2 条规定："中华人民共和国刑事诉讼法的任务，是保证准确、及时地查明犯罪事实，正确应用法律，惩罚犯罪分子，保障无罪的人不受刑事追究，教育公民自觉遵守法律，积极同犯罪行为作斗争，维护社会主义法制，尊重和保障人权，保护公民的人身权利、财产权利、民主权利和其他权利，保障社会主义建设事业的顺利进行。"

涉案财物控制措施，少用强制措施。此外，还要做到依照法定授权由法定机关按照法定程序来实施相关措施，不得危害国家和公共利益，不得给被告人等主体造成不必要的损失。

2. 综合权量原则

该原则要求司法机关等对于刑事涉案财物处置应当全盘考虑，综合权量。也就是说，司法机关在进行涉案财物处置之时，不但要考虑公、检、法等机关相互配合、协调运转的问题，更重要的是要综合考量保护国家公共利益、实现刑事公诉目的以及保护被害人等主体的合法权益与保障被告人人权及合法财产权益的平衡。司法机关不仅仅要追求法律上的应然正义，更重要的是追求实体正义与程序正义的统一以及法律效果与社会效果的统一。

3. 依法处置原则

该原则要求刑事涉案财物处置不但要遵循实体法，还要做到程序法定。也即依照法定授权由法定机关依照法定程序处置，其具体处置人员也要做到依照刑事涉案财物的实体法规定，依照法定程序开展处置工作。此外，还有公、检、法等司法机关各自及互相配合的过程中也要求严格遵循刑事涉案财物的实体法以及法定程序的要求。简单地说，司法机关等刑事涉案财物的处置权力要关到法治的笼子里。

4. 适当原则

该原则要求刑事涉案财物处置应当掌控尺度，做到合理合情合法。合理，也即符合刑事涉案财物的处置目的，是为了不让犯罪人等受益，不让国家公共利益以及被害人等主体的利益受损；同时，也不能损害被告人等主体的人权和合法财产权益。合情，指刑事涉案财物不能只顾法理，而不考虑情理，要做到惩罚与教育相结合，法治效果与社会效果统一。合法，指掌握好处置的尺度，在法定的尺度内，更加综合地衡量，使得对刑事涉案财物的处置与犯罪轻重、被告人等认罪态度等表现相适应，恰当作出相应处置措施。

5. 公开公平透明原则

该原则要求刑事涉案财物处置应该做到能公开的一律公开，只有涉及个人隐私、国家秘密等情况例外不公开，从而让刑事涉案财物处置程序全部在阳光下运行，以便于社会对司法机关的监督。此外，该原则还要求，要做到刑事涉案财物处置的公平。此处的公平不仅仅是对被害人等主体的公平，还是对被告人等主体的公平，是对刑事涉案财物处置牵涉的各方主体的公平。至于如何做到公平，笔者认为这要求刑事涉案财物处置中各方的充分参与、程序公开透明。程序公开透明已有论述，在此不再赘述。那么，各方的参与要求不仅仅是公、检、法的充分参与，还要求被害人等主体的充分参与。此外，证人、鉴定人及其他相关主体的参与也很必要。最后，比较重要也比较容易忽略的是被告人等主体的充分参与，包括赋予其充分发表自己的意见，赋予其提出异议、申请复议、申请再审、抗诉等救济权利。[①]

（二）完善刑事涉案财物处置措施的思考

针对前文所论及的刑事涉案财物保全制度司法实践现状及出现的追缴偏离其功能与价值、没收适用的标准与尺度不明确、适用责令退赔时目的与方法不符合比例原则以及审后返还法院的功能弱化等问题，下面将逐一对此进提出完善建议。

1. 适当改进追缴制度，有效发挥其价值功能

对于前文所提及的追缴实际操作价值不如退缴、主动缴纳或者主动补交等，只有强制性没有利导性的问题，笔者建议如下：其一，可增加对主动配合追缴，尤其是裁判后继续配合追缴的，

①　戴长林：《依法规范刑事案件涉案财物处理程序》，《中国法律评论》2014 年第 2 期，第 31 页。

可酌情对其财产刑或自由刑进行适当减轻的规定，以利于追缴的执行与实际操作的效果；其二，针对前文所提及的追缴制度缺少惩罚性与威慑性的问题，可以考虑对于裁判后故意隐瞒犯罪所得、挥霍浪费（或者通过其亲友挥霍浪费）等阻碍追缴或造成追缴不能的，可加处追缴罚息或罚款等，以更好地惩罚与威慑犯罪人，更有效发挥追缴的功能与价值。

2. 统一及明确没收适用尺度与标准

对于前文所提及存在没收适用的尺度与标准不明确尤其是没收个人全部财产存在过度适用的情况，笔者建议如下：其一是避免司法裁判惯性，树立起惩罚犯罪与保护犯罪人合法权益尤其是合法财产权同等重要的司法裁判观。司法机关在适用没收制度时，不能图便利"一刀切"，而要真正做到个案分析，谨慎明确没收的尺度，对没收个人全部财产要更加慎重，才能真正符合罪刑相适应的要求。因为实践中各类犯罪的社会危害性和犯罪表现形态各异，有必要参照量刑规范化方式，按犯罪类别作出指引性的规定，尽量达到同案同判。其二是对于没收个人部分财产，各级法院也要做到同案同判，避免没收的尺度与标准差异过大，从而可能危害犯罪人的合法财产权益，影响司法公正。另外，刑罚具有的教育的双重功能价值在没收个人财产时也应当考虑区域的经济发展程度差异，否则简单的"一刀切"只能形成大量的"执行不能"案件。从另一角度讲，以适当比例统一没收标准更具操作性和科学性。

3. 完善退赔偿程序

实践中，因在刑事案件的审理中，一直存在的重犯罪行为审理轻财产审理的现象直接影响了对犯罪分子违法所得财物的精确认定，判决书中宣示性判文、模糊性判文、笼统性判文并不少见，即使有精确的判决，但因侦查、起诉等前端环节只能有限控制财产成果，也易使责令退赔判决成为一纸空文。已有人关注到

了我国退赔率低、效果不理想的困境。① 对此笔者认为,我国退赔制度完善之道,主要集中在以下几个方面:

第一,必须区分退赔范围和追缴范围。追缴本身并不涉及相关财物之最终处置。它是对涉案财物的强制处罚措施。作为对涉案财物的一种强制处罚措施,可以在案件的调查、审理和起诉过程中进行。这是司法机关的单方面行为,目前不涉及财物的最终处置。退赔强调应当向原产权人支付的赔偿。这是针对犯罪分子违法处分有关财物的行为,是最终的实体处置,但受害者最终是否可以得到退赔款,还取决于被告人的实际经济状况。

第二,明确退赔实施机关。现行法律没有明确限制可实施退赔的主体。在司法实践中,除法律有特别规定外,公安机关、检察机关和人民法院都有追缴和责令退赔的权利。为了避免实际的"不审而判",立法应当明确规定,退赔的实施主体只能是人民法院,公安机关只能建议对侦查、起诉涉嫌犯罪嫌疑人的退赔。在侦查阶段,同样,退赔的案件范围也明确适用。从案件类型来看,原则上仅限于侵犯财物罪。对于破坏社会主义市场经济秩序罪和贪污贿赂罪,也可以取得财物收入。在司法实践中,这种收入往往作为非法收入追缴或者没收,所以当被害人是一个特定的主体时,也可以适用退赔制度。

第三,明确退赔的执行程序。在实践中,几乎没有退赔的判决被强制执行。重要的原因是当地法院通常以"法无明文"拒绝履行其义务。笔者认为,由于追缴和退赔都是刑事判决的内容,内容具体,可以由法院执行机关强制执行。《最高人民法院关于刑事裁判涉财产部分执行的若干规定》(法释〔2014〕13 号),已根据立法精神和现行司法实际,将责令退赔列入执行范围。

---

① 袁辉:《责令退赔空判现象实证研究——以 L 市两级法院刑事判决为中心的考察》,《法律适用》2015 年第 1 期,第 88 页。

最后，责令退赔应贯彻比例原则。对于司法实践中出现的适用责令退赔时目的与方法不符合比例原则，尤其是责令退赔的目的实现大于方法合理性的考量，从而存在对罪犯的合法财产权益造成侵害的情况，笔者提出建议如下：其一，责令退赔应严格贯彻比例原则，即责令退赔一定在对原财物权利人所应进行的赔偿之目的与实现该目的的方法间反复权衡，以求对罪犯的合法财产权益的最小侵害。也即，如果有其他违法所得可供赔偿原财物权利人就不可动用罪犯的合法财产。其二，对于责令退赔也应当适当增加对罪犯的利导与救济。也即，如果确实责令退赔严重违反了比例原则，侵犯了罪犯的合法财产权益，允许其进行司法救济获得赔偿。其三，对于罪犯主动用合法财产继续退赔的可考虑酌情减轻其财产刑或自由刑。

4. 强化法院对返还的审查与救济功能

为了解决财产返还中的问题，进一步完善被害人财物返还程序，笔者提出了以下相关建议。

(1) 提高被害人参与处分其财物的权利，明确其知情权和参与权

建议建立审前返回通知制度。审理前返还的案件和追缴有关财物，应当书面通知当事人或者其他利害关系人，以保护当事人或者其他利害关系人的知情权和异议权。当事人、利害关系人可以在规定的期限内向办案机关提出鉴定、认定涉案财物性质的意见，增加合理的救济渠道。当大量被害人参与返还财物时，其应尽可能触及被害人。同时，公安机关和检察院将涉案财物返还审判前，被害人对返还决定有异议的，有权向上一级公安机关提出或向检察院申请复议，复议期间停止执行。

(2) 建立刑事财物先予执行制度

刑事诉讼程序一般较长。特别是在重大疑难案件中，建立刑事先予执行制度，确保被害人财物损失得到及时赔偿尤为重要。

建议对于事实清楚、有充分证据并自愿认罪的侵财犯罪，被害人可以提供充分的证据，证明他对所涉财物拥有的占有或控制权，并且所要执行的财物是他生活或生产所必需的，在被害人向办案机关提供一定担保的前提下，法院认定符合条件的，可以先予执行。

（3）完善监督机制和司法审查机制

其一，加强检察法律监督。检察院对侦查中公安机关返还的财物进行审查，必要时可以听取被害人和办案人员的意见，有返还违法行为等错误的，应当予以纠正。其二，建立司法审查制度。法院审查涉案财物追缴和审前返还的合法性，以保护公民的合法权益；其三，优化外部监督方式，一般应披露受害人申请返还财物的原因和法律文书。涉及隐私权的保护不公开，但应记录相关信息，以外部舆论和其他外部监督作为有效补充。

（4）完善相关配套措施

被害人的财物返还机制仍然需要相关的配套措施作为辅助。首先，完善办案资金的保障机制。深化司法经费分配改革，严格实行追缴财物与案件司法处理相分离，将有关处理涉案财物的资金纳入预算，实行专项资金专用制度。其次，建立刑事案件前的财物保全机制。被授权的被害人在报案的同时申请财物保全，办案机构对财物所有权和保全的重要性和必要性进行审查后，办案机关可以在被害人交纳保证金后准予先行申请保全。

（5）探讨建立刑事返还国际合作机制

建议通过国际条约和国际合作，逐步建立和完善适用于我国的刑事返还国际合作机制，尽快制定和完善有关刑事司法协助的法律，使国际刑事犯罪得到有效解决，使之可以遵循司法合作和返还相关财物的原则。

同时，对于审后返还实践中出现的法院的功能弱化问题，笔者所提出的建议如下：其一，强化法院对返还的实质审查功能。

也就是说，法院在刑事案件中对于刑事涉案财物的返还除了对公安机关、检察机关的证据等进行审查外，还应对证人、辩护人、犯罪人及案外第三人提出的论述及证据等进行实质审查，综合判断是否是被害人的合法财产并最终做出裁定。其二，逐步分离公安机关、检察机关对于刑事涉案财物的"审执一体"功能，也即公安机关、检察机关逐步转变为只对是否为应返还的涉案财物做出形式审查、证据审查，而交由法院做出最终的实质审查，并依据法院的裁判做出返还的执行操作。其三，加强法院的司法救济功能。也即，对于刑事涉案财物返还中可能出现的损害被害人或案外第三人的合法财产权益的情况，明确赋予被害人或案外第三人得以请求法院救济的权利。

（三）完善刑事涉案财物处置程序的思考

目前刑事涉案财产实际运行过程较为混乱且已经产生大量问题，这既是由于法律制度的缺失和不足，也是因为我国当前司法实践中，一些司法机关及其工作人员基于司法便利主义以及维护社会稳定的原因，实践中对于涉案财物出现了诸如审前保全过度、刑事没收遗漏判决或过度判决、刑事没收转为财产刑等问题。对此，前面通过实证分析以及典型案例剖析，已揭示我国刑事涉案财物处置司法现状。明确我国刑事涉案财物法律运行的制度环境以及主要影响变量。[①]

1. 完善刑事涉案财物处置的前置程序的建议

（1）完善法律规定，解决法律规定不清的问题

一是对于涉及财产权的查封、扣押、冻结等措施，涉及人身权的拘留、逮捕等强制措施在《中华人民共和国刑事诉讼法》设

[①] "涉案财物怎么管，还看成都经验"，http://www.banyuetan.org/chcontent/sz/szgc/20171027/，访问时间：2019 年 6 月 1 日。

专章予以规定，设立比较严格的审查批准制度；二是进一步吸收借鉴中共中央办公厅、国务院办公厅《关于进一步规范刑事诉讼涉案财物处理工作的意见》等规定，赋予当事人、利害关系人等更多的权利保障及救济机制。

（2）引入监督机制，解决权力性质不清问题

一是，对于涉及财产权的查封、扣押、冻结等措施引入法院进行相互监督制衡，同时赋予法院审查批准的权力；二是，赋予当事人、利害关系人等更多救济权利，允许其向法院起诉或者向检察机关进行申诉等。

（3）实行集中管理模式，解决财物保管混乱的问题

针对我国目前涉案财物处理涉及公、检、法等多部门及侦查、起诉、审判等多个诉讼阶段的现实，刑事涉案财物保管问题确实较为复杂，笔者对此提出的对策如下：其一，从诉讼阶段上，厘清涉案财物在各阶段保管处理的流程、时限及所有经手的人和机关全程留痕及具体追责办法；其二，在保管机关和方式上，变涉案财物的"来回流转"为多机关授权第三方的"统一代管"及"信息共享"；其三，在技术手段上，建议逐步建立涉案财物信息统一网络平台，明确各机关的信息录入、提取办法及时限、责任等，同时明确公开渠道及办法，建立有效的公众监督机制与办法。实践中已有实务部门作出很好的探索。四川省成都市探索建立刑事诉讼涉案财物管理的开放共治模式，通过政府购买服务、委托第三方专业机构集中保管涉案财物，并建成全国首家跨区域、跨部门的市级涉案财物管理中心，该做法受到中央政法委充分肯定，作为司法体制改革先进经验在全国推广。

2. 完善刑事涉案财物处置的先行处理程序

（1）构建司法化审查监督机制，纠偏处理行政化问题

针对目前刑事涉案财物先行处理程序偏行政化的现状，笔者建议构建司法化的审查监督机制，具体而言可以从以下几点着

手：其一，建议将刑事涉案财物先行处理纳入《中华人民共和国刑事诉讼法》予以规定，明确其程序操作流程，去实体化而更加体现出其程序正当性；其二，建议在刑事涉案财物先行处理中引入法院的审查判断机制，法院可以对先行处理的必要性、合法性做出独立的司法判断。在此之上，上级法院和检察院还可对刑事涉案财物先行处理予以审查监督，并对其违法行为予以惩戒、责令其改正。

（2）细化先行处理规则，防范权力集中

为改变先行处理的申请、审批集权的情况，笔者对此建议如下：其一，明确先行处理的适用情形，同时建立先行处理的公开公示机制，以公开透明的程序防止权力的异化；其二，引入前文所述的审查判断与审查监督机制，使得涉案财物先行处理更符合三机关互相监督互相制约的原则；其三，赋予权利人起诉、申诉等权利救济机制，同时在立法上进一步明确相关责任主体违法进行处理的法律责任；其四，进一步理顺相关机关的分工配合，建立相对独立于公、检、法的涉案财物统一管理中心①，进一步加强对利害关系人合法权益的最大保护。

3. 完善刑事涉案财物处置的法院审理程序

（1）依职权主动审理涉案财物

笔者认为，关于刑事涉案财物的审理范围不应固守不告不理原则，具体分析如下：其一，虽然法院作为司法裁判机构，在启

---

① 如浙江省诸暨市刑事诉讼涉案财物管理中心、四川省温江区刑事诉讼涉案财物集中管理中心。参见陈东升、陈伯渠、王雨：《首家刑事诉讼涉案财物管理中心落户诸暨》，《法制日报》2015年5月8日；刘艳、刘宏顺：《揭秘四川最大涉案财物物证集中地53只"眼睛"全天候》，《四川日报》2015年1月15日。

动诉讼程序方面应保持被动性和应答性，应当坚持诉审同一。[①]但是在具体的司法实践中，显然不是单纯的固守原则就能够满足审判实践要求的。其二，既然目前法律对刑事涉案财物的审理范围规定得并不明确完善，法官在现实的审判中面临着纷繁复杂的情况又"不得不做出裁判"，所以此时有必要发挥法官的自由裁量权和主观能动性，既可以在程序上建议公诉机关补充起诉，之后对涉案财产进行裁判，也可以通过通知利害关系人申请对涉案财物进行审查处理。其三，法院若不对审前阶段扣押的所有财物都进行审理，就会陷入公诉机关或者侦查机关等对涉案财物进行审查执行一体的怪圈，易产生权力异化、缺乏监督等诸多问题。其四，涉案财物具有两大主要属性：一是其与犯罪事实紧密相关；二是其与犯罪主体财产权重大关涉。基于上述分析，涉案财物应由法院依法处理。[②] 只有最大限度地发挥法院的审查判断权，让当事人和其他主体尽量参与进来，才能最大限度地保护当事人和其他主体的财产权益。

（2）规范简易处理程序

首先，两条路径解决简易处理主体的正当性：一是较为保守的策略，即引入检察机关对侦查机关刑事涉案财物简易处理程序的监督，防止权力异化；二是较为激进的策略，即将侦查机关的刑事涉案财物简易程序处理权移转至审查起诉机关，由审查起诉机关统一按照简易程序对涉案财物进行处理。其次，明晰简易处理具体规则。为了解决较为笼统不详的简易处理规则，保证司法

[①] 学者陈瑞华认为："对于在审理中发现被告人犯罪后非法处置了被害人的财产，法院不应该固守不告不理原则，不应该对该事实视而不见，而应该践行能动司法理念，在程序上建议公诉机关补充起诉，之后对涉案财产进行裁判，方能真正化解社会矛盾。"参见陈瑞华：《问题与主义之间》，中国人民大学出版社2003年版，第215页。

[②] 戴长林：《依法规范刑事案件涉案财物处理程序》，《中国法律评论》2014年第2期，第29页。

实践"及时返还"判断标准、裁判尺度的一致性，更好地保障被害人的合法财产权益，笔者建议通过以下措施予以完善：其一，明确"及时返还"及拍照、鉴定、估价等程序具体的时限要求，如规定"应在十五天内予以及时返还，遇到被害人过多等涉案财物牵涉复杂的，可申请延长至三十日内予以及时返还"；其二，增加规定不能"及时返还"相关责任主体应予以追责以及因重大过失等原因给被害人造成损害的应给予被害人赔偿，同时赋予被害人对侵害其合法权益的行为申诉控告等救济权利。再次，引入监督机制，解决简易处理实践操作不规范的问题。可从以下三个方面进一步完善相关法律规定：一是加强检察机关对侦查机关和审查起诉机关的监督，同时明确相关责任人员违法失职的法律责任；二是引入被害人及利害关系人参与机制，直接在程序互动中倾听相关主体的诉求，保护相关主体的合法财产权益；三是加强程序公开透明度，让刑事涉案财物简易处理程序接受社会公众的监督，在阳光下运行。

（3）约束自由裁判权的行使

首先，构建对刑事涉案财物的实质审查判断机制，具体而言可从以下几个方面着手：其一，增加对刑事涉案财物的庭前审查，以确定涉案财物的权属情况；其二，加强对刑事涉案财物的实质审查判断，通过控辩双方以及其他利害关系人的法庭对抗，更加明晰涉案财物的处理；其三，强化对刑事涉案财物的最终裁判，明确裁判主文必须要具备对刑事涉案财物的"权属和性质认定、处理结果、处理依据以及救济渠道"等。其次，建立国家保管制度，妥善处理未确定权属财物。对无法确定权属的涉案财物，建议建立国家保管制度，由国家机关暂行保管，按财物性质收取合理保管费，并予以公告寻找权利人，若保管费和公告费超出财物本身价值，则对财物评估、拍卖、变卖，以专门账户存管变现资金，同时可收取合理存管费，并且规定超过民事诉讼最长起诉权期间则失去行权资格，财物及其孳息收入国库。最后，引入比例原则，平衡追赃挽损。可从两方面着手：一方面，完善相关法律规定，对犯罪工具的处理和被害人的赔偿关系问题做出细化规定；另一方面，在相关法律中对刑事涉案财物的处理引入比例原则，明确相关主体在处理涉案财物时不得违反比例原则，从而最大限度地减少对被害人和其他相关权利人的合法权益的侵害。

4. 完善刑事涉案财物处置的保全程序

针对前面所论及的刑事涉案财物保全制度司法实践现状及出现的查封、扣押与冻结的用语混乱、证据保全与财产保全混同以及程序衔接不顺畅等主要问题，这里将逐一对此进行完善。

（1）进一步明确查封、扣押与冻结的含义与适用

针对司法实践中出现的查封、扣押、冻结用语混乱的问题，笔者认为司法机关应该严格审核撰写裁判文书，进一步明确查封、扣押与冻结的含义与适用。具体而言，进一步依法明确查封所针对的刑事涉案财物主要为不动产，扣押所针对的刑事涉案财物主要为动产，而冻结所针对的刑事涉案财物主要为银行存款等，对裁判文书用语进行清理与核查，对多次误用、混用的法院和相关责任主体予以批评，督促其改正，保证查封、扣押与冻结的区分明确，适用准确无误。

（2）厘清查封、扣押与冻结的证据保全与财产保全功能

针对司法实践中出现的查封、扣押与冻结的证据保全与财产保全功能混同的现象，有必要厘清查封、扣押与冻结的证据保全与财产保全功能。具体来说，就是要完善查封、扣押与冻结的财产保全功能，不以其证据保全功能取代其财产保全功能。此外，进一步明确财产保全可针对所有涉案财物进行查封、扣押与冻结，以利于后期执行。最后，可考虑新增诉前财产保全制度，在侦查、起诉阶段，针对所有可能的涉案财物进行先行查封、扣押

与冻结等。当然，带有保全功能的强制措施和制度，其目的就是要保障执行。基于此，它针对的应当是被告人的所有财产而非仅限于涉案财物，故设计诉前保全制度时，应将保全对象扩大为针对被告人的所有财产，[①] 从而更好地适应司法实践中对查封、扣押与冻结的财产保全需求。

（3）理顺查封、扣押与冻结的程序衔接

《中华人民共和国宪法》和《中华人民共和国刑事诉讼法》确定了公检法三家办理刑事案件，应当分工负责，互相配合，互相制约，以保证准确有效地执行法律。在刑事涉案财物处置中，强调这种关系更具有现实意义。前面已论述在刑事涉案财产处置的程序中侦查、起诉、审判三阶段的脱节问题，对司法实践中出现的如侦查机关未随案移送等程序瑕疵，公安机关与法院对查封、扣押、冻结的刑事涉案财物处置衔接运作不顺畅的问题，有必要进一步明确公安机关、检察院、法院三机关对刑事涉案财物查封、扣押、冻结的程序衔接问题，明确三机关的各自职责范围与程序要求，明确三机关的追责办法以及出现衔接运作不顺畅的程序补救措施等，以达到三机关对查封、扣押、冻结的刑事涉案财物处置衔接运作顺畅，程序完整合法。此外，法院在裁判中明确处置主体并考虑做出在裁判主文后增加裁判说理的部分。

---

① 目前，《中华人民共和国刑事诉讼法》没有明确赋予侦查机关在侦查程序中，对可能判处财产刑的犯罪嫌疑人合法财产进行调查、保全的权力。参见乔宇：《论财产刑执行的法律问题——以财产刑制度性执行难为中心》，《法律适用》2015 年第 10 期，第 103 页。

主要参考文献

一、图书

波斯纳，2001．超越法律 [M]．苏力，译．北京：中国政法大学出版社．

博登海默，1999．法理学——法律哲学与法律方法 [M]．邓正来，译．北京：中国政法大学出版社．

茨威格特，克茨，1992．比较法总论 [M]．潘汉典，译．贵州：贵州人民出版社．

高铭暄，马克昌，2005．中国刑法解释：上册 [M]．北京：中国社会科学出版社．

韩忠谟，2002．刑法原理 [M]．北京：中国政法大学出版社．

何帆，2007．刑事没收研究——国际法与比较法的视角 [M]．北京：法律出版社．

柯华庆，2018．党规学 [M]．上海：上海三联书店．

郎胜，2015．中华人民共和国刑法释义 [M]．北京：法律出版社．

李军，2016．中国共产党党内法规研究 [M]．天津：天津人民出版社．

李忠，2015．党内法规建设研究 [M]．北京：中国社会科学出版社.

林钰雄, 2005. 刑事诉讼法: 上册 [M]. 北京: 中国人民大学
　　出版社.

阮方民, 2002. 洗钱罪比较研究 [M]. 北京: 中国人民公安大
　　学出版社.

斯特法尼, 1998. 法国刑法总论精义 [M]. 罗结珍, 译. 北京:
　　中国政法大学出版社.

宋功德, 2015. 党规之治 [M]. 北京: 法律出版社.

王人博, 程燎原, 2014. 法治论 [M]. 桂林: 广西师范大学出
　　版社.

王振民, 施新州, 2016. 中国共产党党内法规研究 [M]. 北京:
　　人民出版社.

习近平, 2007. 之江新语 [M]. 杭州: 浙江人民出版社.

习近平, 2020. 论坚持全面依法治国 [M]. 北京: 中央文献出
　　版社.

殷啸虎, 2016. 中国共产党党内法规通论 [M]. 北京: 北京
　　大学出版社.

中共中央马克思恩格斯列宁斯大林著作编译局, 2009. 马克思
　　恩格斯文集: 第 2 卷 [M]. 北京: 人民出版社.

二、期刊论文

方柏兴, 2018. 刑事涉案财物的先行处置 [J]. 国家检察官学院
　　学报 (3): 127—140+174.

付子堂, 2015. 法治体系内的党内法规探析 [J]. 中共中央党校
　　学报 (3): 17—23.

顾培东, 2010. 中国法治的自主型进路 [J]. 法学研究 (1):
　　3—5+7—13+15+17.

顾培东，2014. 再论人民法院审判权运行机制的构建 [J]. 中国法学 (5)：284-302.

顾培东，2016. 当代中国司法生态及其改善 [J]. 法学研究 (2)：23-41.

胡成胜，2012. 我国刑法第 64 条"没收"规定的理解与适用 [J]. 河北法学 (3)：158-162.

季卫东，1993. 程序比较论 [J]. 比较法研究 (1)：1-46.

江国华，周海源，2015. 司法体制改革评价指标体系的建构 [J]. 国家检察官学院学报 (2)：12-19+171.

姜明安，2012. 论中国共产党党内法规的性质与作用 [J]. 北京大学学报（哲学社会科学版）(3)：109-120.

李林，2017. 论"党内法规"的概念 [J]. 法治现代化研究 (6)：1-23.

刘振会，2008. 刑事诉讼中涉案财物处理之我见——刍议对《刑法》第 64 条的理解与适用 [J]. 山东审判 (3)：91-93.

阮齐林，1997. 论财产刑的正当理由及其立法完善 [J]. 中国法学 (1)：74-79.

汪建成，2012. 论特定案件违法所得没收程序的建立和完善 [J]. 国家检察官学院学报 (1)：95-99.

王立民，2013. 司法公开：提高司法公信力的前提 [J]. 探索与争鸣 (7)：49-52.

王禄生，2015. 英美法系国家"接触型"司法公开改革及其启示 [J]. 法商研究 (6)：41-49.

王伟国，2018. 国家治理体系视角下党内法规研究的基础概念辨析 [J]. 中国法学 (2)：269-285.

吴光升，2016. 刑事诉讼财产保全制度论要 [J]. 中国刑事法杂志 (4)：81-101.

夏新华，刘星，2010. 论南非法律体系的混合特性 [J]. 时代法学（4）：80－86.

夏新华，刘星，2010. 南部非洲混合法域的形成与发展 ［J］.
  环球法律评论（6）：152－160.

闫永黎，2013. 刑事诉讼中涉案财产的基本范畴 ［J］. 中国人民
  公安大学学报（社会科学版）（3）：145－151.

张明楷，2012. 论刑法中的没收 ［J］. 法学家（3）：55－
  70+177.

张胜全，2012. 论违法所得没收的实体法原则 ［J］. 刑法论丛
  （4）：185－202.

后　记

　　本书的撰写贯穿了我们的博士学习过程，是我们博士期间学习和工作成果的一次初步汇集和体现，其形成过程一方面得益于四川大学法学院顾培东教授、万毅教授、梁慧星教授、刘昕杰教授等师长的指导和帮助，另一方面我们在具体工作和调研中也找到了许多素材和灵感。特此感谢培养我们的学校和单位！

　　本书由四位作者共同完成，是我们一起努力的成果，也是我们友谊的见证！虽然历经多次讨论、修改和完善，但我们深知仍然存在诸多疏漏之处，还请诸位师友多多批评和指正。

　　本书能够顺利出版有赖于四川大学出版社陈克坚老师的细心编辑，陈老师对工作的认真负责，让我们受益良多。

吴红艳、曾耀林、邵燕、明晨

2021 年 5 月 18 日

于四川大学江安校区法学院